왕실
문화
총서
05

조선 왕실의 일상 2

—

조선의 왕비로 살아가기

05

조선 왕실의 일상 **2**

조선의 왕비로 살아가기

—

2012년 9월 30일 초판 1쇄 발행
2018년 5월 31일 초판 4쇄 발행

—

지은이   심재우·임민혁·이순구·한형주·박용만·이왕무·신명호

—

펴낸이   한철희
펴낸곳   주식회사 돌베개
등록   1979년 8월 25일 제406-2003-000018호
주소   (10881) 경기도 파주시 회동길 77-20 (문발동)
전화   (031) 955-5020
팩스   (031) 955-5050
홈페이지   www.dolbegae.co.kr
전자우편   book@dolbegae.co.kr

—

책임편집   이현화·나영훈·오효순
디자인   박정영·이은정
제작·관리   윤국중·이수민
마케팅   심찬식·고운성·조원형
인쇄·제본   상지사 P&B

—

© 한국학중앙연구원, 2012
이 도서는 2007년도 정부재원(교육인적자원부 학술연구조성사업비)으로
한국학중앙연구원의 지원에 의하여 연구되었음(AKS-2007-BB-2001).

ISBN 978-89-7199-492-4 04900
        978-89-7199-421-4 (세트)

—

이 도서의 국립중앙도서관 출판시도서목록(CIP)은 e-CIP홈페이지(http://www.nl.go.kr/ecip)와
국가자료공동목록시스템(http://www.nl.go.kr/kolisnet)에서 이용하실 수 있습니다.
(CIP제어번호: CIP2012004290)

왕실문화총서 05

조선 왕실의 일상 **2**

—

조선의 왕비로 살아가기

한국학중앙연구원 | 심재우 · 임민혁 · 이순구 · 한형주 · 박용만 · 이왕무 · 신명호 지음

돌베개

책머리에

    이 책은 한국학중앙연구원 한국학진흥사업단의 왕실문화총서 발행 사업의 예산 지원을 받아 수행한 왕실의 일상 연구팀의 두 번째 결과물이다. '조선의 왕'을 주제로 한 첫 번째 결과물은 지난해 『조선의 왕으로 살아가기』로 출간되었으며, 이번 두 번째 결과물은 왕의 정실부인이자 국모國母인 조선 왕비의 삶을 조명한 책이다.

    왕비는 기본적으로 현왕의 뒤를 이을 후계자 생산이라는 막중한 책임을 지녔고, 동시에 국모로서의 지위에 부합하는 여러 가지 권한을 행사하였다. 조선의 왕비는 절대권력의 중심부에 위치한 여성이었던 만큼 간택을 받는 순간부터 자신의 선택과 무관하게 정치적 존재로 살아갈 수밖에 없었다. 그런 점에서 왕비의 삶이 개별 인물들의 애환이나 흥미 위주로 다뤄지는 것은 왕비 연구의 바람직한 방향이라 볼 수 없다.

    연구팀은 대중학술서 출간이라는 사업의 취지에 맞게 그간의 왕

5

비 연구 성과를 종합하고, 왕비의 법적 지위, 왕비의 간택 과정과 궁궐에서의 삶, 왕비를 둘러싼 친인척과 정치세력 등 여러 가지 측면을 복합적으로 고려하여 왕비의 삶과 역사상을 서술하고자 하였다.

앞서 발간한 첫 번째 성과인 『조선의 왕으로 살아가기』는 모두 여섯 명이 집필에 참여하였지만, 이 책에서는 연구진을 한 명 더 보강하여 전체 집필진은 모두 일곱 명이다. 한국사 전공 여섯 명, 한문학 전공 한 명으로 구성된 집필자들은 서장과 나머지 6부의 한 부분씩 집필을 담당하였다. 이 책의 전체적인 구성을 간략히 소개하면 다음과 같다.

서장 '조선시대의 왕비'는 이 책의 도입부에 해당하며, 왕비의 위상과 지위, 왕비의 일상생활사, 왕실 여성들의 호칭을 통해 본 왕비의 역할을 개괄적으로 소개하고, 조선시대 왕비를 주목해야 할 필요성을 제시하였다.

제1부 '왕비의 간택과 책봉'에서는 왕비가 되는 첫 관문인 왕실의 결혼식을 살펴보았다. 왕실 결혼식의 주요 절차인 육례六禮를 하나하나 설명하고, 왕비가 되는 유형과 과정도 아울러 정리하였다.

제2부 '아이를 낳고 기르다'에서는 왕비도 한 명의 여성으로서

자녀를 출산하고 양육하는 과정이 어떠했는지를 살펴보았다. 아울러 왕실에서 출산의 의미, 태교, 왕실의 자녀교육법 등 조선 왕실의 출산 문화를 다루었다.

제3부 '왕실 여인의 권력 참여, 수렴청정'에서는 왕비의 정치 참여 제도인 수렴청정을 다루었다. 수렴청정의 절차, 국정 운영 시의 대비의 역할, 결재 방식 등 실제 진행된 수렴청정의 모습을 현장감 있게 서술하고자 하였다.

제4부 '왕실 여성의 독서와 글쓰기'에서는 왕비를 중심으로 한 왕실 여성들의 독서와 여가활동을 다루었다. 특히 왕실 여성들의 글쓰기 사례를 궁중문학 작품을 소재로 소개함으로써 문학작품에 나타난 작자의 개성, 삶의 단면을 살펴보았다.

제5부 '왕비와 왕실의 외척'에서는 조선시대 정치권력 행사에 중요한 역할을 한 왕비의 가문과 외척에 대한 내용을 다루었다. 외척이 등장하게 된 배경에서부터 외척의 역할 등 외척세력의 시기별 추이와 특징을 추적하였다.

제6부 '왕비와 궁중 여성들'에서는 궁궐에서 왕비와 밀접한 관계가 있는 여성들의 존재에 주목하여 이들과 왕비와의 관계를 살펴보았다. 특히 후궁과 궁녀를 중심으로 서술하였다.

이 책은 조선시대 왕비의 생활문화, 정치적 성격 등에 대한 종합적 고찰을 수행하고자 하였다는 점, 그리고 그동안 제대로 다루어진 바 없는 왕비를 주제로 하여 전문 연구자들이 공동으로 집필한 본격적인 대중서라는 점에서 나름의 의미를 지닌다고 생각한다.

집필진은 책을 쓰는 과정에서 여러 차례 모임을 갖고 서로 원고를 검토하고 의견을 교환하였다. 관련 연구들을 충실히 담아내면서 쉬운 문장, 이야기가 살아 있는 서술, 그림과 도판에 대한 친절한 설명을 제시하려고 노력하였다. 하지만 학계의 연구가 아직 충분하지 못한 현실에서 애초 목표한 대로 만족할 만한 성과를 거두었는지 두려운 마음이 앞선다. 이 책이 이 분야에 대한 연구자들의 관심을 환기시키고, 대중들의 지적 욕구를 조금이나마 충족시킨다면 다행이겠다.

마지막으로 이 책을 출간하는 데 도움을 준 분들에게 고마움을 전하고 싶다. 『조선의 왕으로 살아가기』와 마찬가지로 한국학중앙연구원 장서각에서는 이 과제를 수행하는 데 지원을 아끼지 않았다. 최진옥, 박병련, 이완우 전 관장에게 감사드린다.

원고를 꼼꼼히 검토하는 일은 물론이고 부족한 도판을 찾아 편집하느라 애써준 이현화 문화예술팀장을 비롯한 돌베개 편집진, 마무리 출간 작업을 도와준 한국학중앙연구원 한국학대학원 나영훈, 차호연에게도 고마움을 전한다. 특히 나영훈은 부록 작업을 도맡아 해주었다는 점을 밝힌다.

2012년 9월
연구책임자 심재우

차 례

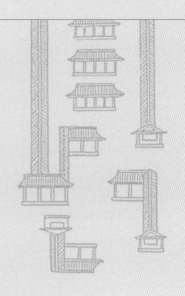

책머리에 · 5

서장 조선시대의 왕비 심재우

1 왕비의 위상과 역할 · 16

  왕비를 보는 시각 16 ┃ 왕비의 지위와 역할 19

2 왕실 여성의 위계와 왕비의 궁중생활 · 25

  왕비·후궁의 위계와 호칭 25 ┃ 왕비의 간택 과정과 궁중생활 31

3 다양한 왕비의 모습들 · 38

  역사에 기록된 왕비와 후궁 38 ┃ 왕비를 어떻게 조명할 것인가 44

제1부 왕비의 간택과 책봉 임민혁

1 만민을 친히 하는 혼례, 가례 · 52

  가례의 의미 52 ┃ 남귀여가혼에서 친영으로 54

2 금혼령과 왕비의 간택 · 59

  처녀는 혼인을 금하라 59 ┃ 왕이 맞선을 보다 63 ┃ 왕비는 덕성을 갖춘 문벌 출신이어야 67

3 왕은 왕비와 혼인해야 · 72

  조선 역대 왕의 가례와 어의동본궁 72 ┃ 육례를 행하다 75 ┃ 왕비를 책봉하다 82

4 왕이 왕비와 한 몸 되기 · 92

  왕비를 친히 모셔오다 92 ┃ 동뢰연으로 한 몸 되다 95

5 왕비가 되는 마지막 절차 · 97

  왕실의 웃전 뵙기 97 ┃ 조상에 예를 갖추다 99 ┃ 비로소 왕비가 되다 102

제2부 아이를 낳고 기르다 이순구

1 왕비, 아이를 낳다 · 106

왕비의 출산은 왜 중요한가 106 | 왕비의 조건 108 | 복중에 태를 품다 112 |
조선 왕실의 태교법 118 | 출산을 준비하다 123 | 왕실의 산후조리 126

2 왕실의 아이는 어떻게 자라는가 · 136

유모의 선택, 왕실 육아의 시작 136 | 궐 밖에서 자라는 왕실 아이들 142 |
왕실의 아이가 아플 때 145

제3부 왕실 여인의 권력 참여, 수렴청정 한형주

1 수렴청정이란 무엇인가 · 152

수렴청정이란 152 | 수렴청정의 시작 156 | 수렴청정의 종결 159

2 수렴청정을 하는 대비의 권한 · 164

의지를 통한 권한 행사 164 | 대비의 위차 169 | 수렴청정의 운영 규정 174

3 시기마다 다른 수렴청정 · 178

수렴청정의 사례를 고르다 178 | 정희왕후, 조선 최초로 수렴청정을 행하다 179 |
문정왕후, 막강한 영향력을 행사하다 183 | 수렴청정의 절목을 제정한 대비, 정순왕후 188

제4부 **왕실 여성의 독서와 글쓰기** 박용만

1 왕실 여성이 되는 첫걸음, 간택 · 194

2 궁궐의 삶과 독서 · 198

   독서를 통한 교육 198 | 여가생활 속의 독서 205

3 글쓰기를 통한 문필의 모습 · 211

   한글 편지를 통한 글쓰기 211 | 인목왕후의 한시와 정명공주의 글씨 215 |
   『한중록』에 나타난 궁중의 고단한 삶 219

제5부 **왕비와 왕실의 외척** 이왕무

1 왕실 외척의 위상과 존재 · 224

   왕실 외척의 등장 224 | 왕실 외척의 형성 228 | 왕실 외척의 성장 234

2 왕비와 외척의 관계 · 241

   국정을 좌우한 왕비와 외척 241 | 모범적인 왕비와 외척 250

제6부 왕비와 궁중 여성들 신명호

1 왕비와 궁중 여성들의 관계 · 258

　궁중 여성의 신분과 차별 258 | 왕비와 왕족 여성들의 관계 263 | 왕비와 궁녀의 관계 271

2 후궁의 삶 · 278

　조선 건국 후 후궁제도의 정비 278 | 후궁의 종류와 역할 284 | 후궁의 삶과 죽음 290

부록

　왕비 가계도 · 302

　왕비를 배출한 가문 · 320

　왕을 낳은 곳, 낳은 날 · 325

　참고문헌 · 328

　도판목록 · 331

　찾아보기 · 334

왕조 국가인 조선에서 왕은 최고의 지존이자 최고 권력자였으며, 왕의 부인인 왕비는 조선의 여성 가운데 절대권력의 중심부에 위치한 여성이었다. 조선시대 왕실은 왕과 왕비를 중심으로 하는 가정이면서 공적으로는 조선의 국권과 정통성을 상징하는 국가 그 자체로 인식되었다. 때문에 조선의 왕실은 조선시대 역사와 문화의 중심 축이며, 당대 정치 및 사회와 문화, 즉 조선의 역사를 이해하기 위한 첫걸음이자 핵심 키워드다. 그러나 그동안 권력의 정점이자, 국정 최고 책임자인 조선 왕조의 왕은 주목을 받아온 반면, 왕비의 존재는 충분한 조명을 받지 못했다. 조선의 왕실을 좀 더 체계적으로 이해하고 국정 수행 과정에서의 왕실과 외척의 관계 등 정치 역학을 정확하게 해석하기 위해서 왕비의 역할과 존재에 대한 본격적이고 종합적인 검토가 필요하다.

조선시대의 왕비

王妃日常

1 왕비의 위상과 역할

왕비를 보는 시각　한국 전통시대에 여성, 특히 부인의 존재는 철저히 남편의 그늘에 가려진 존재다. 조선시대 대부분의 여성들은 사회활동에 상당한 제약을 받았고, 정치권력과 무관했던 것이 사실이다. 그나마 사회활동을 할 수 있었던 여성은 궁녀, 의녀, 기생 등 하급 계층이었다. 그러나 조선의 왕비는 결코 정치권력과 무관한 존재가 아니었다.

　왕조 국가인 조선에서 왕은 최고의 지존至尊이자 최고 권력자였으며, 왕의 부인인 왕비는 조선의 여성 가운데 절대권력의 중심부에 위치한 여성이었다. 때문에 조선의 왕비를 이 시대의 다른 여성들처럼 단순하게 이해해선 곤란하다.

　조선시대 왕실은 왕과 왕비를 중심으로 하는 가정이면서 공적으로는 조선의 국권과 정통성을 상징하는 국가 그 자체로 인식되었다. 따라서 조선의 왕실은 조선시대 역사와 문화의 중심축이며, 당대 정치 및 사회와 문화, 즉 조선의 역사를 이해하기 위한 첫걸음이자 핵심 키워드의 하나일 것이다.

　그러나 그동안 권력의 정점에 있던 국정 최고 책임자인 조선 왕조의 왕은 주목을 받아온 반면, 사적인 영역에서 왕의 최측근이라

할 수 있는 왕비의 존재는 충분한 조명을 받지 못했다. 관심을 가졌다 해도 다분히 흥미 위주로 이루어졌다. 조선의 왕비 하면 중종의 계비로서 아들 명종을 휘둘렀다는 문정왕후(1501~1565), 숙종의 계비로 희빈 장씨(장희빈, 1659~1701)와 라이벌 관계였던 인현왕후(1667~1701), 한말 일본 낭인의 손에 잔인하게 시해된 명성황후(1851~1895) 등이 자연스레 떠오를 것이다. 이런 배경에는 이들의 드라마틱하고 흥미로운 삶을 소재로 한 사극이 다수 방영된 것이 크게 작용했을 것이다. 이러한 사극은 구중궁궐 속 왕비의 삶에 대해 단편적 사건이나 일화를 바탕으로 대중적 호기심을 자극해왔고, 일정 부분 왕비에 대한 관심을 높이는 역할도 해왔다.

왕비에 대해 다루고 있는 책들도 출판되었는데, 대부분 역사학자의 연구 성과라기보다는 일반 대중서 또는 소설류가 주종을 이룬다. 왕실 관련 대중 출판물에서 왕비의 존재는 대개 왕비 개인의 사례와 에피소드 등을 중심으로 개괄적으로 소개되었다. 연구 성과를 보더라도 왕비에 대한 연구는 왕대비의 정치권력 행사 방식의 하나인 수렴청정垂簾聽政에 초점을 둔 사례 분석, 왕실의 혼례와 궁중 복식 등 몇몇 주제에 한정되어 있어 아쉬움을 남긴다.

지금까지 왕실 문화에 대한 학문적 이해가 충분하지 못했음을 감안하면 당연한 결과일 수 있다. 그러나 대중적 호기심과 관심에 그치지 않고 역사적 안목에서 조선의 역사와 왕실의 주인공 가운데 하나로 왕비를 정당히 자리매김하고, 그 역사상을 제대로 추적하는 별개의 작업이 필요하다. 그러기 위해서는 몇몇 왕비들의 삶과 사건에 대한 흥미 위주의 접근이 아니라, 조선시대 왕비가 갖는 법적 지위와 상징성, 왕비의 간택 과정과 일생, 왕비를 둘러싼 친인척과 정치세력 등 여러 가지 측면을 복합적으로 고려하여 분석해야 할 것이다.

물론 왕비의 가문과 왕비 간택, 왕비의 위상 및 법적 지위, 후궁과의 관계 등 왕실 여성 전반을 개괄적으로 정리한 책들도 있고,[1]

1_ 최근에 간행된 대표적인 출판물을 몇 종 소개하면 다음과 같다. 변원림, 『조선의 왕후』, 일지사, 2006; 신명호, 『조선왕비실록: 숨겨진 절반의 역사』, 역사의 아침, 2007; 박영규, 『한권으로 읽는 조선왕실계보』, 웅진지식하우스, 2008; 김종성, 『왕의 여자』, 역사의 아침, 2011 등. 이중 김종성의 책은 대중성과 전문성을 겸비하여 왕비를 비롯한 왕실 여성 전반에 대한 이해를 높이는 최신 성과라는 점에서 주목된다.

2_ 지금은 작고한 숙명여대 국문과 김용숙 교수의 연구 성과인 「조선조 궁중풍속 연구」(일지사, 1987)는 궁중의 생활풍습과 왕비를 비롯한 궁중 여인들의 삶에 대해 주목한 초기의 대표적인 저작이 아닌가 한다.

국문학 연구자들이 궁중문학을 연구하는 과정에서 궁궐 사람들의 삶과 문화를 다루며 왕비에 대해 주목한 연구 성과들이 나오기도 했다.[2]

왕비가 조선 왕실 구성원의 핵심 가운데 하나라는 점에서 조선의 왕실을 좀 더 체계적으로 이해하고 국정 수행 과정에서의 왕실과 외척의 관계 등 정치 역학을 정확하게 해석하기 위해서 왕비의 역할과 존재에 대한 더욱 본격적이고 종합적인 검토가 필요하다고 할 수 있다.

최근 역사학자들을 중심으로 왕실 문화에 대한 관심이 연구로 이어지면서 왕과 왕비도 새로운 주목의 대상이 되고 있는 것은 반가운 일이 아닐 수 없다. 여성 인물사 연구의 일환으로 진행된 왕비 연구를 비롯하여 왕비 지위의 제도적 확립 과정, 왕비의 책봉과 왕실 혼인관계, 수렴청정의 기원과 과정·성격에 대한 실증적 분석 등 다양한 주제로 연구가 확대되고 있다. 이처럼 왕비와 관련한 개별적인 논문이 축적되고, 향후 왕비의 정치적 위상이나 존재 양태에 대한 일반론을 이야기할 수 있는 기반이 만들어지고 있는 것은 매우 다행스러운 일이다.

그런 점에서 지금이야말로 기존의 연구 성과를 바탕으로 조선의 왕실, 궁중문화에서 종속적 요소로 취급되었던 조선 왕비의 위상을 적절히 자리매김할 시점이라 하겠다. 아울러 왕비의 일상생활 문화에까지 시야를 확대함으로써 왕비에 대한 일반론에 머물지 않고 생동감 있는 살아 있는 실체로서의 왕비 모습을 재현하는 작업이 요구된다.

본론에 들어가기 전에 알아두어야 할 왕비 연구의 기본적인 사항들, 즉 왕비의 위상과 지위, 왕비의 일상생활 모습, 왕실 여성들의 호칭을 통해 본 왕비의 위치와 역할 등을 개괄적으로 소개하고자 한다.

왕비의 지위와 역할   조선의 왕비를 어떻게 볼 것인가? 조선
시대 왕비는 왕의 정실부인이다. 동시에
나라의 최고 어머니인 국모國母의 역할을 수행해야 했으므로 왕비
에게는 이에 합당한 막중한 임무와 권한이 주어졌다. 왕비의 위상
을 상징적으로 보여주는 사례로 먼저 살펴볼 것은 『경국대전』經國大
典에 실린 내명부內命婦에 관한 조항이다. 내명부는 후궁과 궁녀 등
궁궐 안에 기거하는 여인들의 공식적인 위계位階를 기록한 것으로,
『경국대전』의 「이전」吏典 맨 처음에 등장한다. 내명부는 궁궐 내 여
성들의 서열을 나타내는 것인데, 왕비는 내명부에 들어가 있지 않
았다. 왕이 품계가 없듯이 왕비도 품계를 초월한 위치에 있었던 것
이다.

　또한 왕비의 가문은 왕의 외척外戚을 형성하였으므로 왕비는 철
저하게 정치적 존재일 수밖에 없었다. 조선시대 역사를 살펴보면
왕비와 왕비 가문의 외척세력이 중요한 정치적 역할을 행사했던 경
우가 적지 않다. 자연히 왕비로 간택되는 과정, 왕비의 자녀 출산
과 왕자의 왕위 계승 등의 과정은 중요한 정치 행위의 하나였으며,
왕비와 왕비를 둘러싼 인적 연계망은 왕실 전반의 정치적 상황을
이해하는 데 중요한 바탕이 된다.

　조선의 왕비는 왕의 부인이자 국모라는 점에서 막중한 지위에
있었다. 대통령의 부인인 영부인이 내조자에 불과한 오늘날과 달리
왕비는 궁궐 여성들을 관리하며 궁궐 살림을 운영하고 왕실의 주요
의례에 참석하는 등 위상이 높았다.

　조선시대 왕비의 임무를 살펴보면 왕비에게 주어진 권한과 역할
을 알 수 있다. 왕비의 임무 중 가장 중요한 것은 왕위 계승권자,
즉 아들을 생산하는 일이었다. 민간에서도 아이를 낳는 것은 대를
잇는 중요한 일이었던 만큼 철저한 왕조 사회였던 조선의 왕실에서
왕위를 계승할 왕자의 생산은 국가의 장래를 좌우하는 중대 사안이
었다. 따라서 자녀, 특히 왕자의 출산은 왕비의 가장 기본적이고

중요한 임무라고 해도 과언이 아니었다.

물론 왕은 왕비 외에 후궁을 둘 수 있었다. 그러나 적서 구별이 엄격한 조선에서 왕비가 낳은 자녀는 후궁이 낳은 자녀와 비교할 수 없을 정도로 대우를 받았다. 왕비가 낳은 자녀를 대군大君과 공주公主, 후궁이 낳은 자녀를 군君과 옹주翁主로 구별해 부른 것부터가 적서의 엄격한 차별을 말해준다. 왕비가 적자를 생산하지 못하면 왕위는 서자에게 넘어가게 되는데, 이는 자칫 국정의 혼란을 불러올 수 있었다. 따라서 왕비의 출산은 안정적인 왕위 승계를 위해서 매우 중요한 일이었다.

그런데 출산은 사람의 의지대로 되지 않는다. 조선 왕실의 역사를 돌아볼 때 흥미로운 사실은 왕통을 이을 후계자 생산을 왕비의 가장 중요한 임무로 여겼음에도 불구하고 왕비를 포함한 왕실 여성들의 자녀 출산력이 그리 높지 않았다는 점이다.

조선시대 왕위 계승 양상을 살펴보면 이를 알 수 있다. 조선 왕조 500년의 27대 왕 가운데 적장자嫡長子로서 왕위에 오른 군주는 문종, 단종, 연산군, 인종, 현종, 숙종, 순종 등 일곱 명에 불과하였다. 적장자가 왕위를 계승한다는 기본 원칙이 잘 지켜지지 않은 것을 알 수 있다. 상당수 왕들은 적자가 아닌 서자로서 왕이 되었고, 심지어 왕실의 직계손이 끊어져 방계에서 왕이 나오는 경우도 있었다. 조선 왕조에서 적장자 상속이라는 원칙에 따라 왕이 된 경우가 오히려 드물었다.

이러한 왕위 계승의 특징은 권력 투쟁이라는 정치적 요인을 비롯한 여러 가지 사정이 복합적으로 작용한 탓도 있겠지만, 국모인 왕비의 원활하지 못한 자녀 출산을 일차적인 원인으로 지목할 수 있다.

최근 『선원계보기략』璿源系譜紀略을 비롯한 조선 왕실 족보를 활용하여 왕실 여성들의 자녀 출산과 왕실 출산력의 추이를 통계 분석한 결과에 따르면 조선 후기에 오면서 왕실의 출산력은 상당히

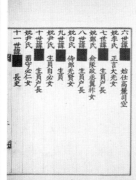

낮았다고 한다.[3] 왕실 출산력은 조선 후기에 현저히 낮아지는데, 왕비의 출산력 저하와 후궁 수의 감소로 인한 후궁 출산력의 저하가 직접적인 원인으로 드러났다. 적장자로서 왕위를 승계한 왕이 적고, 왕비가 아들을 출산하지 못함으로써 후궁 소생의 자식이 왕위를 승계하는 일이 생겨난 것도 이 같은 왕실의 낮은 출산력과 깊은 관계가 있다.

특히 19세기에는 왕조 사회의 일반적 기준인 적장자 계승 방식으로 왕위 승계가 이루어진 예가 한 번도 없을 정도로 왕위 승계 과정에 어려움을 겪었다. 그 때문에 어린 나이로 즉위하는 경우가 많았다. 예컨대 순조 11세, 헌종 8세, 철종 19세, 고종 12세로 즉위 당시의 나이가 모두 스무 살을 넘지 못했다. 이런 배경에는 왕비가 왕자를 낳지 못해 왕위 승계가 원활하게 이루어지지 못한 사정이 있었다.[4] 그 결과 어린 왕들의 정치 역량은 미숙할 수밖에 없었고 강력한 리더십을 발휘하기에는 왕권이 안정적이지 못했다. 이른바 세도정치기 왕위 승계 양상은 왕비의 후계자 출산이 더없이 중요했다는 것을 말해준다.

왕자의 출산과 더불어 왕비의 중요한 임무 중 하나는 궁중 어른의 보필과 내명부에 대한 관리, 감독이다. 왕비는 궁중의 살림을

도1_ 『선원계보기략』 표지와 본문 1책, 35.5×24.3cm, 한국학중앙연구원 장서각 소장.
조선 역대 왕의 계보를 정리한 왕실 족보.

3_ 왕비, 후궁의 자녀 출산 통계와 그 의미에 대한 최근의 연구 성과는 김지영, 「조선시대 왕실 여성의 출산력: 시기별 변화추이와 사회문화적 함의」, 『정신문화연구』 통권 124호, 2011.

4_ 홍순민, 「19세기 왕위의 승계 과정과 정통성」, 『국사관논총』 40, 1992.

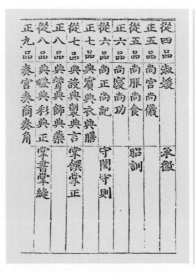

도2 「경국대전」 내명부 조문 한국학중앙연구원 장서각 소장.

관장하는 안주인이지만, 왕의 어머니이자 자신의 시어머니인 왕대비를 잘 보필해야 했다. 특히 조선 후기에는 왕대비가 왕과 한 궁에 사는 경우가 많았기 때문에, 왕대비를 잘 모시면서 왕대비와 궁중 내치內治를 적절히 조정해나가야 했다.

내명부는 후궁, 궁녀 등 궁중에서 품계를 받은 여인들을 이르는 말이다. 품계를 받지 못해 정식 궁녀 대우를 받지 못하는 궁인들과 그들을 다스리는 여인들까지 포함하면 실제 궐내에서 생활하는 여성들의 수는 적지 않았으며, 이들 궁궐 내부 여성들을 단속하는 것은 왕비의 중요한 일 가운데 하나였다.

품계를 받았지만 내명부와 달리 궐 밖에 사는 관료의 배우자, 종친의 부인 등은 외명부外命婦라 하였는데 이들 또한 왕비의 지휘 감독을 받았다. 조선의 왕비가 공식적으로 조정의 정치에 관여할 기회는 많지 않았다. 하지만 왕비는 내명부와 외명부의 수장으로서 국가의 중요한 의례에 참석하였고, 특히 외척이 든든한 후원자로 조정에 있을 경우 왕비의 정치적 영향력은 무시할 수 없는 것이었다.

또한 왕비가 최고 연장자가 될 경우 현실 정치에 직접적인 영향을 미칠 수 있는 중대한 권한을 가졌다. 왕실의 최고 연장자로서

도3 **명성황후 어보** 1897년, 도금, 10.7×10.6×9.2cm, 국립고궁박물관 소장.
고종황제가 승하한 명성황후를 추존하면서 제작한 도장이다. 용 모양의 손잡이에 주황색 방망이 술끈을 달았고, 인장에는 '황후지보'皇后之寶라고 새겨져 있다.

왕비는 왕통의 후계자를 임명할 수 있었고, 수렴청정을 통하여 정치에 직접 관여할 수 있었다. 왕이 후계자를 결정하지 못한 채 승하한 경우에는 후계자 결정에 영향력을 행사하기도 했다. 후계자를 정하지 못하고 왕이 죽은 경우 궁중의 법도에 따라 선왕의 왕비는 왕의 시신을 모신 빈전殯殿에서 자신이 지목한 후계자에게 왕의 상징인 옥새玉璽를 주었다.

    왕이 일찍 죽어 나이 어린 세자가 왕위를 이은 경우에는 왕비가 수렴청정을 통하여 섭정할 권리가 있었다. 왕비의 섭정은 왕비가 실질적인 권력자가 된다는 것을 의미하였다. 섭정권을 행사한 왕비는 세조비 정희왕후(1418~1483), 중종비 문정왕후, 명종비 인순왕후(1532~1575), 영조비 정순왕후(1745~1805), 순조비 순원왕후(1789~1857), 익종비 신정왕후(1808~1890) 등 모두 여섯 명이며, 이 가운데 순원왕후는 헌종과 철종 2대에 걸쳐 수렴청정을 행사하였다.[5]

    수렴청정이란 왕의 나이가 어려 국정 수행이 어려울 때 한시적으로 왕대비나 대왕대비가 주렴珠簾 뒤에서 왕의 국정 수행을 보좌하는 것을 말한다. 수렴청정은 왕대비가 수행하는 것이 원칙이지만, 왕대비가 없으면 대왕대비가 임무를 수행하기도 하였다. 그러나 왕의 정실부인인 왕비를 거친 자만이 수렴청정을 할 수 있었다. 예컨대 정조의 친어머니로 『한중록』閑中錄을 쓰기도 한 혜경궁 홍씨

5_ 조선시대 수렴청정의 성격과 특정에 대한 자세한 내용은 임혜련, 「19세기 수렴청정 연구」, 숙명여대 박사논문, 2008 및 본서 제3부 한형주의 글 참조.

(1735~1815)는 남편인 사도세자가 폐위되어 왕비에 오르지 못했기 때문에 어린 손자인 순조가 즉위했을 때 수렴청정을 하지 못하고 순조의 증조모인 정순왕후가 행사했다. 수렴청정은 어린 나이에 보위에 오른 왕을 보호하기 위한 제도적 장치였지만, 수렴청정을 행한 왕대비나 대왕대비의 정치적 배경과 정국 인식에 따라 이들의 정치적 영향력이 크게 달라졌다.

이렇듯 조선의 왕비는 왕의 후계자 생산이라는 막중한 책임을 갖고 있었으며, 국모로서의 지위에 부합하는 여러 가지 권한을 행사하였다. 공식적·직접적으로 왕비가 정치에 참여할 기회는 적었지만, 외척을 동원하거나 수렴청정 등을 통해 정치적 영향력을 강하게 미치기도 하였다. 조선의 왕비는 간택에서부터 후계자 출산, 수렴청정을 통한 왕위 보좌 등 일련의 과정을 통하여 단순하게 한 명의 여성, 부인에 머무르지 않는 정치적 존재였다고 할 수 있다.

王妃日常

2 왕실 여성의 위계와 왕비의 궁중생활

왕비·후궁의
위계와 호칭

조선시대 궁궐에는 왕비뿐만 아니라 많은
여성들이 살고 있었다. 왕은 정실부인인 왕
비 외에도 여러 명의 후궁을 둘 수 있었다. 그렇다면 이들 왕비와
후궁의 관계는 어떠했으며, 이들의 법적 지위는 어떻게 달랐을까?

조선시대에 왕비는 오직 한 명이었고, 왕비가 있는 상태에서 들
어온 여성은 후궁에 머물렀다. 이와 달리 고려시대에는 처와 첩이
분명하게 나뉘어 있지 않았다. 왕의 후비后妃가 여러 명 존재하는
다처多妻의 형태였으며, 적실과 첩이 엄격하게 구분되지 않았다. 그
러던 것이 조선시대에 남녀와 적서를 엄격히 구별하는 성리학 이데
올로기가 도입되면서 왕실의 가족 질서도 새롭게 재편되었다.[6]

재편된 내용을 크게 두 가지로 정리하면 다음과 같다. 첫째, 일
부일처一夫一妻의 관념에 의거하여 왕은 오직 한 명의 정실부인만을
왕비로 책봉할 수 있었다. 이로써 왕비의 지위를 제도적으로 확립
하게 되었다. 즉 조선 건국의 주체 세력들이 왕의 정실부인 한 사
람만을 비妃로 책봉한다는 규정을 제정함으로써, 조선 왕의 결혼은
일부일처의 형태로 바뀌게 되었다. 이 밖에 왕비를 책봉하는 의식
절차를 비롯한 왕비의 지위와 관련한 세부 규정을 마련했으며, 왕

6_ 왕실 가족 질서 정비에 따른 조
선 초기 왕비의 호칭, 후궁 봉작제
도의 정비 과정, 후궁의 지위에 대
한 글로는 이영숙, 「조선초기 내
명부에 대하여」, 『역사학보』 96,
1982; 박경, 「조선 초기 왕실 가족
질서 정비의 특징」, 『여성과 역사』
창간호, 2004; 이미선, 「조선 초기
의 후궁: 태조~성종조 후궁의 신
분적 지위를 중심으로」, 『사학연
구』 96, 2009 등을 참고할 수 있다.

비를 모비某妃, 왕세자빈을 모빈某嬪이라고 칭하던 것을 1432년(세종 14)에는 '왕비'王妃, '왕세자빈'王世子嬪이라고 칭하게 하여 호칭을 정비하였다. 덧붙여 왕실에 소속된 후궁, 궁녀 등 모든 여성들을 내명부 제도에 편입시키고 왕비를 내명부를 총괄하는 존재로 자리매김하게 되었다.[7]

둘째, 후궁과 상궁 이하의 궁인 등 궁궐 안에서 생활하는 여성들을 내명부에 편입시킴으로써 왕비를 정점으로 한 왕실 여성들의 위계가 체계를 갖추게 되었다. 조선의 내명부 직제는 조선 초기인 태조, 태종을 거쳐 세종대에 기본적인 형식이 마련되었고, 이들 내관·궁관 제도가 확립된 것은 1428년(세종 10)의 일이다. 당나라의 제도를 참고하여 품계, 명칭, 인원, 직무를 명시한 궁궐 내 여성들에 관한 제도가 마련된 것이다. 이때 정비된 내명부 규정은 일부 보완을 거쳐 다음 쪽 〈표1〉과 같이 『경국대전』에 최종적으로 정리되었다.

표에서 알 수 있듯이 왕실 내명부의 여성들은 문무 관리의 품계와 마찬가지로 모두 18등급으로 편제되었다. 이들 여성들은 크게 둘로 구분할 수 있는데, 왕의 후궁인 내관內官과 일반 궁인인 궁관宮官이다.

내관, 즉 후궁은 왕비 외에 왕이 거느린 첩을 통칭한다. 흔히 왕의 후궁이면 빈嬪으로 알고 있으나, 후궁은 내명부의 가장 상위인 정1품 빈 외에도, 종1품의 귀인, 정2품의 소의, 종2품의 숙의, 정3품의 소용, 종3품의 숙용, 정4품의 소원, 종4품의 숙원 등이 있었다.

그럼 후궁은 어떻게 맞이했을까? 조선시대에 후궁이 되는 길은 크게 두 가지였다. 먼저 사대부 집안 출신의 규수로서 정식 혼인 절차를 거쳐 후궁이 되는 경우와, 둘째 한미한 출신으로 궁녀로 있다가 왕의 승은承恩을 입어 하루아침에 후궁이 되는 경우다. 전자는 간택후궁, 후자는 승은후궁이라 한다.[8]

간택후궁은 공식적인 간택 절차를 거쳐 궁에 들어왔다. 즉 왕비

관품	왕궁王宮	세자궁世子宮	비고
정1품	빈(嬪)		내관(內官)
종1품	귀인(貴人)		
정2품	소의(昭儀)		
종2품	숙의(淑儀)	양제(良娣)	
정3품	소용(昭容)		
종3품	숙용(淑容)	양원(良媛)	
정4품	소원(昭媛)		
종4품	숙원(淑媛)	승휘(承徽)	
정5품	상궁(尙宮) 상의(尙儀)		궁관(宮官)
종5품	상복(尙服) 상식(尙食)	소훈(昭訓)	
정6품	상침(尙寢) 상공(尙功)		
종6품	상정(尙正) 상기(尙記)	수윤(守閨) 수칙(守則)	
정7품	전빈(典賓) 전의(典衣) 전선(典膳)		
종7품	전설(典設) 전제(典製) 전언(典言)	장찬(掌饌) 장정(掌正)	
정8품	전찬(典贊) 전식(典飾) 전약(典藥)		
종8품	전등(典燈) 전채(典彩) 전정(典正)	장서(掌書) 장봉(掌縫)	
정9품	주궁(奏宮) 주상(奏商) 주각(奏角)		
종9품	주변징(奏變徵) 주징(奏徵) 주우(奏羽) 주변궁(奏變宮)	장장(掌藏) 장식(掌食) 장의(掌醫)	

〈표1〉「경국대전」의 내명부 품계표

도4 **경빈 김씨의 글** 경빈 김씨, 19
세기 전반, 글 23.5×12.0cm, 숙
명여자대학교 박물관 소장.
경빈 김씨가 궁궐에서 옷 입는 법
에 관한 글과 궁중 기일 및 복식에
관해서 쓴 글을 첩으로 장황한 것
이다.

나 세자빈처럼 가례색嘉禮色을 설치하고 민간에 금혼령禁婚令을 내린
후 후궁 후보를 물색하여 여러 차례의 간택 절차를 통하여 혼례를
치른 후궁이다. 이들은 승은후궁과 달리 대부분 명문 가문 출신이
면서 자색을 겸비한 여성 중에서 선출되는 것이 특징이다. 특히 조
선 후기에 왕비로부터 후사를 얻지 못한 왕이 왕위를 계승할 후사
를 얻기 위해 간택후궁을 들이는 사례가 많았다. 예컨대 숙종대부
터 철종대까지 이런 목적에서 입궁한 간택후궁은 숙종의 후궁 영빈
김씨, 정조의 후궁 원빈 홍씨·수빈 박씨·화빈 박씨, 헌종의 후궁
경빈 김씨 등 모두 다섯 명이다.

　　반면 승은후궁은 공식적인 간택 과정을 거치지 않고 후궁이 된
경우다. 즉 궁인들 가운데 왕의 사적인 승은을 입은 후 후궁의 품

계를 받은 자들이 승은후궁이다. 왕의 승은을 입어 후궁이 되었다고 해서 모두 같은 후궁의 작위를 갖는 것은 아니었다. 왕이 총애하는 정도에 따라 작위가 점점 높아졌다. 예컨대 숙종의 후궁이자 영조의 생모 숙빈 최씨(1670~1718)는 1676년(숙종 2) 7세에 궁에 들어와 1693년에 처음 숙원에 봉해졌고, 이듬해 숙의, 1695년에 귀인을 거쳐 1699년 10월 23일에 후궁의 품계로서는 가장 높은 정1품 숙빈으로 승격했다.[9]

그런데 승은후궁은 궁인들 가운데서 왕의 총애를 받아 후궁이 되었기 때문에 간택후궁과는 신분상의 차이가 있을 수밖에 없다. 간택후궁은 대부분 처음 받는 품계가 종2품 숙의다. 그렇지만 승은후궁은 이보다 낮은 종4품 숙원의 품계를 받는다. 승은후궁 출신인 숙빈 최씨의 아들 영조가 재위 기간 동안 자신의 생모에 대한 추숭 사업을 정력적으로 추진한 것도 출신의 태생적 한계를 극복하고 왕의 권위를 강화하기 위한 일환이었다.

왕비와 관련한 호칭과 명칭도 여러 가지가 있다. 왕실에는 위계에 따라 다양한 명칭이 존재했다. 예를 들어 왕의 무덤에는 능호陵號를 붙인다. 이 능호를 붙이는 것도 나름의 원칙이 있었다. 왕과 왕실 가족들의 무덤에도 격이 있다는 의미로, 다시 말해 능호에서도 위계가 나타난다. 구체적으로 보면 다음과 같다.

'능'陵은 왕과 왕비의 무덤에만 붙일 수 있다. 왕의 사친이나 세자·세자빈의 무덤은 '원'園, 대군·공주·옹주·후궁 등의 무덤은 '묘'墓라고 하였다. 예를 들어 태조의 무덤은 건원릉健元陵이라고 하고, 영조의 후궁 영빈 이씨의 무덤은 수경원綏慶園, 반정反正으로 왕위에서 쫓겨나 유배지에서 쓸쓸한 죽음을 맞은 광해군의 무덤은 그가 왕이 아닌 왕자 신분으로 강등되었으므로 광해군묘光海君墓라 했다.

왕비는 어땠을까. 왕의 무덤에 능호가 있는 것처럼 왕비의 무덤에도 능호를 붙였다. 왕과 왕비가 합장된 무덤은 당연하거니와, 왕

도5 **영빈이씨지묘 탁본** 1764년(영조 40), 족자, 나무축두, 전체 191.1×79cm, 화면 147.3×58cm, 국립문화재연구소 소장.
영빈 이씨의 무덤인 의열묘義烈墓의 표석 탁본. 승은후궁인 영빈 이씨는 영조의 후궁이자 사도세자의 생모다.

9_ 숙빈 최씨에 대해서는 권오영, 「영조와 숙빈 최씨」, 『숙빈 최씨 자료집』 1, 한국학중앙연구원 장서각, 2009 참조.

비 혼자 묻힌 무덤에도 능호를 붙였다. 단종의 비 정순왕후定順王后(1440~1521)의 무덤을 사릉思陵, 영조의 비 정성왕후(1692~1757)의 무덤을 홍릉弘陵이라 부르는 것이 한 예다.

능호와 관련하여 흥미로운 사실이 있다. 왕을 낳은 후궁, 즉 왕의 생모의 무덤을 '원'園이라 부른 것은 조선 후기에 들어와서였다. 영조가 숙빈 최씨의 무덤을 '소령원'昭寧園으로 격상시킨 것이 시작이었다. 그후 왕의 사친, 왕세자 등의 묘를 '원'이라고 불렀다.

명칭과 관련하여 후궁에게 붙인 '궁호' 역시 흥미롭다.[10] 궁호는 조선 전기에는 대개 후궁이 거처하던 곳을 지칭하였으나, 조선 후기에 오면서 왕의 생모가 거처하는 곳이나 생모의 사당에도 궁호를 붙였다.

조선 후기 왕이 자신의 살아 있는 생모가 거처하는 곳에 궁호를 붙인 예는 인조가 그의 생모에게 '계운궁'啓運宮, 정조는 '혜경궁'惠慶宮, 순조는 '가순궁'嘉順宮이라는 궁호를 붙인 데서 볼 수 있다. 이 경우 궁호는 단순히 거처만을 지칭하는 것이 아니라 그곳에 사는 왕의 생모를 가리키는 대명사로도 쓰였다. 왕의 생모가 죽은 뒤 생모의 사당에 궁호를 붙이는 경우도 있었다. 숙종의 후궁이자 영조의 생모인 숙빈 최씨의 사당에 영조가 궁호를 붙인 것이 그 첫 사례다. 영조는 숙빈 최씨의 사당을 육상궁毓祥宮이라 칭했다.

잘 알려진 것처럼 조선시대는 사회적 관계 속에서 개인의 역할과 위치를 규정하는 명분名分을 매우 중시하였다. 따라서 사람들을 규정하는 호칭도 성리학에서 중시하는 예禮와 명분론에 의거하여 결정하였다. 앞에서 언급한 왕비의 능호, 후궁의 거처 혹은 후궁 사당에 붙인 궁호 등이 서로 다른 것은 이와 같은 사상적 맥락을 전제해야만 제대로 이해할 수 있다.

10_ 궁호에 대해서는 이현진, 「영·정조대 육상궁의 조성과 운영」, 『진단학보』 107, 97~99쪽, 2009 참조.

圖寧昭

도6 **소령원도** 18세기 후반, 115.7×
87.4cm, 한국학중앙연구원 장서각
소장.
숙빈 최씨의 묘소가 있는 소령원
일대의 지세를 묘사한 지형도 형
식의 도판이다. 무덤은 경기도 파
주시 광탄면 영장리에 있다.

왕비의 간택 과정과   왕비의 일생은 어떠했을까? 왕비의 일생이
궁중생활   라 하면 출생에서 사망까지의 전 과정을 포
괄한다. 훗날의 왕비가 어디에서 태어나 어떻게 자랐고, 간택을 통
해 세자빈으로 입궁한 여성이 어떤 과정을 거쳐 왕비에 올랐으며,
궁궐에서의 생활상은 어떠했는지를 살펴보는 것은 매우 흥미로운
주제다.

그러나 사대부가의 여성에서 왕실 여성으로 편입되는 가례 이전
에는 그저 평범한 여성의 삶을 살았기 때문에 그 당시의 모습을 추

적하는 것은 쉽지 않다. 또한 궁궐에서 왕비가 어떻게 지냈는지 그 생활상을 살피기에는 관련 자료가 많지 않아 왕비의 궁중생활 모습에 대한 검토는 여전히 미흡하다. 다만 『가례도감』嘉禮都監 등 의궤儀軌를 중심으로 가례 절차에 관한 복원과 소개는 활발히 이루어진 편이어서 간택을 전후로 한 왕비의 모습을 어느 정도 그려볼 수 있다.

원래 간택은 왕실에서 혼례를 치르기 위해 후보자들을 궐내에 불러모아 배우자를 뽑는 제도다. 조선 태종 때 시작되어 세종 때 정착되었다. 왕비의 간택은 왕의 정실부인을 선발하는 중대한 일이었기 때문에 엄격한 절차와 과정을 거쳤다. 간택은 전국에 알려 신부 후보 신청을 받는 공개구혼 형식이었지만, 실제로는 철저히 정치적 계산에 의한 특채였다.[11]

11_ 왕비의 간택과 혼례 과정에 대한 상세한 내용은 본서 제1부 임민혁의 글 참조.

왕비의 간택은 왕이 즉위한 이후 이루어지는 경우도 있었으나, 대부분은 세자빈으로 간택되었다가 세자가 왕위에 오르면서 자연스럽게 왕비가 되었다. 간택은 초간택, 재간택, 삼간택 등 세 차례에 걸쳐 이루어지며, 초간택 후보는 서른 명 내외, 재간택 후보는 다섯 명에서 일곱 명, 삼간택 후보는 세 명을 뽑고 그들 중에 한 명이 최종 선발된다. 조선 후기에는 왕비나 세자빈이 내정된 상태에서 형식적으로 간택이 이루어지는 경우가 많았으며, 간택에 참여하는 여성은 대부분 권세가나 명문 가문의 딸이었다.

이렇게 간택이 되어 궁에 들어온 이후의 궁중생활에 대해서는 앞서 말한 것처럼 자료가 많지 않아 구체적으로 파악하기 어렵다. 하지만 남아 있는 역사적 사실과 궁의 배치도를 근거로 다소나마 추적해볼 수 있다.

먼저 궁의 배치도를 보면, 왕비의 거처는 왕의 거처와 달랐다. 왕과 왕비의 생활 공간은 격리되어 있었다. 경복궁의 경우 왕의 침전인 강녕전康寧殿 뒤에 왕비의 침전인 교태전交泰殿이 있었으며, 창덕궁의 경우도 왕의 침전인 희정당熙政堂 뒤에 왕비의 침전인 대조전大造殿이 있었다. 왕비는 궁궐의 중심부에서 생활하였는데, 구중 궁궐의 중심에 있다고 해서 왕비의 침전을 중전中殿이라 불렀다. 왕비가 왕과 따로 떨어져 독립된 생활 공간을 영위한 것은 왕비 역시 독립된 존재로서 역할과 활동을 했다는 것을 의미한다. 후궁, 왕대비, 세자빈도 각각 독립 공간에서 생활했는데, 후궁의 경우 대개 왕비가 거처하는 중전 뒤쪽에 위치한 건물에서 살았다.

왕비의 궁중생활의 중요한 변수는 궁궐 내 여성들, 즉 대비나 후궁, 궁녀들이었다. 인조 이전의 대비들은 주로 왕 부부와 따로 살았기 때문에 왕비가 궁중의 내치를 담당하였으나, 인조 이후에는 인목왕후(1584~1632)를 시작으로 하여 대비들도 궁궐에서 같이 살았다. 이처럼 궁궐에 왕대비나 대왕대비가 있을 경우 왕비의 사생활도 그만큼 제약을 받을 수밖에 없었다. 대비와의 관계는 왕비에게 매우 중요한 일이었음은 성종의 비이자 연산군의 생모인 폐비 윤씨(제헌왕후, 1445~1482)의 사례가 증명해준다. 윤씨가 폐위된 데는 여러 가지 이유가 있었지만, 윤씨가 왕비로 책봉되었을 때 살아 있던 대왕대비 윤씨(정희왕후, 1418~1483)와 왕대비 한씨(인수대비, 소혜왕후, 1437~1504)와의 불화와 갈등이 크게 작용했다. 왕실의 어른인 대왕대비나 왕대비에게 착한 며느리의 모습을 보여주지 못할 경우 왕비 자리에서 쫓겨날 수도 있다는 것을 폐비 윤씨 사례는 보여준다.

대비 외에도 후궁과 궁녀 역시 왕비의 궁중생활에 영향을 미치는 존재였다. 따라서 왕비의 생활 모습을 추적할 때 왕실 여성들과의 관계도 상세히 다루어야 할 것이다.

왕비이기 이전에 아내이자 어머니로서 왕비의 일상생활을 살펴볼 때 빼놓을 수 없는 인물이 있다. 바로 고종의 비 명성황후다. 최근 명성황후의 친필 편지가 명성황후의 조카 민영소閔泳韶의 후손 집안에서 다수 발견되었다. 명성황후가 조카인 민영소에게 보낸 친필 한글 편지들에는 명성황후의 일상적 모습, 인간적 면모와 관련한 흥미로운 사실들이 잘 드러나 있다. 명성황후의 개인적 모습은

도7 **경복궁 강녕전** ⓒ박상준

도8 **경복궁 교태전** ⓒ박상준

도9 **창덕궁 희정당** ⓒ박상준

도10 **창덕궁 대조전** ⓒ박상준

경복궁의 강녕전과 창덕궁의 희정당은 왕이 머물던 침전이었으며, 경복궁의 교태전과 창덕궁의 대조전은 왕비가 머물던 곳이다. 왕비의 침전은 왕의 침전 뒤에 위치해 있었다. 말하자면 궁궐의 중심부에서 생활한 셈인데, 구중궁궐의 중심에 있다고 해서 왕비의 침전은 '중전'이라 불렀다. 이렇듯 크고 화려한 곳에 살았던 조선의 왕비는 내명부의 수장이자 국모라는 지위에 있긴 했으나 궁중 여인으로서 생활이 늘 평탄하지는 않았다.

도11 **명성황후 편지글**
명성황후의 조카였던 민영소의 후
손가에서 새롭게 공개한 명성황후
의 친필 편지들이다. 편지에서 명
성황후는 주로 자신과 가족의 안
부를 전하고 있다.

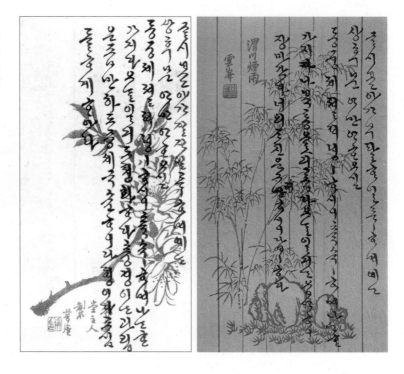

12_ 이기대 편저, 『명성황후 편지
글』, 다운샘, 2007. 이하의 서술
은 본서에 나오는 이기대의 해제,
명성황후가 쓴 편지 등에 의거하
였다.

물론이요 당시 왕실의 상황을 알려주는 중요한 자료다.[12]

오늘날 많은 사람들에게 명성황후는 시아버지인 흥선대원군과 정치적으로 대립했던, 야심에 찬 여성의 이미지로 남아 있다. 이 같은 이미지가 형성된 데에는 정작 명성황후 자신의 글과 기록이 아닌 조선 왕조의 공식 기록, 관련 인물들 사이에서 떠돌던 이야기, 황후의 인상을 기록한 외국인들의 글이 큰 영향을 미쳤다. 따라서 명성황후의 본모습은 그가 남긴 편지글을 통해 떠올려보는 것이 정확할 것이다.

명성황후의 편지에서 확인되는 황후의 정치 참여, 궁중생활과 관련한 모습은 다음 몇 가지로 정리된다. 먼저, 다른 기록들에서 확인되는 것처럼 조정의 정치와 인사 문제에 황후가 일정하게 개입했다는 사실을 알 수 있다. 명성황후는 흥선대원군(이하응, 1820~1898)의 대척 지점에 서서 정치적 기반을 형성하기 위해 자신의 집안, 즉 민씨 일족과 긴밀한 관계를 유지하였다.

편지에는 명성황후의 조카뻘 되는 인물로 민영달閔泳達, 민영복閔泳復, 민영환閔泳煥 등이 자주 등장하는데, 이들을 통해 정치에 직접·간접적으로 참여하고 관리 인사에도 관여한 사실을 확인할 수 있다. 고종의 친정親政 체제 구축에 명성황후와 민씨 일족이 일정한 역할을 했던 것이다.

또한 편지에는 황후이기에 앞서 어머니, 아내로서의 명성황후의 진솔한 모습이 드러난다. 명성황후는 고종과의 사이에서 4남 1녀를 낳았으나 둘째 아들 순종(이름은 척坧)을 제외하고 모두 요절하고 말았다. 개인적으로 자식을 많이 잃은 불행한 어머니였던 황후는 살아남은 태자 순종과 남편인 고종의 안위를 언급하며 이에 대해 신경 쓰는 모습을 보여주고 있다. 명성황후는 강한 정치적 이미지와 달리 병약하였다. 편지에는 여러 가지 질병이나 증상으로 고생하는 모습이 기록되어 있으며, 무속인을 통해서 답답한 마음을 해소하고자 했던 일도 언급하고 있다. 편지 속 명성황후는 일국의 황후라는 화려한 명성과 달리 근대화의 격랑 속에서 그리 행복하지는 못한 듯하다.

도12 **흥선대원군** 1882년, 26.6×
21.4cm, 서울역사박물관 소장 운
현궁 유물.
고종의 아버지이자 명성황후의 시
아버지다.

王
妃
日
常

3 다양한 왕비의 모습들

역사에 기록된   조선 역사에는 많은 왕비와 후궁들이 등장
왕비와 후궁   한다. 그들 왕비와 후궁의 삶 모두 조선 왕

실 여성의 삶을 복원하는 데 중요한 소재이지만, 전부 다룰 수는
없으므로 그 가운데 역사에 족적을 남기거나 드라마틱한 삶을 살았
던 몇몇 인물을 우선 살펴보기로 한다.

왕비가 되었다고 해서 죽을 때까지 궁에서 살 수 있었던 것은
아니다. 정치적 격변의 와중에 종종 왕비들은 폐위되어 궁 밖으로
나가거나 목숨을 잃기도 했다. 왕과의 갈등이나 왕대비와의 불화로
폐비가 되는 왕비도 있었고, 반정으로 남편이자 왕이 폐위되면서
함께 폐비가 되는 왕비도 있었다. 남편이 왕위를 잃음으로써 함께
폐비된 왕비로는 세조에 의해 희생된 단종의 비 정순왕후 송씨, 반
정에 의해 폐위된 연산군의 비 신씨(1472~1536), 광해군의 비 유씨
(1576~1623) 등이 있다. 이들은 자신의 잘못과 무관하게 정치적 상
황으로 인해 폐출된 불행한 여인들이었다.

중종의 비 단경왕후 신씨(1487~1557)는 특히 비극적인 삶을 살았
다. 신씨는 중종반정이 성공하면서 왕비의 자리에 올랐지만, 불과
며칠 만에 반정세력에 의해 폐위되는 운명을 맞았다. 친정아버지

도13 **연산군묘** ⓒ박상준
서울 도봉구 방학동에 소재한 연
산군 묘역. 오른쪽은 폐비된 거창
신씨의 묘다.

때문이었다. 단경왕후 신씨의 아버지는 연산군대에 좌의정까지 오
른 신수근愼守勤으로, 연산군을 폐위시키고 중종을 옹립한 반정세력
에 의해 죽임을 당했다. 반정세력은 자신들이 죽인 신수근의 딸이
왕비 자리에 있는 것을 그냥 두고 볼 수 없었다. 결국 중종은 자신
을 왕으로 만들어준 신료들의 요구에 따라 조강지처인 왕비 신씨를
폐했다.

　이 밖에 폐위를 당한 왕비는 더 있다. 성종의 비 윤씨는 대비와
의 불화 등으로 왕비로 책봉된 지 불과 3년 만에 폐비가 되었다.
연산군의 어머니이기도 한 폐비 윤씨는 훗날 사약을 받는 비극적인
최후를 맞이했다. 숙종의 계비 인현왕후와 한때 왕비의 자리에까지
올랐던 희빈 장씨도 폐비되는 불운을 맞이했다. 그렇지만 인현왕후
는 극적으로 생전에 복위가 되었고, 경종의 생모 희빈 장씨는 사약
을 받고 죽었다. 고종의 비 명성황후도 일본인에게 시해당한 후 잠
시 폐비되었다가 두 달 만에 복위되었다.

　한편 이들 폐비된 왕비들의 삶과 극명한 대조를 이루는 여성들
도 있는데, 바로 수렴청정을 통해 권력을 휘두른 왕비들이다. 왕이
죽으면 왕비는 대비가 되는데, 이때 대비는 새로운 왕이 독자적으

로 정국을 운영하기 어려울 경우 필요에 따라 수렴청정을 행하였다. 조선 전기에 3회, 조선 후기에 4회, 모두 일곱 차례의 수렴청정이 여섯 명의 대비에 의해 시행되었다.

최초의 수렴청정은 세조의 비 정희왕후가 성종을 대신해 수렴한 것이다. 이후 명종대에는 중종의 비 문정왕후, 선조대에는 명종의 비 인순왕후가 수렴을 행했으며, 조선 후기에는 순조가 즉위하자 영조의 계비 정순왕후가 행했고, 순조비 순원왕후는 헌종과 철종 2대에 걸쳐 수렴청정을 행한 유일한 왕비였다. 조선의 마지막 수렴청정은 고종 즉위 시에 익종비 신정왕후에 의해 행해졌다.

이들 가운데 문정왕후는 상당한 권력을 행사한 여인으로 알려져 있다. 문정왕후는 중종의 계비로 입궁한 뒤 명종을 낳았고, 훗날 명종이 열두 살의 나이로 즉위하자 수렴청정을 하였다. 불교 중흥에도 앞장선 문정왕후는 1553년(명종 8) 명종에게 친정親政을 하도록 한 후에도 남동생 윤원형尹元衡과 협력하여 정사에 계속 관여한 것으로 유명하다.

그렇다면 왕비가 아닌 후궁 중에서 주목할 만한 인물로는 누가 있을까. 앞서 언급한 대로 조선시대 왕위는 왕비의 아들 가운데 장자가 계승하는 것이 원칙이었다. 그러나 조선 후기에는 왕비에게서 아들을 얻지 못해 후궁이 낳은 자식이 왕에 오르는 경우가 종종 있었다. 경종, 영조, 순조가 바로 그런 경우였다. 즉 이 세 왕의 생모는 모두 후궁 출신이었다.

경종의 생모는 희빈 장씨, 영조의 생모는 숙빈 최씨, 순조의 생모는 수빈 박씨다. 이중 희빈 장씨와 숙빈 최씨는 숙종의 후궁이었고, 수빈 박씨는 정조의 후궁이었다. 장희빈으로 더 잘 알려진 희빈 장씨는 왕비의 자리까지 오른 여성이었다. 비록 후에 빈으로 강등되고 사약을 받는 운명에 처해졌으나 조선 역사를 통틀어 궁녀 출신으로서는 비록 한때나마 왕비의 자리를 차지하였던 유일한 인물이다.

이들 세 사람의 공통점은 자신은 비록 왕비가 되지는 못했지만 자신이 낳은 아들이 훗날 왕에 오른 후궁들이라는 사실이다. 이들 외에도 나중에 추존된 왕의 생모까지 따지면 조선시대에 왕을 낳은 후궁의 수는 더 많아진다.

오늘날의 청와대 경내에는 일반인들의 출입이 통제된 사당, 칠궁七宮이 있다. 이들 칠궁의 주인공들이 왕을 낳은 후궁들이다.[13] 칠궁과 그곳에 모셔진 인물은 다음과 같다.

먼저 저경궁儲慶宮은 선조의 후궁 인빈 김씨를 모신 사당이다. 인빈 김씨는 훗날 왕으로 추존된 원종元宗을 낳은 생모로, 원종은 인조의 생부다. 대빈궁大嬪宮과 육상궁은 모두 숙종의 후궁을 모신 사당이다. 대빈궁에는 경종의 생모인 희빈 장씨의 위패를 모셨고, 육상궁에는 훗날 왕위에 오른 영조의 생모인 숙빈 최씨를 모셨다.

연호궁延祜宮은 영조의 후궁 정빈 이씨를 모신 사당이다. 정빈 이씨는 훗날 추존된 왕 진종眞宗(효장세자)을 낳은 생모로, 진종은 정조의 계통상의 아버지가 된다. 선희궁宣禧宮 역시 영조의 후궁인 영빈 이씨를 모신 사당이다. 영빈 이씨는 훗날 추존된 장조莊祖(사도세자)를 낳은 생모로, 장조는 정조의 혈연상의 아버지, 즉 생부다.

경우궁景祐宮은 정조의 후궁 수빈 박씨를 모신 사당으로, 수빈 박씨는 순조의 생모다. 마지막으로 덕안궁德安宮은 고종의 후궁 순빈 엄씨(순헌황귀비)를 모신 사당으로, 순빈 엄씨는 영친왕英親王의 생모다.

이들 후궁들은 대부분 생존 당시에는 그다지 정치적 영향력을 발휘하지 못했다. 하지만 이들의 친아들이 왕에 오름으로써 이들의 존재는 훗날 정치적, 경제적으로 주목의 대상이 되었다.

영조의 어머니 숙빈 최씨가 대표적인 사례다. 후궁의 아들로 왕위에 오른 영조는 조선 제21대 임금으로, 조선 왕조 역대 임금 가운데 가장 오래 살았고 재위 기간(1724~1776)도 가장 길었다. 영조는 혼란한 정국에서 강력한 왕권을 확립하고 문물을 정비함으로써

13_ 칠궁에 모셔진 후궁들의 삶에 주목하여 이들의 삶을 개관한 대중서로는 최선경, 『왕을 낳은 후궁들』, 김영사, 2007을 참고할 수 있다.

칠궁은 왕을 낳은 후궁들의 사당이다. 왼쪽 위부터 저경궁, 대빈궁, 연호궁, 선희궁, 경우궁, 덕안궁의 모습이다. 청와대 경내에 있어 일반인의 자유로운 출입이 통제되고 있다.

도20 **육상궁** ⓒ박상준
칠궁 가운데 육상궁은 영조의 어머니 숙빈 최씨의 사당이다.

조선 후기 중흥의 역사를 이룩한 영명한 군주였다. 그가 재위 기간 동안 쌓은 치적은 적지 않지만 그중에서도 탕평정치를 표방하고 균역법을 제정한 일, 그리고 청계천 준천 사업을 추진한 일은 대표적인 업적으로 꼽힌다. 또한 영조는 어느 임금보다도 학문을 좋아하여 방대한 저술을 남기기도 하였다.

영조는 법적으로는 숙종의 두 번째 계비 인원왕후(1687~1757)의 아들로 왕위에 올랐지만, 자신을 낳아준 생모는 숙빈 최씨였다. 어머니가 미천한 출신이라는 것은 영조에게 벗어날 수 없는 굴레였다. 영조는 왕위에 오르자 어머니의 사당을 세우고 시호를 올리는 등 필생에 걸쳐 어머니 숙빈 최씨에 대한 추숭 사업을 추진하였다.

즉위한 다음 해에 한성부의 북부 순화방順化坊의 도성 북쪽 산기슭에 어머니의 사당을 세웠으며, 1744년(영조 20)에는 어머니의 사당 이름을 '육상묘'毓祥廟, 무덤 이름을 '소령묘'昭寧墓로 하였다. 1753년에는 돌아가신 어머니가 후궁으로 책봉된 지 60주년을 맞아 어머니에게 '화경'和敬의 시호를 올리고, 사당을 '육상궁', 무덤을 '소령원'으로 고쳐 격을 더 높였다. 이후 영조는 숙빈 최씨에게 세 차례에 걸쳐 시호를 더 올렸다.

조선시대 왕은 국가 권력의 최고 정점에 있는 존재로서 그 권위는 불가침의 것이었다. 그러나 혈통상의 하자가 있는 후궁 출신의 왕위 승계는 왕의 정통성과 권위를 훼손할 수 있었다. 그에 대한 대응의 일환으로 왕은 사친을 추숭하고, 사친의 사당인 제궁에 막대한 지원을 내리는 조치를 통해 왕권의 존엄성과 권위를 높이려고 했다. 사친 추숭 과정에서 필요한 재원은 궁방전宮房田의 지원으로 뒷받침하였다. 이러한 사친 추숭 작업은 정치적으로는 왕의 여타 정책과 필연적으로 관련되었을 뿐 아니라, 특히 이들 사친을 제향하는 사당에는 막대한 양의 궁방전이 지급되어 국가 재정에 큰 영향을 미쳤다.[14]

영조 때 본격화된 사친 추숭 사업은 어머니에 대한 영조의 효심에서 비롯되었을 것이다. 그렇지만 영조가 숙빈 최씨를 추숭하고 육상궁을 조성한 것을 시작으로 정조와 순조가 각각 선희궁과 경우궁을 조성한 것은 왕

도21 **영조 어진** 조석진·채용신 필, 1900년 이모, 비단에 수묵채색, 203×83cm, 국립고궁박물관 소장. 영조는 출신상의 약점을 만회하기 위하여 재위 기간 중 왕권을 강화하는 한편 어머니 숙빈 최씨의 추숭 사업에도 적극적이었다.

의 정치적 위상을 강화하려는 시도라고 봐야 한다. 그 이면에는 출신의 약점을 극복하고 강력한 왕권을 바탕으로 탕평정치를 일관성 있게 추진하기 위한 정치적 의도가 자리 잡고 있었다. 따라서 조선 후기 정치사를 이해하는 데 이 부분을 간과해서는 안 된다.

왕비를 어떻게
조명할 것인가

해방 이후에 이루어진 조선시대 궁중생활 문화에 대한 연구는 황족, 궁녀, 내시 등 궁중 사람들에 대한 관심에서 시작하여 궁중 복식과 궁궐 건축, 나아가 생존해 있는 왕족이나 상궁 출신들의 증언을 바탕으로 한 궁

중 여성의 삶을 다룬 것이 많다. 각 분야의 연구 성과는 당시로서는 개척적인 의미를 지니고 있긴 하지만 연구의 내용이나 분석의 시각은 미흡한 부분이 없지 않다. 이에 비해 상당수의 일반 대중서가 다루는 왕비를 비롯한 왕의 여자들에 대한 서술은 흥미 위주의 내용에서 크게 벗어나지 못하고 있다. 다행히 최근 들어 왕실 생활문화에 대한 관심이 높아지면서 왕비를 비롯한 궁중 여성들의 삶에 대한 연구와 분석이 새로운 자료의 활용과 더불어 더욱 심층적, 구체적으로 이루어지고 있다. 이들 성과를 바탕으로 조선 왕비의 지위와 제도적 규정, 왕실 여성들의 관계와 생활문화, 수렴청정 등 왕비의 정치 참여 문제에까지 연구의 시야가 확대된 것은 고무적인 일이다. 그럼에도 불구하고 향후 왕비 연구의 진전을 위해 관련 문헌의 발굴과 검토가 더 활발히 이루어질 필요가 있다.

지금까지 다루어진 것까지 포함하여 왕비를 비롯한 궁중 여성들에 관한 연구 자료를 소개하면 다음과 같다.

첫째, 기본적인 검토 대상이라 할 수 있는 관찬 기록이 있다. 『조선왕조실록』 등 연대기와 함께 혼례를 비롯하여 왕실의 행사가 비교적 상세히 기록되어 있는 의궤·등록謄錄은 관찬 기록 중에서 그나마 최근 들어 연구가 활발히 이루어지고 있는 자료에 해당한다.

관찬 기록 중에는 관청에서 공식적으로 작성한 일기日記도 있다. 현재 장서각에는 후궁의 출산을 돕기 위해 설치한 관청인 호산청護産廳에서 출산 과정을 생생하게 기록한 두 종류의 『호산청일기』가 전해지고 있다. 하나는 영조의 생모 숙빈 최씨의 세 번에 걸친 출산 과정을 기록한 것이고, 다른 하나는 고종의 후궁 순빈 엄씨가 영친왕을 출산할 때의 기록으로 왕실 여성의 자녀 출산에 관한 일련의 과정을 파악하는 데 유용한 자료다. 이 밖에도 장서각에 소장된 가례·출산 등에 관련한 물품 내역을 적은 '궁중발기'宮中發記 등 다양한 왕실 고문서, 일제강점기에 작성된 각종 조사 보고서 등이 있는데, 아직 연구에는 본격적으로 활용되지 못하고 있는 실정이다.

14_ 조선 후기 왕실 재정을 담당한 대표적인 궁방宮房은 내수사, 수진궁, 명례궁, 용동궁, 어의궁, 육상궁, 선희궁, 경우궁이다. 이들을 1사 7궁이라 불렀는데, 막대한 양의 궁방전을 보유하고 있었으며 조선 후기에서 한말까지 존속하였다. 이 가운데 육상궁, 선희궁, 경우궁은 왕을 낳은 후궁의 사당으로 제사만을 전담한 제궁祭宮이다.

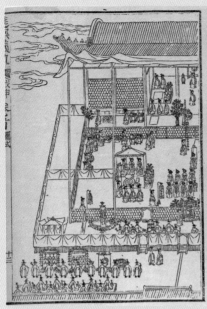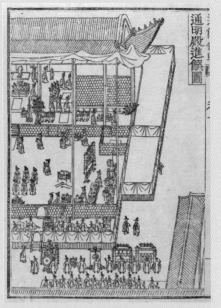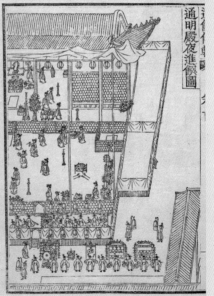

도22 『무신진찬의궤』 1848년(헌종 14), 3권 4책, 정리자·목활자본, 36.7×24cm, 한국학중앙연구원 장서각 소장.
헌종 14년 3월 창경궁 통명전에서 대왕대비였던 순원왕후의 육순六旬을 경축하여 베푼 진찬의 전체 과정을 담
은 기록이다. 이러한 기록을 통해 우리는 왕실 여성들의 일상을 부분적으로나마 엿볼 수 있다.

둘째, 궁중문학 작품이나 왕비 등 궁중 여성이 직접 작성한 편지글이다. 선조의 계비 인목왕후의 폐비 사건을 비롯한 다양한 사건을 기록한 『계축일기』, 숙종대 인현왕후의 폐위와 복위 과정을 기록한 『인현왕후전』, 정조의 어머니 혜경궁 홍씨가 쓴 『한중록』은 궁중의 대표적인 3대 문학 작품으로 궁중 여인들의 삶과 궁중 비사를 살피기에 유용한 자료로 일찍부터 주목받아왔다. 그러나 작품에 대한 재해석의 여지는 얼마든지 남아 있다.[15]

왕비가 직접 작성한 편지글은 이들의 개인적인 생각, 정신세계, 생활 모습을 살펴볼 수 있다는 점에서 흥미로운 자료다. 현재까지 전해지는 한글 편지를 쓴 왕비는 인목왕후, 장렬왕후, 인선왕후, 인현왕후, 정순왕후(영조비), 순원왕후, 신정왕후, 철인왕후(1837~1878), 순명효황후(1872~1904), 명성황후 등이다.

셋째, 왕비의 일대기와 가문에 관한 내용을 파악할 수 있는 자료들이다. 외척에 대한 검토는 왕비를 이해하는 데 빼놓을 수 없는 주제다. 그런 점에서 왕의 즉위, 비빈의 책봉, 자녀 출산 등의 사항을 상세히 기재한 왕실 족보인 『선원록』과 『선원계보기략』, 역대 왕과 왕비들의 행장行狀과 비명碑銘 등을 모아놓은 『열성지장통기』列聖誌狀通紀, 왕비 가문의 인물과 가계를 상세히 기록한 『열성왕비세보』列聖王妃世譜 등은 왕실 여성의 가문을 통해 이들의 생애를 재구성하는 데 꼭 필요한 자료다.

넷째, 왕실 여성들의 여가 및 독서 생활을 알 수 있게 해주는 서적, 궁궐도 및 왕실 회화 등 시각 자료를 보조 자료로 활용할 필요가 있다. 특히 왕실 여성의 독서 경향을 짐작케 해주는 규장각과 장서각 소장 한글본 도서, 장서각에 소장되어 있는 유일본인 낙선재본 고전소설 등은 왕실 여성들의 교양과 지식을 얻기 위한 책읽기가 어떻게 행해졌는지, 여가활동은 어떠했는지를 추론하는 데 도움을 준다.

조선은 성리학을 사상적 기반으로 한 왕조 국가다. 왕조 국가에

15_ 특히 『한중록』은 혜경궁 홍씨가 자신의 생애에 대해 직접 기록한 책인데, 책의 내용을 어떻게 볼 것인가를 둘러싸고 현재까지 논쟁이 전개되고 있다. 자세한 내용은 정병설, 『권력과 인간: 사도세자의 죽음과 조선 왕실』, 문학동네, 2012 참조.

도23 순정효황후

순종의 비로, 해풍부원군 윤택영
尹澤榮의 딸이다. 1906년 12월 13
세에 황태자비로 책봉되었고,
1907년 순종이 즉위하자 황후가
되었다. 1966년 낙선재에서 병사
하였다.

서 여성은 남편이나 아들과 같은 남성에
의해 지위가 정해졌다. 조선의 왕비는
다른 여성들과 달리 최고 권력자인 왕의
부인이자 국모라는 특별한 존재였으나
그들의 삶 또한 왕과 후계자의 흥망성쇠
에 따라 부침을 겪을 수밖에 없었다.

앞에서 살펴보았듯 지아비인 왕이 반
정에 의해 폐위되면서 함께 폐비되는 고
통을 겪은 왕비가 있는가 하면 외척세력
을 기반으로 정치에 관여하거나 수렴청
정을 통해 무소불위의 권력을 행사한 여
성도 있었다.

간택을 받는 순간부터 자녀 출산, 후
계자 즉위 등 왕비의 삶은 정치적 과정
이었고, 자신의 선택과 무관하게 왕비는 정치적 존재로 살아갈 수
밖에 없었다. 그런 점에서 그동안 왕비의 삶을 개별 인물들의 애환
이나 흥미 위주로 다뤄왔던 것은 왕비 연구의 바람직한 방향이라
볼 수 없다.

그렇다면 앞으로 왕비 연구는 어떻게 이루어져야 할까. 먼저 왕
비의 생활사에 대한 총체적 접근이 필요하다. 왕비의 궁중생활을
다루는 데 부부관계, 후궁이나 궁녀와 같은 다른 왕실 여성과의 관
계에만 머물러서는 안 되며 의식주, 여가생활과 독서, 출산과 육아,
정신세계에까지 범위와 시야를 확대해야 한다.

더불어 왕대별 정치세력의 활동과 왕의 국정 운영과 관련한 왕
비의 정치적 역할, 왕비 가문이 미친 영향도 더욱 탐구되어야 하는
데, 이는 외척에 대한 연구가 심화될 때 가능한 일이다. 중국의 황
후를 비롯하여 동·서양 중세 왕비들과의 비교사적 고찰의 필요성
도 강조되어야 한다. 이 같은 관점에서 향후 왕비에 대한 심층적

조명이 이루어진다면 왕 중심의 조선 역사에서 왕비가 얼마나 중요
한 역할을 차지했는지를 분명히 밝힐 수 있을 것이다.

국왕과 왕비의 혼인을 보통 가례라고 한다. 가례는 '아름다운 예'라는 좋은 뜻으로, 본래 혼인을 포함하는 넓은 범위의 용어로 쓰였다. 왕의 가례는 사대부와는 달리 고례의 형식을 따랐다. 고례는 육례로서, 『예기』에서 규정한 여섯 절차의 혼례를 말한다. 곧 납채, 문명, 납길, 납폐, 청기, 친영이다. 그런데 주자는 이 육례를 간소화하기 위해 네 가지 절차로 줄였으니, 의혼, 납채, 납폐, 친영이다. 이것을 사례라고 한다. 조선시대의 왕은 육례 중에서 문명과 납길, 청기를 독립된 절차로 거행하지 않았다. 중전의 간택 조건은 보통 덕행과 문벌, 가훈을 내세웠다. 그러나 왕비의 간택은 조정의 안정과 밀접히 관련되어 있어, 당쟁이 치열하게 전개될 때에는 왕비의 간택을 둘러싸고 각 정치세력의 이해관계가 첨예하게 대립할 수도 있었다. 때문에 왕이 자신의 마음에 드는 여인을 왕비로 맞이하는 것이 오히려 드문 일이었다.

왕비의 간택과 책봉

王妃日常

1 만민을 친히 하는 혼례, 가례

가례의 의미

왕과 왕비의 혼인은 보통 가례嘉禮라고 한다. 가례는 '아름다운 예'라는 좋은 뜻으로, 본래 혼인을 포함하는 넓은 범위의 용어로 쓰였다. 조선의 국가전례서인 『국조오례의』國朝五禮儀를 구성하고 있는 오례五禮, 곧 길가군빈흉吉嘉軍賓凶 중의 하나도 가례다. 여기에 수록된 가례에는 혼인뿐 아니라 조회朝會, 관례冠禮, 책례冊禮, 학례學禮, 양로연의養老宴儀, 요하의遙賀儀[1](지방관과 지방에 파견된 사신이 왕에게 하례하는 의례), 요수영의遙受迎儀[2](지방에서 왕이 내리는 교서敎書와 선온宣醞, 향香 등을 받거나 맞이하는 의례), 향음주의鄕飮酒儀 등 종류가 매우 많다.

가례는 『주례』周禮에서 '이가례친만민'以嘉禮親萬民이라 하여 만민을 친히 하는 의례라고 했다. 이것으로 보아, 가례는 국가의 경사스러운 의례를 통칭하는 용어다. 이 가운데 왕의 가례는 대혼大婚 혹은 국혼國婚이라 칭하기도 했다. 국혼에는 왕비, 왕세자, 숙의(내명부에 속한 종2품의 후궁), 대군, 왕자, 공주, 옹주의 혼례가 모두 포함된다. 이렇듯 여러 의미를 가진 가례는 유독 왕의 혼례를 가리키는 말로 많이 쓰였다.

가례는 인간이 사회관계 속에서 누려야 하는 삶의 본질과 욕망

1_ 그 종류로는 '정조와 동지 및 탄일', '초하루와 보름'에 하례하는 의식과 전문箋文을 올리는 의식 등 세 가지가 있다. 이 의례는 지상의 지고한 존재인 왕에 대해 사신과 지방민을 대표하는 외관이 충성을 서약하는 정치행위다. 임민혁, 「조선 초기 요하의와 군신질서」, 『조선 왕실의 가례 2』, 한국학중앙연구원, 2010.

2_ 이 의절명은 필자가 편의상 만든 용어다.

을 의례질서로 형상화한 철학적·사회적 의미를 담고 있다. 『주역』周易을 보면, 군자의 네 가지 덕德인 원형이정元亨利貞 중에서 '형'은 '가지회야'嘉之會也(아름다운 모임)라 하고 '가회족이합례'嘉會足以合禮(모임을 아름답게 하여야 예에 맞다)라 하였다. 형은 계절로는 여름으로, 만물이 무성하게 성장하는 때다. 예는 음양오행에서 방위상으로는 남쪽이며 계절로는 여름이다. 봄철에 무질서하게 새싹을 틔운 초목이 여름에 이르면 줄기와 마디

가 성장하여 가지런히 정돈되는 아름다움을 연출한다. 여름의 다종 다양한 초목 군체가 가히 아름다운 모임처럼 질서정연하게 되는 것이다. 이러한 우주와 자연의 질서는 바로 예의 질서의 본래 모습이며, 모임을 아름답게 함은 자연의 질서에 순응하여 예법으로 질서를 갖춘다는 것이다. 그래서 예에 맞다고 한 것이며, 가례라는 용어의 연원은 여기에 있다.

자연의 아름다움이 이러하다면, 사회의 아름다움은 인간과 인간이 만나서 즐기는 것이다. 음식을 나누어 먹는 것을 비롯해서 아이가 성인이 되고 남녀가 짝짓는 것을 축하하며, 잔치를 베풀고, 가난한 이를 도우며, 경사를 축하하는 일들이 그것이다. 여기에는 종족과 형제, 남녀, 붕우, 사방의 손님에다 국가까지 아우르는 동양의 우주관과 국가관이 내포되어 있다. 각 국가와 모든 백성들은 이러한 모임을 행하여 회통會通하는 아름다움을 얻어야 예에 맞다. 이러한 모임이 예에 부합하지 않으면 자연의 이치가 아니니, 어찌 아름다울 수 있겠으며 어찌 형통함이 있겠는가!

앞서 말한 '가례가 만민을 친히 한다'는 뜻은 이와 같다. 종족과 형제는 하늘이 맺어준 관계다. 남녀는 사람의 큰 인륜이다. 붕우는 서로 의리로 화합해야 하고, 사방의 손님과 국가는 예로써 교제하여야 한다. 이러한 각 부류의 상호관계는 사람 도리의 큰 것이고

예의 근본이다. 종족과 형제들이 모여 음식을 나누어 먹는 것은 하늘이 돈목함으로 맺어주었기 때문이다. 성인식과 혼인은 사람이 바른 길로 가는 순서다. 사람의 지위와 관계없이 누구나 이 예를 행하여 이러한 근본을 밝힘으로써, 모든 사람들을 친히 할 수 있는 것이다.

남귀여가혼에서
친영으로

요즈음 사람들이 옛 혼인 풍속에서 가장 흥미롭게 기억하는 모습이 몇 가지 있다. 사모관대를 한 꼬마신랑이 말을 타고 신부를 가마에 태워 데리고 오는 모습이 그중 하나다. 이 절차를 유교의례에서는 친영親迎이라고 한다. 친영이 시작된 시기는 조선 중기 이후다. 그 이전에는 고려의 혼속이 유제로 강고하게 남아 있어 그 시행을 놓고 많은 갈등을 겪었다.

조선 초기의 혼속은 남귀여가혼男歸女家婚(서류부가제壻留婦家制라고도 한다)이었다.[3] 이때에는 신랑이 신부 집으로 가서 혼례를 치르고 자식들이 장성할 때까지 처갓집에서 살았다. 당시 개혁 세력들은 이러한 관습을 용납할 수 없었다. 유교이념에 입각하여 예치사회禮治社會(예를 운영 수단으로 국가를 다스리는 사회)를 건설하고자 하는 이들에게 남귀여가혼은 국가의 종법적 질서체계 재편에 방해되는 모순된 생활양식이었다. 그들은 이를 좌시하지 않고 끊임없이 문제를 제기하면서 시정하려는 노력을 기울였다.

조상과 개인은 피로 맺어진 혈연관계로서 하나의 가家를 형성하였다. 혈연관계는 기운이 같아서 서로 통하는 동기간이다. 그런데 남귀여가혼에서는 사위가 장인의 제사를 받들거나 외손이 외조부모의 제사를 받드는 외손봉사外孫奉祀가 관행처럼 행해졌다. 사위와 장인은 혈연관계에 있어서 전혀 무관하며, 외손은 모계혈통의 계승자다. 따라서 성리학 이념으로 무장한 당시 유교 지식인들은 자신들의 이념과 배치되는 이러한 폐해를 도저히 용납할 수 없었다.

3_ 이순구, 「조선 초기 종법의 수용과 여성지위의 변화」, 한국학대학원 박사논문, 1995.

조선 정부에서는 남귀여가혼으로 인해 발생하는 여러 폐단을 극복하는 직접적인 방법으로 기존의 혼속을 과감하게 바꾸는 정책을 택했다. 사회관습의 일신 혹은 개혁의 제반 시나리오는 『주자가례』에서 찾아냈다. 『주자가례』는 당시 사회 교화를 위한 기본 텍스트였다. 주희朱熹(1130~1200, 주자학을 집대성한 중국 송나라 때의 유학자)가 지었다고 하는 이 책은 관혼상제의 절차와 의미를 정리한

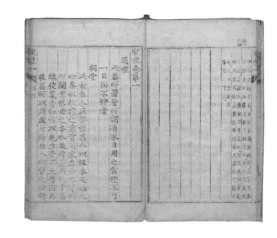

도2 『주자가례』 한국학중앙연구원 장서각 소장.
고려 말에 도입되었으며, 조선 건국 후 성리학적 국가질서 건설에 가장 기초적인 교화서이면서 이념서로 채택되었다.

4_ 주희 지음·임민혁 옮김, 『주자가례』, 예문서원, 1999, 164쪽.

5_ 임민혁 옮김, 『주자가례』, 164~184쪽.

예서다. 제일 앞에는 통례 편을 두어 사당제도를 강조하고, 혼례에서는 "친영의 예는 아마도 이천伊川의 말을 따르는 것이 옳을 듯하다"고 하여 이를 수용했다.[4] 조선 정부의 사회 교화정책은 가례대로의 사례四禮(관혼상제) 보급이었으므로 그 방향만이 최선이었다.

친영은 신랑이 직접 신부를 맞이하여 와서 합근례를 행하는 의례절차다.[5] 성리학자들은 남귀여가혼에서 양(신랑)이 음(신부)을 따라가는 방식은 자연의 법칙을 거스른다고 보았다. 그러므로 이를 친영으로 대체해야 하는데, 이미 사회 깊숙이 정착되어 있는 혼속을 하루아침에 바꿀 수는 없는 노릇이었다. 역사의 전통이 고대로까지 거슬러 올라가는 생명력 있는 혼인 형태인 데다가 남성의 경제적 이해관계까지 긴밀하게 얽혀 있어 이 풍습을 일시에 고친다는 것은 무모한 일로 보였다.

조선 건국자의 한 사람인 정도전도 기존의 혼인 풍습을 퇴폐 문화로 간주하고 이를 척결하고자 적극적인 개혁정책을 추진해나갔다. 『삼봉집』三峰集에서 그는 서류부가제의 폐해를 강하게 비판하였다. "부인은 무지한 데다 부모의 사랑을 믿고 자기의 남편을 가볍게 생각하니, 교만하고 시샘하는 마음이 날마다 커져 마침내 반목하기에 이른다. 가정의 도가 무너진 것은 모두 처음을 삼가지 않았기 때문이다"라는 것이다. 「불씨잡변」佛氏雜辨에서도 정도전은 "아들

6_ 정도전, 『삼봉집』 권13, 「조선경국전」 상, 예전, 혼인; 권5, 「불씨잡변」.

은 아버지를 아버지로 여기지 않고, 신하는 임금을 임금으로 여기지 않아, 마침내 은혜와 의리가 강쇄되고 각박하여 지친을 보기를 길 가는 사람같이 하고, 공경해야 할 어른을 어린아이 대하듯 하여 그 근본과 원류를 잃어버렸다"고 비난했다.[6]

기존 질서에 대한 비판과 동시에 새로운 질서를 창출하기 위해 혼신의 노력을 기울인 정도전이 '처음을 삼가지 않았다'고 한 것은 양이 음을 따르는 서류부가혼의 모순을 지적한 것이다. 그리고 부자와 군신, 장유長幼 사이의 질서가 무너진 것은 불교 탓이었다. 처음을 삼가고 근본과 원류를 회복하기 위해서는 혼속의 개혁이 시금석이 될 수 있었다. 가례의 친영은 음이 양을 따르는 처음을 삼가는 의례다. 그런 다음에 부자와 군신의 질서가 바로 설 수 있다고 보기 때문에 남귀여가혼을 폐기하고 친영을 시행해야 하는 것이다.

조선 왕실에서 친영례를 처음으로 거행한 사람은 태종대의 양녕대군이었다. 태종은 이날 비가 내린다는 이유로 초례醮禮(혼사의 주인이 신랑에게 술을 따라주고 신부를 맞이해올 것을 명하는 의절)의 거행을 중지시켰다. 공복公服 차림으로 연을 탄 세자 일행을 기러기를 든 내시가 앞에서 인도하였으며, 서연관書筵官(왕세자의 교육을 담당하던 관리)과 숙위사宿衛司(왕세자의 호위를 담당하던 곳)의 관리들이 모두 공복 차림으로 뒤를 따랐다. 세자는 김한로金漢老의 집에 이르러 연에서 내려 악차幄次(천막의 한 종류)로 들어갔다가 정시丁時(낮 12시 30분~1시 30분)에 빈을 맞이하여 돌아왔다.[7]

7_ 『태종실록』 권14, 태종 7년 7월 13일.

이렇게 친영을 하긴 했지만, 당시 양반가에서는 한바탕 소동이 일어났다. 연소한 처녀들을 지레 혼인시켜 친영을 피하고자 한 것이다. 친영은 그에 뒤따르는 어려움이 여간하지 않았으므로 이를 달가워하지 않는 풍조가 만연해 있었다. 세종 12년의 논의를 보면, 여자가 남자 집으로 시집간다면 노비와 의복, 기명器皿을 모두 여자 집에서 준비해야 하는 경제적 부담이 크다는 것이다. 남자 집이 가난할 경우에는 이를 더욱 꺼려할 수 있었다. 그리하여 딸을 가진 집안에서는 심지어 어린애를 사위로 삼는 일까지 벌어졌다.

　이 같은 소동에 시기상조라고 판단한 세종은 먼저 왕실에서 친영의 모범을 보이겠으니 사대부들은 이를 본받아서 행할 것을 주문했다. 이것이 위에서 행하고 아래에서 본받는다는 것이었다. 세종은 왕 자녀의 혼인을 일체 옛 제도에 따라 행할 것을 공표했다. 그러고는 옛것을 참작하여 시의에 맞게 친영의주親迎儀註(친영 절차의 규정)를 상세히 정하고, 아울러 사대부 집에서도 따라야 할 의례를 정하도록 했다.[8] 그리하여 친영 절차가 포함된 왕 자녀의 혼례의와 1품부터 서인까지 해당하는 혼례의를 제정하여 친영할 것을 권장했다. 왕 자녀들 중에서는 숙신옹주의 혼례 때 친영례를 거행한 바 있다.

　그러나 국왕 가례의 친영에 관해서는 거의 논의되지 않았다. 『세종실록』 오례나 성종 5년에 편찬된 『국조오례의』에는 명사봉영命使奉迎의 절차가 수록되었다. 왕의 명을 받은 사신이 신부를 맞이하여오는 방식을 채택한 것이다. 이후 왕의 친영례가 본격적으로 논의되기 시작한 것은 중종대였다. 향촌의 신진사림이 중앙정계에 적극 진출하는 과정에서 친영의 예를 회복하여 인륜의 시초를 바르게 할 것을 주장했던 것이다. 이에 중종은 먼저 경대부 집에서 이를 행하여 사서士庶의 모범이 될 것을 요구했다. 삼사三司(언론을 담당한 홍문관, 사헌부, 사간원의 통칭)에서도 거듭 친영 시행의 불가피성을 강조했으나, 대신들은 조선의 습속을 갑자기 고칠 수 없다고 하면서 반대 입장을 분명히 했다. 중종 11년에는 중전의 승하로 새 왕비를 맞이하면서 친영례의 실시를 검토했으나, 선왕의 예법이 아니라는 이유로 유보되었다. 조종의 성헌成憲인 『국조오례의』에도 실리지 않은 예법을 실시하자는 것은 말도 안 된다는 것이었다.

　신진사림들은 대신들의 반대에도 아랑곳하지 않고 계속해서 중종을 압박했다. 신진사림들에게 호의적이었던 중종은 결국 그들의 요구를 수용하여 방향을 선회했다. 친영의주를 마련하여 시행할 것을 명하는 한편, 이 예를 『국조오례의』 의주에 포함시켜 후세에

8_『세종실록』 권64, 세종 16년 4월 17일.

9_ 『중종실록』 권28, 중종 12년 7월
19일.

도 준행하도록 조치했던 것이다. 친영의 장소로는 태평관을 수리하여 사용하도록 했다. 드디어 중종 12년 7월에 왕은 면복을 갖추어 입고서 태평관으로 행차하여 직접 왕비를 맞이해오는 친영례를 거행하였다.[9]

국왕의 친영례는 조선 건국 이래 계속되어온 국가 개혁의 부분적인 성공을 극적으로 보여주는 사건이었다. 유교의 원리를 초월하는 지위에서 벗어나 예의 원칙과 정신에 순응하는 단계로 진일보하는 변화와 혁신을 이룬 것이다. 그러나 민간에서 친영이 행해지기까지는 더 많은 세월이 걸렸으며, 그것도 주로 반친영半親迎이 행해지는 정도에 그쳤다.

2 금혼령과 왕비의 간택

처녀는
혼인을 금하라

왕은 대개 원자 시절에 가례를 올리고, 왕위에 올라서는 세자빈을 왕비로 책봉하였다. 따라서 왕이 가례를 치르는 일은 계비를 맞이하는 경우가 대부분이었다. 전 왕비가 승하하면 일정한 기간이 흐른 뒤에 왕의 가례가 결정되었다. 먼저 길일을 정하여 종묘와 사직에 이 사실을 고유하고 나서 전국에 금혼령을 내렸다.

자유연애가 허락되지 않은 전통시대에 혼인 적령기의 남녀가 인연을 맺는 방법은 대체로 중매였다. 왕실에서는 왕의 배필이 될 만한 규수를 구한다는 사실을 공론을 통해 조정에 널리 알렸다. 특정한 중매쟁이가 개입하는 것이 아니라, 전국에 광고를 내 후보 신청을 받는 공개 구혼이었다.

간택을 통해 왕비를 맞이하는 방식은 태종대부터 시작되었다고 한다. 태종이 이속李續의 아들을 부마駙馬로 삼고자 한 것이 계기가 되었다. 장님인 중매쟁이 지池를 시켜 그 집을 방문하게 했는데, 이속이 마침 손님과 바둑을 두면서 하는 말이 "짚신을 삼는 일에는 제날이 제격"業草履 合用草經이라고 했다는 것이다. 씨줄과 날줄이 모두 짚풀로 서로 맞아야 좋다는 뜻이다. 이 말을 전해들은 태종은 크게 노하여 이속의 집을 적몰籍沒(재산을 몰수함)하고 그 아들에게는 장가를 못 들도록 만든 다음, 사대부의 자녀들을 대궐 안으로 모아놓고 친히 간택하는 것을 법식으로 삼았다는 것이다.

이로부터 왕은 자신이 사랑할 만한 요조숙녀窈窕淑女[10]를 구하기란 요원한 일처럼 되어버렸다. 간택 때 처녀의 사주를 보았으니, 궁합이 맞는 처녀를 구할 수는 있었을 것이다. 전통방식인 매파의 중개로 혼담이 오가는 일이 없어졌으니, 천상배필이라는 말이 나올 리 없다. 처녀단자를 바치라고 닦달하는 관리들이 그나마 중매쟁이로 등장했다고 볼 수 있으려나 모르겠다.

『경국대전』에는 왕실의 혼인 대상이 되는 신분을 양반사대부에 국한했다. 이뿐만 아니라 처녀단자를 제출할 자격이 없는 다섯 부류를 지정해놓았는데, 국성國姓, 왕의 이성異姓 8촌, 관적貫籍(본관)이 같지 않은 이성李姓의 과붓집 딸, 중인中人 및 서얼庶孼(첩의 자식) 등이다. 국성은 왕실의 성姓인 이씨를 가리킨다. 이성 8촌은 왕의 외가로 8촌 이내를 말한다. 이 규정은 왕뿐 아니라 직계 조모祖母를 포함하는데, 대왕대비나 왕대비가 생존해 있을 경우에 이를 적용했다. 예를 들면, 헌종의 계비 효정왕후(1831~1903)를 맞을 때에 대왕대비전의 동성 5촌친 이내, 왕대비전 동성 7촌친과 이성 6촌친 이내는 안 된다는 것이 그것이다. 부모를 모두 여읜 처녀도 단자를 제출할 자격이 없었다.

처녀단자의 제출 자격은 국혼이 있을 때마다 결격사유가 있는 자들을 추가하곤 하여 들쭉날쭉했다. 현종 12년의 책비冊妃 때에는 "국왕의 이성친 및 세자·대군·공주의 이성친은 모두 결혼 대상을 8촌으로 제한하고, 후처에게 장가든 자의 전처소생 딸은 단자를 받지 마라"고 했다. 그런데 숙종은 이러한 선례를 무시하고 전처소생도 받도록 했다. 삭탈파직된 관료의 처녀단자는 받았지만, 원찬정배遠竄定配(먼 곳으로 귀양 감)된 죄인의 경우에는 받은 단자를 도로 내주고 받지 말도록 하기도 했다. 그리고 조부 중에서 현달하지 못한

10_ 『시경』詩經에는 요조숙녀와 군자의 사랑에 관한 노래를 많이 모아놓았다. 특히 「주남」周南의 첫 노래인 관저關雎에 나오는 군자와 요조숙녀는 중국 고대 주나라의 시조인 문왕文王과 그의 부인 태사太姒를 가리키는데, 이는 성인聖人의 혼례의 이상으로 받아들여졌다.

자가 들어 있는 단자도 도로 내주었다.

금혼 대상은 보통 15~20세의 처녀들이었다. 이 연령의 상하한은 상황에 따라 가변적이었다. 성종 때에는 10세 이상 26세 이하로 정하기도 했다. 그러면 한성판윤이라든가 각 도 감사와 지방관들은 그들의 책임하에 해당 처녀들이 단자를 제출하도록 독려하고 다녀야 했다.

처녀단자의 제출 기간은 서울과 경기 그리고 지방에 따라 약간씩 차이를 두었다. 경기는 재간택 전을 기한으로 정하기도 했다. 지방은 단자를 올려보내는 데 시일이 지체될 수밖에 없으므로 기한을 늦춰주었다. 더 먼 거리의 지방은 아예 단자 제출을 면제하기도 했다.

인원왕후 간택 때에는 금혼령을 한성부와 경기, 양호에만 내렸다. 그런데 처녀단자 제출까지 이 지역으로 제한하는 것은 문제가 있다는 지적에 따라 강원·황해·경상·평안·함경도 등의 감사와 병사·수령 그리고 본래 서울과 경기·양호에 살던 사람들의 처녀는 단자를 올려보내도록 했다. 그러나 처녀의 부모들은 오히려 왕을 사위로 맞아들이는 것을 원치 않았다. 처녀와 그의 부모가 왕을 대하는 이해관계는 달랐을지 모르지만, 당시에는 어떻게 해서든 처녀단자 제출을 피하려는 시도가 다각도로 이루어졌다. 각 가정에서는 이를 기피하기 위해 딸을 은닉하거나 나이를 늘리고 줄이는 등 갖은 방법을 동원하여 모면하고자 했다. 어떤 경우에는 금혼 대상이 아닌 지역으로 피해가서 성혼하는 자들도 있었다. 가난한 집에서는 의장衣裝을 장만하기가 어려워 딸을 숨기는 일이 빚어지기도 했다.

『한중록』을 보면, 어떤 사람들은 "선비 자식이 간택에 참예치 않아도 해로움이 없으니 단자를 올리지 마라. 가난한 집에서 의상 차리는 폐를 더는 것이 마땅하다"고 했지만, 혜경궁 홍씨의 선인은 "내가 대대로 녹을 받아온 신하요 딸이 재상의 손녀인데 어찌 감히 기망하겠는가"라고 하여 단자를 바쳤다고 한다. 그때 혜경궁 홍씨

의 본가는 극히 빈곤하여 옷을 해 입을 길이 없었다. 그래서 치맛감은 죽은 형제가 쓸 것으로 하고 옷 안은 낡은 것을 넣어 입히고 다른 결속은 빚을 내서 마련했다고 한다. 특히 양란(임진왜란과 병자호란) 이후에는 가산을 모두 잃어 복식을 마련할 길이 없는 양반집이 많다는 고충을 보고함에 따라 단초緞綃, 곧 비단이나 생명주로 지은 옷을 입지 말라는 명을 내리기도 했다.

금혼령이 내려지자마자 전국의 각 지방에서는 정해진 기간 내에 처녀단자를 올려야 했다. 그러나 단자의 수송이 원활할 리 없었다. 오히려 각 도의 관찰사는 처녀가 없다면서 처녀단자가 아닌 탈보頉報 단자를 올려보냈다. 탈보란 처녀가 없는 것을 탈이 난 것으로 판단하고 이 사실을 보고하는 것을 말한다. 이에 대해 조정에서는 어찌 가당한 처녀가 한 명도 없을 수 있느냐고 하면서 협박과 독촉이 성화였다. 인조 16년(1638) 장렬왕후의 가례 때에도 수봉되는 처녀단자가 미미하자, 인조는 특히 문재文宰(문관 출신의 재상)가 이를 숨기고 속여서 국가 기강과 민심이 파탄 지경이라고 불평하고 관련자를 문책했다. 한성부에는 서울에 사는 조관朝官(조정의 관료)의 처녀 유무와 성혼 여부를 일체 조사해 보고하도록 했다. 이때에는 초간택에 마땅한 처녀가 없자, 모두 혼인을 허락하고 다시 단자를 받도록 했다. 연령도 14세로 낮추었다. 딸을 숨기려다 발각된 전현직

제1부 왕비의 간택과 책봉

관료들은 잡아다가 추문하기도 했다.

단자를 전혀 올려보내지 않거나 실적이 저조한 감사는 추고를 당했다. 기한을 늘려가면서 엄히 신칙하고 닦달해도 소용이 없었다. 딸을 은닉하거나 나이를 속이다가 적발된 가장은 중률로 다스린다고 엄포를 놓기도 했다. 이렇게 해서 거두어들인 처녀단자는 많아야 25장 내외였다.

왕이 맞선을 보다

처녀단자는 예조에서 양식을 만들어 경향의 각 관에 하달했다. 이 단자는 두 번을 접어서 첩을 만들어 썼는데, 그 규식을 살펴보자.

첫 첩에는 서울은 모부모방(모계)某部某坊(某契), 지방은 모도모읍某道某邑이라 쓴다고 하여 주소를 기록했다. 두 번째 첩에는 첫 줄에 처녀의 성씨와 생년월일시, 다음 줄에 사조四祖(부, 조, 증조, 외조)를 쓰며, 세 번째 첩에는 중간쯤에 연호와 날짜를 크게 쓰고 그 아래에 가장家長의 직함 신臣 성명을 쓰고 나서 착압(수결, 곧 일종의 서명)하도록 했다. 관내에 처녀가 없으면 그 경위를 보고해야 했다. 그 문서를 탈보단자라 한다. 작성 양식은 첫 첩에 '예조낭위첨존시'禮曹郞位僉尊侍(예조 낭청 제위께 올림), 두 번째 첩에 '공감恐鑑 모도모읍모직모某道某邑某職某 무여자이삽온일無女子是白乎事'(아무 도 아무 읍 아무 직의 아무개가 여자가 없음을 보고하오니 살펴주십시오)이라 했다.

단자 규식에는 이처럼 처녀가 사는 곳과 성씨, 본관, 사주四柱, 사조를 기록하도록 되어 있다. 사주는 아마도 왕비의 간택에서 궁합과 사주팔자가 중요한 심사 기준의 하나였기 때문에 기록을 요구했을 것이다. 사조는 부, 조, 증조, 외조로서 직역과 이름을 기록했다. 단자는 종종 격례에 어긋나게 작성되기도 했는데, 이때에는 왕에게 들이지 않고 반송하여 고쳐 올려보내도록 조치했다.

처녀단자 제출 기한이 만료되면, 길일을 정하여 대비와 왕이 맞선보기를 했다. 이것이 간택이다. 많은 신부 후보 중에서 적임자를

11_ 김용숙, 『조선조 궁중풍속 연
구』, 일지사, 1987, 217쪽.

분간하여 택한다는 간택은 세 번의 절차로 행해졌으므로 삼간택이
라 했다. 삼간택 길일이 점을 쳐 정해지면, 통보받은 간택인揀擇人
처녀들은 초간택하는 날 이전에 서울로 올라와서 기다려야 했다.
입궁하는 날 처녀들은 세저細紵로 빚은 고운 옷을 차려입고 지정된
궐문을 거쳐 가마를 타고 들어갔다. 맞선 장소로 지정된 전각에 도
착한 처녀들은 문짝을 떼내고 임시로 마루의 폭을 넓힌 '보계'補階
에 한 줄로 섰다. 그 앞에는 발이 쳐져 있었다. 대비를 위시한 가족
과 종친, 외척 및 궁녀들이 대청과 방을 차지하고서 발 너머로 처
녀들의 일거수일투족을 살펴보았다.[11]

초간택 후에는 국혼을 진두지휘할 가례도감을 설치했다. 도감의
명칭은 지위에 따라 달랐는데, 왕비와 세자빈을 맞는 대전과 왕세
자의 혼인은 가례라 하여 가례도감이라 칭하고, 대군과 왕자는 길
례·길례청이라 했다. 후자의 혼인도 가례라 칭하는 경우가 많았는
데, 그것은 제사인 길례와 혼동되는 측면이 있었기 때문이다.

간택에서 탈락한 처자는 혼인을 허락했다. 금혼령이 내려진 이
래 처녀단자를 제출한 여성은 여전히 금혼 대상이었으므로 이를 해
제하여 허혼령을 내린 것이다. 간택 대상에 오른 처녀도 궁녀처럼

도5 **간택단자** 한국학중앙연구원 장서각 소장.
대비 등 왕실 여성에게 보이고자 한문으로 된 처녀단자를 한글로 바꾸어 정리한 것이다. 옆의 봉투는 '국문國文'이라 쓰여 있는 것으로 보아, 이 단자를 넣고자 제작한 것이다. 오른쪽 한글은 임오가례 간택단자의 부분이다.

'왕의 여자'가 된 것으로 오해하는 사람들이 많다. 그러니 간택에서 탈락한 여성은 평생 수절하고 살아야 한다는 억측이 난무한다. 만약 이것이 사실이라면, 처녀단자 제출 기피 현상의 유력한 원인은 여기에 있었을 것이다. 그러나 이에 관한 소문의 근거는 전혀 보이지 않는다. 근거 없는 낭설에 불과한 것이다.

간택인 처녀는 간택 때마다 간단한 식사 대접과 후한 선물을 받았다. 지방의 가난한 양반집에서는 딸을 치장시키고 가마와 인부를 세내며 여비를 마련하기 위해 비용 부담과 그에 따른 고통이 자못 컸을 것이다. 게다가 혜경궁 홍씨의 고백처럼, 구중궁궐에 평생 갇혀 지내야 하는 삶이 녹록하지만은 않기 때문에 부모나 당사자는 선뜻 그 길을 택하려고 하지 않았다. 권력욕을 가진 세력 외의 일반 사대부가에서는 대체로 이와 같은 생각이 고루 퍼져 있어 다투어 처녀단자 제출을 기피하는 것이 유행처럼 번졌다.

국혼에 대한 세상의 인심이 박절하다는 것을 어느 정도 파악하고 있던 왕실에서는 간택인 처녀들에 대한 예우를 깍듯이 했다. 궁궐에 도착한 처녀들은 먼저 다담상茶啖床으로 대접을 받으면서 정신적 안정을 취하도록 했다.[12] 선보이기가 끝나면 점심 진지상으로 각

12_ 김용숙, 『조선조 궁중풍속 연구』, 216~217쪽.

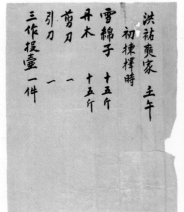

도6 **초간택 품목단자** 한국학중앙연구원 장서각 소장.
의친왕 길례 때 초간택에 든 홍우석 가에 보내는 물건의 목록을 기록한 단자다.

자 독상을 받았다. 국수장국을 주식으로 신선로와 김치, 화채 등이 차려졌다. 이러한 대접 외에 간택인 처녀들에게는 일종의 선물이 하사되었다.

간택 때마다 낙점자가 정해지면, 그날로 간택 전교를 내려 명단을 발표했다. 이미 내정된 처자가 있어 형식적인 절차로 흐르는 경우가 많았지만, 그렇다고 간택 과정을 축소하거나 임의 변경하지 않았다. 삼간택은 가례 중의 일부였으므로 이 예법을 엄격히 지키려 했다. 삼간택의 최종 낙점은 묘선妙選이라 했다. 삼간택 때에 시원임 대신과 예조 당상은 빈청에서 대기해 있어야 했다. 예조판서와 한성부 판윤은 처자의 입궐 상황을 점검하고 이미 와 있는 상태였다. 왕은 삼간택이 끝나자마자, 최종 낙점된 신부를 빈청에 통보했다. 왕비는 일국의 국모이자 정치의 중심에 설 수 있는 권력자였으므로 대신들의 동의를 얻는 것이 안정을 담보할 수 있었다.

삼간택에서 낙점된 처자는 '비씨'妃氏라 칭했다. 비씨는 삼간택을 행한 즉일에 별궁으로 갔다. 별궁은 비씨가 입궁하기 이전에 생활이 가능하도록 모든 채비를 마쳐야 했다. 건물 및 시설의 수리가 가장 시급하고, 생활하는 동안에 필요한 각종 기물을 비치해야 했다. 그리고 별궁을 수호하는 시위와 경루更漏(밤 동안에 시각을 알리는 물시계), 주시奏時(시각을 알림), 공상供上(물건 따위를 바침)이 준비되었다. 한성부에서는 별궁에 이르는 도로를 미리 닦아놓았다.

삼간택이 끝난 다음 날 비씨의 친정에서는 왕이 보내온 선물을 받았다. 이를 빙재聘財라고 하는데, 『국혼정례』와 『상방정례』에서 볼 수 있듯이 법정 규모가 정해져 있었다. 그 규모는 정포正布(품질이 좋은 베)와 정목正木(품질이 좋은 무명)이 각 250필, 백미白米와 황두黃豆가 각 200석이었다. 3일째에는 별궁에서 예물을 받았는데, 이 규정 또한 마련되어 있었다. 예물의 구성을 보면, 대홍정주大紅鼎紬·남람藍정주·초록草綠정주·백白정주·연초록토주軟草綠吐紬·백白토주 각 10필, 상면자常綿子(솜) 30근이었다. 모두 명주로서 육례에 착용할 의복을 짓는 데 사용할 것들이었다.

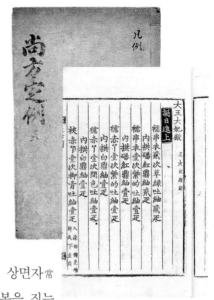

도7 『상방정례』 한국학중앙연구원 장서각 소장.
영조 26년(1750)에 편찬한 상의원尙衣院 업무 관련 물목物目 규정. 3권 3책. 항례恒例 1권과 별례別例 2권으로 구성되어 있다. 왕실의 복식과 기명, 염색 등의 연구에 중요한 자료다.

왕비는 덕성을 갖춘 문벌 출신이어야

처녀단자의 주요 기재 사항 중 하나는 처녀의 생년월일시, 즉 사주였다. 이것으로 처녀의 명운과 궁합을 점쳤을 가능성이 높다. 실제로 중종은 동왕 10년 11월에 왕비 후보자인 네 처녀의 팔자를 명과학命課學(관상감에 소속되어 운명·길흉 등의 학문을 담당한 부서)에 명을 내려 점치게 했다. 그 네 명은 손준, 김총, 윤지임, 윤금손의 딸이었다.

중종은 장경왕후 윤씨(1491~1515) 사후 3년이 지나서 왕비의 간택령을 내렸다. 최종 후보에 오른 인물은 이조판서를 지낸 윤금손의 딸과 윤지임의 딸이었다. 이때 장경왕후의 오라버니인 윤임의 적극 추천으로 윤지임의 딸이 간택되었다. 이가 곧 문정왕후 윤씨다. 최종 간택에 팔자가 어느 정도 영향을 미쳤는지는 알 수 없다.

중종은 사실 윤금손의 딸로 마음을 정하고 있었다고 한다. 그러나 뜻대로 이루어지지 않았다. 『연려실기술』燃藜室記述에는 유명한 점쟁이와 윤지임의 일화를 수록하고 있는데, 윤지임이 찾아올 것을

13_『연려실기술』권10, 명종조 고사본말.

예측한 점쟁이는 지임의 딸이 국모가 될 것이라고 점쳤다고 한다.[13] 영조는 중종이 장경왕후를 사랑하여 그 친족에서 간택했다고 했다. 사주궁합이 아니라 사랑하는 여인과 혼인했다는 것이다. 정말 사랑 때문이었는지 아니면 팔자 혹은 정치적 힘에 좌우되었는지는 분명하지 않지만, 어쨌든 문정왕후가 낳은 적자는 10개월 만에 승하한 인종의 뒤를 이어 왕위에 올랐다. 형제 계승이 종법에 어긋나는 일이긴 하지만 적자에 의한 왕위 계승을 무난히 이어갔으니, 왕실의 입장에서는 그나마 다행스러운 선택이었다고 하겠다.

선조 10년의 간택 때에는 이런 일도 있었다. 애초 궁중에는 조종조로부터 금성金姓은 목성木姓에 해롭다는 소문이 떠돌았다는 것이다.[14] 그리하여 여자를 가릴 때에는 언제나 김씨 성을 제외했다. 그런데 선조가 임금이 되어 맞아들인 3빈嬪, 곧 공빈恭嬪과 인빈仁嬪, 순빈順嬪은 모두 김씨였다. 게다가 역시 김씨인 제남悌男의 딸 인목왕후가 중전의 자리를 잇게 되자 당시의 식자들은 이를 불길하지 않을까 우려했다고 한다. 목성이란 나무 목 변이 들어간 이씨의 왕성王姓을 가리킨다. 오행에서 금과 목의 관계는 쇠가 나무를 쳐내는 상극相剋이므로 이를 경계해왔다. 그런데 이러한 관념을 선조가 과감히 깨뜨리고 김씨 처녀들만을 간택했으니, 의도하지는 않았겠지만 참으로 기이한 일이라고 할 수밖에 없다.

14_『선조수정실록』권11, 선조 10년 5월 1일.

중전의 간택 조건은 보통 덕행과 문벌, 가훈(가법家法)을 내세웠다. 중종 10년의 논의에서 인용한 중국 송나라의 범조우范祖禹가 영종의 선인태후에게 한 말을 살펴보자. 그는 "후를 맞아들이는 것은 국가의 큰일이고 만세의 근본이 되는 것이니, 복조福祚가 여기에 달려 있고 교화가 여기서 진전하는 것이며 예부터 성왕聖王이 이를 중하게 여겼는데, 첫째는 족성族姓이고 둘째는 여덕女德이며 셋째는 융례隆禮이고 넷째는 박의博議다"라고 하여, 네 가지 기준을 제시했다.[15] 그중에서 문벌과 덕성이 가장 강조되었는데, 족성은 문벌이 있는 가문을 말하며 여덕은 부녀자의 덕성이다. 융례는 가례가 융

15_『중종실록』권23, 중종 10년 10월 3일.

숭한 예이기 때문에 신중해야 한다는 것이고, 박의는 널리 의논하여 가장 적합하다고 공감하는 여성을 맞아들여야 한다는 것이다. 이외에 가문의 법도는 후일 외척의 우환을 막기 위해서라도 고려해야 할 사항이었다.

영조 때의 기록을 보면, 그 당시에 행해지는 간택은 비루하고 불경하다고 표현했다. 단지 용모가 예쁜지 추한지를 따지고 말씨가 조용하고 우아한 여자를 선호한다는 것이다. 이를 '어색지기'漁色之譏라 했으니, 여색을 탐하는 풍조를 기롱한 말이다. 이러한 세태에 대해 선현들의 비판 또한 가차 없었다. 율곡 이이는 용모와 자태, 옷맵시로써 등급을 정하거나 앞날의 길흉을 미루어 점치는 것을 급선무로 삼는 현실을 경멸했다. 무엇보다 중요한 것은 가법과 여덕, 박의라는 것이다. 곧 부모가 어진가의 여부를 보아서 가법을 살피고, 그 여인의 위의가 법도에 맞는가를 보아서 여덕을 살피며, 대신에게 물어 반드시 여러 사람의 마음에 흡족한 뒤에야 비로소 결정해야 한다고 주장했다. 우암 송시열도 숙종에게 가세家世와 덕용德容을 추구하고 용모와 자태는 취하지 말라고 충고했다. 송시열의 충고 역시 당시 간택의 세태를 염두에 둔 것이다.

처녀의 간택은 왕대비와 대왕대비 등 왕의 웃전이 맡는 것이 관례였다. 그런데 인조는 자신이 직접 간택하겠다고 나섰다. 왕대비나 대왕대비가 없을 때에는 일을 잘 아는 궁인에게 대신하게 하였는데, 그 중대성을 감안하여 왕이 직접 하겠다고 한 것이다. 왕이 직접 간택에 참여한 또 다른 예로는 영조를 들 수 있다. 정순왕후를 간택할 때의 일화가 흥미롭다.

간택에 참석한 영조는 먼저 처녀들에게 세상에서 가장 깊은 것이 무엇인지를 물었다. 다른 처녀들은 산이 깊다거나 물이 깊다고 답했지만, 정순왕후는 인심이 가장 깊다고 답했다. 영조가 또 가장 아름다운 꽃이 무엇이냐고 질문하자, 목화꽃이라 답하고는 그 이유를, 목화꽃은 비록 멋과 향기는 빼어나지 않으나 실을 짜 백성들을 따뜻하게 해주는 꽃이니 가장 아름답다는 것이다. 15세의 어린 나이에 백성을 위하는 갸륵한 마음씨가 묻어나는 이러한 대답은 영조의 마음을 흔들었을 것이며, 왕비로서 손색없는 자질과 덕성을 갖춘 것으로 판단했을 것이다.

여성의 도덕적 품성과 개인의 수양이 강조되는 이성적이며 관념적인 기준은 비현실적인 측면이 강하다. 외모의 자극적인 매혹은 가볍게 넘긴다고 하더라도 국혼이 갖는 정치적 성격은 대단히 비중 있게 다루어졌다. 인조반정 이후에 서인은 '물실국혼'勿失國婚, 곧 '국혼을 잃지 말자'는 캐치프레이즈를 내걸었다. 간택 참여자는 거의 권세가의 딸이었다. 인조는 인열왕후 사후 재취를 거부한 적이 있다. 국가에서 계비는 예부터 해독은 있으나 유익함은 없었다는 것이 그 이유였다. 이러한 해독이 있는 일을 행하여 자손과 신민들에게 폐를 끼치고 싶지 않다는 것이다. 자애로운 아비로서 생각할 수 있는 것이라고 한 것을 보면, 다섯 아들을 둔 아비로서 계비의 자식들과 왕위 계승을 놓고 벌어질 수 있는 상쟁을 우려한 것으로 보인다.

당쟁이 치열하게 전개될 때에는 특히 왕비의 간택에 대한 각 정치세력의 이해관계가 첨예할 수도 있었다. 인현왕후의 경우, 세 번의 간택을 모두 통명전에서 거행했다. 삼간택에 오른 처녀는 세 명으로, 겸병조판서 민유중, 전승지 최석정, 유학 홍택보의 딸이었다. 숙종은 영의정 김수항 등 정승들을 불러 왕대비가 민유중의 딸로 정했다고 하면서 대신들의 뜻은 어떠냐고 물었다. 이처럼 대신들에게 의향을 묻는 것은 옛날부터 해오던 관례였다. 왕비의 간택은 조정의 안정과 밀접히 관련되어 있었으며 대신들의 반대에 부딪힐 경우 정국의 파행을 예견할 수 있었기 때문이다.

실제 숙종이 계비 인원왕후를 간택할 당시에는 그의 뜻이 맹만택의 딸에게 있었던 모양이다. 하지만 간관들은 "문벌 이외에 반드시 그 내외 집안의 행실을 가려서 한 점의 허물도 없는 다음에야, 바야흐로 자나깨나 구하는 데에 합당하게 될 것입니다. 초간택 가운데서 맹씨孟氏의 대대로 전한 문벌과 아름다운 법도는 사람들이 부러워하며 칭송하는 바이나, 다만 그 외가에 허물이 있음은 온 세상이 함께 들은 바입니다"라고 하면서, 외가에 허물이 있는 맹씨의 딸을 재간택 명단에서 뺄 것을 요구했다. 대신들도 모두 이에 동조하여 숙종은 하는 수 없이 이를 허락하고 말았다. 맹씨는 맹만택의 딸이자 이홍일의 외손녀였다. 이홍일의 집안은 본래 행검行檢(품행이 점잖고 바름)이 없어 세상에서 비방을 받고 있었다는 것이 배제의 이유였다.

그러나 대신과 간관들이 맹씨의 딸을 반대한 이유는 다른 데 있었다. 숙종의 뜻이 바로 맹씨에게 있다는 소문 때문이었다. 숙종과 영조는 명문 가문이기는 하되 아버지가 한미한 자의 딸을 간택하고자 했다. 이러한 선택은 탕평책을 실현하려는 의도였으나 당시 벌열들은 이를 용납할 수 없었던 것이다.

王
妃
日
常

3 왕은 왕비와 혼인해야

조선 역대 왕의
가례와 어의동본궁

조선 역대 왕들의 왕비는 한 명 혹은 두 명
이다. 세 명인 경우는 성종이 있다. 두 명
이상의 왕비를 맞은 경우는 왕비의 사망이나 폐출이 그 원인이었
다. 유교의 일부일처제 원칙에 따라 왕도 한 명의 왕비만 둘 수 있
었다. 왕은 세자 시절을 거쳐 즉위하는 것이 일반적이었으므로 재
위 기간에 가례를 행한 사례는 드물다.

태조의 비는 신의왕후(1337~1391)와 신덕왕후(?~1396)다. 신의왕
후는 공양왕 3년에 승하하고 신덕왕후는 태조가 즉위한 후에 현비
로 책봉되었다. 태조는 즉위 5년에 신덕왕후가 승하했어도 계비를
맞아들이지 않았다. 세종의 정비 소헌왕후(1395~1446)는 태종 8년
에 가례를 올려 경숙옹주로 초봉되고 삼한국대부인, 경빈을 거쳐
공비로 진봉되었다가 왕비로 개봉했다. 세종은 소헌왕후가 승하한
후 약 3년간 홀로 지내다가 훙서했다. 왕비라는 경칭은 조선 건국
직후에는 쓰이지 않다가 세종 9년에 처음으로 이 제도를 실시했다.
그동안 덕비德妃, 숙비淑妃처럼 미호美號 한 글자를 붙여 생전의 비의
칭호로 삼았으나, 이때부터 미칭 없이 왕비라는 칭호를 사용했다.[16]
아름다운 이름을 붙인 것은 고려에서 왕비를 여럿 두어 6~7명에

16_ 『세종실록』 권35, 세종 9년 1월
26일.

이르기도 했기 때문에 이들을 구별하고자 한 것이다.

문종은 현덕왕후(1418~1441)가 동궁의 궁녀로 뽑혀 승휘로 초봉되고 세종 23년에 사별하고서 가례를 치르지 않은 채 재위한 유일한 왕이다. 예종의 계비 안순왕후(1445?~1498)는 동궁에 뽑혀 들어가 소훈으로 책봉되었다가 예종이 즉위하면서 왕비로 책봉되었다. 장순왕후(1445~1461)가 세조 7년에 죽고 그동안 예종은 세자빈이 없는 상태였다. 성종은 즉위 4년 3월에 숙의 두 명을 맞았는데,[17] 공혜왕후(1456~1474)가 이듬해에 승하했다. 그로부터 2년 후에 숙의 윤씨가 왕비로 승봉되었으며 동왕 10년에 폐비되자, 이듬해에 윤호의 딸인 숙의 윤씨가 왕비가 되었다. 동시에 숙의로 입궐한 두 사람 중에서 폐비 윤씨가 3년 만에 먼저 왕비로 책봉되고, 정현왕후(1462~1530)는 숙의로 있다가 왕비가 된 또 다른 인물이 되었다.

17_ 『성종실록』 권28, 성종 4년 3월 19일.

선조는 즉위 후 2년에 왕비(의인왕후)를 책봉하고 가례를 행했으나 즉위 33년 6월에 승하하자, 2년이 지나서 18세의 처녀를 왕비(인목왕후)로 책봉하고 태평관에서 가례를 치렀다. 이때까지 왕의 가례 장소는 일정하지 않았다. 그러다가 선조 이후에는 어의동본궁於義洞本宮을 별궁別宮으로 지정하여 거행했다. 별궁은 궁궐 밖이었으므로 간택과 동뢰연同牢宴(신랑 신부가 교배를 마치고 서로 술잔을 나누는 잔치) 장소와는 성격이 달랐다. 간택과 동뢰연 장소는 그때마다 궁궐 내의 적당한 전각을 지정하여 사용했으나, 별궁은 임의로 지정하지 않고 국왕 가례의 별궁으로 정해진 궁을 사용하는 것이 원칙이었다. 그곳이 어의동본궁이었다.

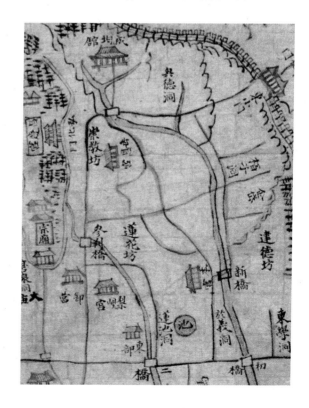

도10 **어의동본궁**
효종의 잠저였던 어의동본궁은 중부 경행방에 있었다. 그림은 한양 도성도의 일부분이다.

흥선대원군의 둘째 아들인 고종이 출생하여 12세에 왕위에 오르기 전까지 성장한 잠저다. 이곳에서 흥선대원군은 서원 철폐, 경복궁 중건, 세제 개혁 등 많은 개혁 사업을 추진하여, 이 집의 위세가 대단하였다. 매년 이곳에서 명성황후 가례 재현 행사가 열리고 있다.

　반정으로 즉위한 인조는 계비 장렬왕후와의 가례에서 봉림대군이 살던 집을 별궁으로 택했는데, 이곳이 어의동본궁이다. 어의동본궁은 효종의 잠저潛邸였다. 어의동은 중부 경행방에 속해 있었으며, 현재 서울 종로구 낙산 서쪽에 있는 효제동을 가리킨다. 효종은 대군 시절에 가례를 이현별궁梨峴別宮에서 치렀다. 풍안부부인으로 초봉된 인선왕후(1618~1674)는 세자빈을 거쳐 왕비로 책봉되었다. 현종의 비 명성왕후는 세자빈으로서 어의동본궁에서 가례를 올렸으며, 숙종의 비 인경왕후(1661~1680)는 세자빈으로서 역시 어의동본궁에서 가례를 치르고 그 뒤 왕비로 책봉되었다.

　경종의 비 단의왕후(1686~1718)는 세자빈으로서 어의동본궁에서 가례를 치렀고, 영조의 비 정성왕후는 연잉군 시절에 송현방 사제私第에서 가례를 치러 달성군부인에 초봉되고 세제빈을 거쳐 왕비가 되었다가 66세에 승하했다. 세 살 연하인 영조는 66세에 15세의 정순왕후를 계비로 맞았다. 정조의 비 효의왕후(1753~1821)는 세손 시절에 어의동본궁에서 가례를 치렀다. 순조와 헌종, 철종은 즉위 이후에 역시 같은 곳에서 가례를 올렸으며, 고종은 운현궁에서 명성황후를 맞아들였다.

육례를 행하다   국왕의 가례는 사대부와는 달리 고례의 형식을 따랐다. 고례는 육례六禮로서, 『예기』에서 규정한 여섯 절차의 혼례를 말한다. 곧 납채納采, 문명問名, 납길納吉, 납폐納幣, 청기請期, 친영親迎이다. 그런데 주자는 이 육례를 간소화하기 위해 네 가지 절차로 줄였으니, 의혼議婚, 납채, 납폐, 친영이다. 이것을 사례四禮라고 한다.[18] 조선시대의 왕은 육례 중에서 문명과 납길, 청기를 독립된 절차로 거행하지 않았다. 문명은 본래 여자의 생모의 성씨를 묻는 예이고, 납길은 납채 후 사당 앞에서 점을 쳐 길조吉兆를 얻으면 이를 여자 집에 알려 혼사를 결정하는 예다. 청기는 택한 성혼 기일을 여자 집에서 받아들이기를 청하는 절차인데, 이것은 기일을 통보하는 고기告期로 바뀌었다. 따라서 왕의 육례는 점차 납채, 납징納徵, 고기, 친영, 동뢰연, 조현례朝見禮로 정형화되어갔다.

육례를 행하기 위해서는 사전에 준비해야 할 것이 있다. 예조에서는 육례를 담당할 정사와 부사 이하 제집사를 차출했다. 구성인원을 보면, 정사〈정1품〉, 부사〈정2품〉, 전교관傳教官(교서와 답전을 전달하는 역할을 담당한 관리)〈승지〉, 전의典儀〈통례원관〉, 협률랑協律郎〈장악원관〉, 거안자擧案者(교서를 올려놓는 상을 드는 역할을 담당한 관리)〈참

18_ 『주자가례』, 혼례 참조.

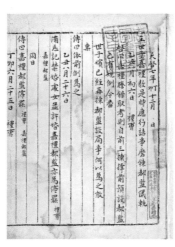

도12 『**가례도감의궤**』 한국학중앙연구원 장서각 소장.
인조와 계비 장렬왕후의 가례에 관한 제반 사항을 정리해놓은 의궤.

외〉參外(7품 이하의 벼슬) 두 명, 집사자執事者〈충찬위〉두 명, 알자謁者〈참외〉, 장축자掌畜者(기러기를 관장하는 관리)〈장원서관〉, 빈자儐者(정사를 보조하는 관리)〈참외〉, 장차자掌次者(천막에 관한 일을 담당한 관리)〈전설사관〉 등이다. 납징과 책비 때에는 거안자와 집사자가 각각 네 명과 여덟 명으로 늘어난다. 이들은 가례도감에 소속되어 각자가 담당한 역할을 수행하는 해당 분야의 전문인들이었다.

신부의 본가는 궁궐과 조금 멀리 떨어져 있을 경우에 육례를 행할 장소와 가까운 곳으로 임시 거처를 마련했다. 육례를 마치기까지 많은 시일이 걸릴 뿐 아니라 여러 가지 번거로운 일이 따를 수밖에 없으므로 한성부에서는 별궁 근처의 집을 임대해 신부의 부모를 거처하도록 했다. 인조 17년 장렬왕후(인천부사 조창원趙昌遠의 딸) 가례 때에는 별궁인 어의동본궁 남쪽 담장 밖인 고판서 박정현朴鼎賢의 집으로 정했다.[19] 별궁에는 그동안 사용할 은기銀器 5종 등 기명과 생필품을 갖추어놓았으며, 그 준비는 가례도감에서 담당하였다.

19_ 『왕비가례등록』.

간택 과정에서 육례를 행할 길일은 미리 점을 쳐 정했다. 길일의 점복占卜은 관상감 소속 명과학의 일관日官이 담당하였으며, 추택된 날짜는 왕에게 보고하여 결정했다. 길일은 친영을 가장 먼저 정한 뒤에 나머지 절차의 길일을 택했다. 심지어 예행연습인 습의習儀도 길한 날짜와 시간을 점쳤다.

도13 **임오가례 택일기** 한국학중앙연구원 장서각 소장.
고종 19년(1882) 왕세자(순종)의 가례 때 육례의 길일을 택해 적어놓은 문서.

습의는 궁궐에서 행하는 습의와 별궁에서 행하는 내습의로 나뉜다. 습의는 예모관禮貌官이 각 해당 기관의 관원과 함께 사약司鑰을 안동하고서 거행한다. 세 차례가 기본이나, 여러 사정으로 두 차례만 거행하거나 겸행하는 것이 보통이었다. 백관과 정·부사 이하 제집사,

주인 및 대사간 이하 대간도 참석했다. 백관은 융복戎服, 정·부사
이하는 흑단령 차림이다. 습의는 소용되는 제 도구를 모두 배설하
고서 행례와 남별궁에 이르기까지의 반차班次(행렬의 차례)를 익혔다.
내습의에는 각 차비와 의녀가 참여했다.

육례는 기일 전에 사직과 종묘에 고유하는 것으로 시작했다. 육
례를 거행할 궁전도 미리 정했는데, 인현왕후의 경우에는 창경궁
명정전이었다. 납채와 납징, 고기, 책비를 궁궐에서 친행하는 것은
본가인 국왕의 가家에서 행해야 하는 것이기 때문이었다.

납채는 채택하는 예를 받아들인다는 말이다. 여자 집에서 혼인
하기로 상호 약속은 했으나 공식적인 절차를 거쳐 혼인을 허락하지
않았기 때문에, 남자 집에서 혼인을 허락하는 예를 먼저 행하고는
여자 집에서 이를 받아들이도록 하는 것이다.

종친과 문무백관이 모두 정전 뜰에 참석했다. 이 자리에서 왕은
아무개를 왕비로 맞으려 한다는 교서를 반포한다. 교서의 선포는

전교관이 대신한다. 그 내용을 살펴보면, "아무개의 딸을 맞이하여 왕비로 삼으려 한다. 경들은 납채의 예를 행하도록 명하노라"는 선포문이면서 명령문이다. 대내외에 공식적으로 국혼을 선포함과 동시에 그 절차를 거행할 것을 명령하는 글이다.

왕의 명령을 받은 사신 일행은 납채의 예를 행하러 비씨가로 향한다. 정사와 부사 이하 집사관은 교서함을 실은 채여彩輿와 세장細仗, 고취鼓吹를 앞세우고 비씨의 집으로 향해갔다. 교문지는 홍초紅綃(붉은색의 생명주)로 만든 겹보로 싸서 흑칠중함에 넣고 홍주紅紬 홑보로 싸서 당주홍칠한 안상案床에 올리고 역시 홍주의 상건으로 덮어서 채여에 실었다.

비씨가에 도착한 정사는 장차자의 안내를 받아 대문 밖에 설치한 차次(일종의 천막)로 들어간다. 주인과 빈, 행사자는 모두 공복을 입고 집사자는 흑단령을 갖추어 입는다. 공복은 도감에서 준비한 것이며, 이 복식은 납폐·납징·고기 때에도 마찬가지다. 교서도 막차 안에 진설한다. 조금 있다가 차 밖으로 나온 사신과 그 일행은 알자의 인도로 대문 밖의 동쪽에 서향하여 선다. 주인은 대문 안의 서쪽에 동향하여 서서 사신 일행을 맞이한다.

주인과 정사는 방문 사유에 대한 문답을 주고받는다. 전달 역할은 빈자가 하는데, 먼저 주인의 명을 받아 정사에게 "감히 일을 청합니다"라고 하면, 정사는 "아무개가 왕명을 받들어 납채합니다"라고 한다. 이를 주인에게 전하면, 주인은 "신 아무개의 딸이 남들 같기는 하나 이미 왕명으로 찾아주셨으니, 신 아무개는 감히 사양하지 못하겠습니다"라고 한다. 그런 다음 주인이 대문 밖으로 나가 사자를 맞이하고, 북향하여 네 번 절한다. 왕에게 절하는 것이기 때문에 사자는 답배하지 않는다.

사자와 주인은 각각 오른쪽과 왼쪽에 서서 문을 들어가 당 앞에 이르러서, 사자는 동쪽 계단으로 올라가 당 가운데에 선다. 정사는 남향하여 서고, 부사는 정사의 동남쪽에 선다. 주인은 뜰 가운데로 가서 북향하여 네 번 절한다. 교서를 올려놓은 상을 거안자(상을 드는 역할을 맡은 사람)가 바치면, 정사는 교서를 선포한다. 주인은 부복하였다가 일어나 네 번 절하고 서쪽 계단으로 올라가 정사 앞에서 교서를 받는다. 그런 다음 기러기를 들고 있는 집안자가 기러기를 바치면, 정사가 이를 주인에게 준다(전안奠雁). 주인은 복서復書인 전문箋文을 넣은 함을 들고 있는 거전함자擧箋函者가 이를 바치면 정사에게 주고, 곧 내려가서 자리로 돌아가 네 번 절한다. 마치면, 사자와 봉전함자捧箋函者가 차례로 나간다. 주인은 뜰 서쪽에 서서 국궁鞠躬하여 예를 표한다. 주인과 사자가 중문의 안팎에 서면, 빈자가 '일을 청한다'고 하고 정사는 '예가 끝났다'고 알린다.

이같이 납채례는 왕의 교서 선포→사신 출궁→별궁 도착→주인 영접→납채 교서 선포→전안→복서 전문 봉진→예필의 순서대로 거행되었다. 이러한 절차의 기본 틀은 납징과 고기에서도 거의 변함이 없다.

납채례에서 주고받은 납채서와 복서는 특별히 서사관書寫官을 임명하여 썼다. 서사관은 아들을 많이 낳고 복이 있으며 착하고 글씨를 잘 쓰는 사람으로 골라 정했다. 서사관뿐 아니라 납채서와 복서를 넣은 함을 지고 가는 사람도 아들을 많이 낳은 자를 택했다. 『서경』에서 말하는 오복도 중요하지만, 왕실이나 민간이나 자손을 많이 두는 것 또한 큰 복이라 생각했다. 그 마음이 얼마나 간절했으면, 다산의 경험이 있는 사람의 기운을 받고자 했을까.

전안례는 가례에서는 친영 때에만 행했다. 그런데 왕비의 가례에서는 납징과 책비, 동뢰연 때를 제외하고 납채와 고기, 친영 등 세 차례에 걸쳐 이를 행하였다. 그 이유는 무얼까? 기러기는 음양에 따라 왕래하는 자연의 순환 원리를 상징한다. 기러기는 나뭇잎이 떨어지면 남쪽으로 날아가고 호수가 얼면 북쪽으로 날아가니, 음양을 따라 왕래하는 영물이라는 것이다. 남편은 양이요 아내는 음이니, 아내가 남편을 따르는 의리를 밝힌 것이다. 그런데 정자程

20_ 임민혁 옮김, 『주자가례』, 176 ~177쪽.

子는 두 번 짝하지 않음을 취한 것이라고 하여, 기러기를 정조 혹은 일편단심의 상징으로 보았다.[20] 두 견해를 종합하면, 기러기는 신의와 음양의 조화를 상징한다고 하겠다.

기러기는 살아 있는 기러기를 사용했다. 경기 감영이 이를 포획하여 바칠 책임을 맡았다. 그리고 납채 반차에서 기러기를 들고 가는 충찬위(공신 자손으로 구성된 특수군의 하나로서, 그에 소속된 군인)는 아들을 많이 낳고 풍채가 좋은 사람으로 선발했다. 그는 당상관堂上官(정3품의 상위 품계)의 장복章服을 입고 말을 타고 갔다.

가례는 기쁘고 즐거운 잔칫날 행사와 다름없었다. 납채례가 끝난 후의 접대 자리가 그러하다. 왕실 잔치이기도 한 이 자리에 왕이 하사하는 음식이 빠질 수 없었다. 그리하여 왕은 이들의 노고를 치하도 할 겸 궁궐 밖으로 술을 보내 잔치를 베풀었다. 이것이 외선온外宣醞이다. 사자는 시복時服으로 갈아입고서 이 행사에 참석했다. 주인도 사자 일행에게 폐백을 주고 예찬醴饌으로 접대했다. 주인은 나가서 다시 사자를 맞이하여 읍양揖讓하면서 당으로 들어가 술과 고기로 대접하고 폐백을 주어 노고를 위로했다. 폐백은 토산물의 옷감인데, 각각 두 필을 넘지 않도록 했다. 접대 음식으로는 동뢰연 외에 유밀과油蜜果(기름에 지져 꿀을 바른 과자)를 사용하지 못하도록 했다.

접대를 마치면 주인은 사자 일행을 전송하고 사당으로 가서 납채한 사실을 고유했다. 한편 사자 일행은 전함(복서를 담은 함)을 실은 채여를 앞세우고 궁궐로 돌아가 정전 뜰에서 복명復命했다. 정사는 "왕명을 받들어 납채례를 마쳤습니다"라 하고는 전함을 전교관에게 주고 물러갔다.

납채 후 3일째에 비씨가에서는 정친定親 예물을 받았다. 이날은 납징 전날이기도 하다. 『국조오례의』에는 정친 예물에 관한 조문이 없다. 정친은 '친함을 정했다'는 말이니, 곧 정혼하여 사돈이 됨으로써 친친의 관계가 성립되었음을 나타낸다. 선조 연간부터 시작된 것으로 보이는 이 의절의 예물은 왕이 비씨가와 사돈을 맺게 되었음을 축하하며 보내는 선물이었다. 품목과 수량이 정해져 있었는데, 현색과 훈색 운문대단 각 두 필, 현색 화단과 훈색 초 각 두 필이었다.

비씨가에서 납채의 예를 받아들이면, 이제는 혼사를 아뤼지을 차례였다. 그리하여 행하는 의절이 납징이다. 이를 납폐라고도 한다. '징'은 폐백의 의미를 담고 있는 글자로서, 폐백을 받아들이게 하여 혼례를 이룬다는 것이다. 왕이 폐백(속백함 束帛函)과 승마乘馬, 곧 선물을 준비하여 편지와 함께 비씨가에 보내는 절차가 납징이다. 교문지를 싸서 가지고 가는 방식은 납채 때와 동일하다. 속백함에 들어 있는 폐백은 현색玄色(검은색)의 모단冒緞 6필과 훈색纁色(분홍색) 광적廣績 6필로서 모두 비단 종류다. 『이아』爾雅에서 현훈은 천지天地의 정색正色이라 했으니, 음양 혹은 남녀의 조화를 상징한다. 속백함은 왜주홍칠(일본산 안료를 사용한 주홍색 칠)한 것이며, 흑칠 중함을 사용하기도 했다. 함의 봉과는 교문지를 봉과하는 방식과 같다. 승마는 말 4필을 가리킨다. 이외에도 화은花銀 50냥, 백릉白綾(흰빛의 얇은 비단) 4필, 조라皀羅(검은빛의 얇은 비단) 4필, 대홍주 16필, 초록주 16필, 백면자 10근을 같이 보냈다.

이날 비씨의 부친은 상경上卿으로 관작을 높여주었다. 경卿은 2품 이상의 관직자이며, 상경은 경 중에서 가장 높은 정1품의 관직이다. 관작을 높여주는 것은 비씨의 부친뿐 아니라 4세世(부, 조, 증조, 외조)가 모두 해당되었다. 주량례舟梁禮(혼례의 별칭)가 정해지면 4세 추증을 단행하는 것이 예법이었다. 왕의 사돈가가 낮은 신분의 가문이어서는 격에 맞지 않으므로 최고위직을 하사하는 것이다. 시호는 시일이 촉박하여 부대장不待狀(시장을 올리는 절차를 거치지 않음)으로 의논해서 내려주었다.

납징이 끝나면, 혼인이 성사된 것으로 보았다. 이제는 혼인할 날짜만이 남았다. 고기는 길일을 점쳐 정해진 혼인 날짜를 알려주는 절차다. 역시 교문지를 보내는데, 당주홍칠 중함에 넣는다. 사가에서는 혼인 날짜를 적어 보내는 편지를 연길涓吉이라 했다.

왕비를 책봉하다　　왕은 동등한 지위의 여성과 혼인해야 한다. 친영하기 전에 비씨를 왕비로 책봉하는 이유가 여기에 있었다. 왕은 국가의 최고 통치권자이면서 종법사회의 주인이고 외치外治의 주재자였으므로 종법사회의 주부主婦이면서 내치內治의 주재자인 왕비가 대적할 수 있는 혼인 대상인 것이다. 곧 왕비는 내외명부를 지휘하여 내치를 책임지는 주재자이면서 종법사회의 여성 구성원을 대표하는 국가의 주부였다. 주부의 이러한 존엄한 지위에는 그에 걸맞은 화려하고 장엄한 책봉의식을 요구했다.

책비는 별궁에서 행했다. 왕은 정전 뜰에 친림하여 책봉례의 거행을 명령하였는데, 그 의식은 앞서의 절차와 유사하다. 왕명을 받든 사신 일단의 행렬이 세장과 고취를 앞세우고 별궁을 향해 차례로 행진했다. 교명敎命과 책冊, 보寶, 명복命服을 각각 실은 채여가 줄지어 가고, 그 뒤를 이어서 연과 의장, 사자 이하가 따라갔다. 이때의 연은 왕비가 입궐할 때 이용할 가마였다. 연여輦輿는 용과 봉황의 머리장식을 하고 도금했다. 의장은 법가法駕(출궁 때의 의장의 규모는 대가大駕·법가·소가小駕 등 셋으로 나누었는데, 그중의 중간 규모)를 사용토록 했다. 그러던 것을 순조 2년(1802)부터는 도금을 삼보三甫(염색에 쓰이는 염료의 하나)로 바꾸고 법가는 소가로 낮추어 시행했다. 연여와 의장은 새로 만들거나 기존의 것을 수리해 사용했는데, 이것을 내사복시內司僕寺 및 의장고儀仗庫에 보관하였다가 책례하는 날에 별궁으로 가지고 갔다.

그러면 별궁에서 책비하는 절차를 구체적으로 살펴보자. 별궁에 도착한 교명과 책보는 일단 막차 안에 진설했다. 연은 막차 남쪽에, 의장은 연 앞의 좌우에 벌여놓는다. 명복은 사자가 상전尙傳에게 주어 먼저 비씨에게 바친다. 상궁 이하는 내문을 들어가 차례로

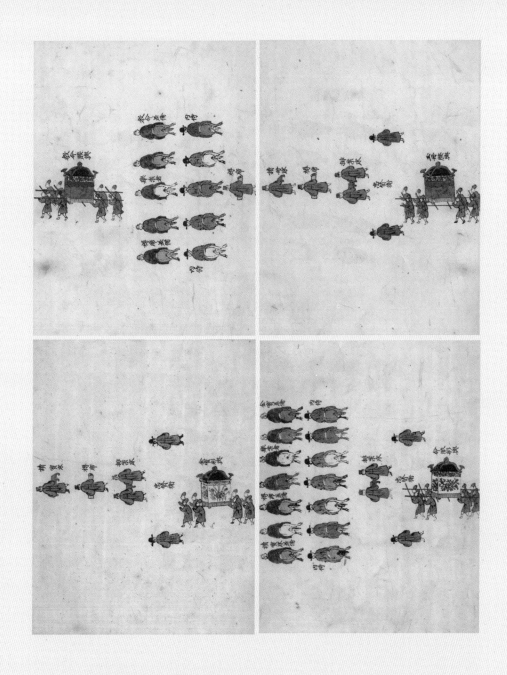

도15 『영조정순후가례도감의궤』 반차도의 부분 서울대학교 규장각 소장.
왼쪽부터 등장하는 교명, 옥책, 금보, 명복 등은 모두 왕비 책봉의식을 위해 사용한 것으로, 이 물품들은 모두 신성하게
여겨 각각의 가마에 실었다.

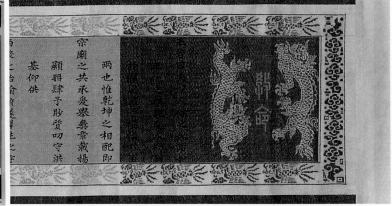

도16, 17 **헌종비 효현왕후 왕비 책봉 교명축 그림과 실물** 국립고궁박물관 소장.
1837년 안동 김씨 김조근金祖根의 딸 효현왕후를 맞아들일 때 만든 의궤의 교명축 그림과 그때 사용되었던 교명축 실물이다. 적·황·청·백·흑색의 바탕에 용·봉황·구름무늬가 장식되어 있는 그림의 형태가 실물과 잘 부합한다. 의궤의 〈교명식〉敎命式에 그림(圖說)을 삽입한 것은 1819년(순조 19) 왕세자(익종)의 『가례도감』의궤에서부터이다. 그전에는 그림 없이 형제形製를 설명하는 데 머물렀다. 책봉의식에서는 원래 교명문을 종이에 써서 내렸던 것인데 1437년(세종 19) 왕세자빈을 책봉할 때 처음으로 중국의 제도를 모방하여 오색의 교명축을 직조하였다.

서서 북향한다. 빈자는 일을 청한다고 하고, 정사는 아무개가 왕명을 받들어 왕비에게 비물備物과 전책典冊을 드리겠다고 한다. 정사는 교명책함과 보수寶綏를 상전에게 준다. 상전은 이를 받들고서 내문 밖에 이르러 무릎 꿇고 상에다 놓는다. 내시는 의장을 받들고 내문 밖에서 북향하여 선다.

왕비는 적의翟衣를 갖추어 입고 머리장식을 얹는다. 전모傳姆가 나오시라고 말하면, 상궁이 인도하여 당의 뜰 가운데에 마련된 책봉받는 자리로 간다. 상궁이 무릎 꿇고서 교명책함을 취하고, 상복尚服이 무릎 꿇고서 보수를 취하여 왕비의 오른쪽에 선다. 상침尚寢은 속료들을 거느리고서 의장을 전해 받들어서 책보 뒤에 진설한다. 시위자侍衛者는 시위한다. 왕비는 네 번 절한다. 상궁은 왕명이 있다고 말한다. 왕비는 무릎 꿇는다. 상궁은 함을 열고서 책봉을 선포한다. 왕비는 부복했다가 일어나서 네 번 절한다. 상궁은 교명 및 책함을 차례로 왕비에게 드린다. 상복은 보수를 받들어서 왕비에게 드린다. 왕비는 부복했다가 일어나서 네 번 절한다.

상침이 속료를 거느리고 왕비의 자리를 당 위 북벽에 남향하여 설치한다. 상궁이 인도하여 왕비는 가운데 계단으로 올라가 자리에 오른다. 전찬傳贊은 동계 아래에 서향하여 선다. 전찬이 네 번 절하라고 창唱하면, 상궁 이하는 네 번 절한다. 상궁이 왕비 앞으로 가

서 부복했다가 무릎 꿇고서 예를 마쳤음을 아뢰고 부복했다가 일어
나 물러간다. 왕비는 자리에서 내려와 안으로 들어간다. 사자는 복
명한다.

이렇게 비씨는 교명문과 책보, 명복 등을 받음으로써 명실공히
왕비로 책봉되었다. 국왕이 정전 뜰에서 '모씨를 왕비로 삼노라' 하
고 대내외에 선포하고, 사신을 통해 별궁에 보낸 왕비를 상징하는
물건들을 받는 의식이 책봉례다. 비씨는 왕비로 책봉됨으로써 드디
어 왕과 가례를 치를 수 있는 동등한 자격을 갖추게 된다.

왕비의 권위를 상징하는 여러 물건 중에서 교명문은 왕비로 책
봉한다는 명령문이다. 그 취지와 의미 및 왕비의 덕과 인품을 칭송
하는 내용으로 구성되어 있다. 비단으로 만든 두루마리다. 글을 쓴
부분은 적황청백현의 오방색으로 나누었으며, 사방 둘레는 옥색 바
탕에 오방색의 비봉飛鳳(날아가는 봉황 무늬)을 직조했다. 오방색은 동
양의 우주관과 인간관이 담긴 가장 아름답고 화려한 색깔로서 완벽
한 조화를 이루고 있다.

책과 보는 옥책과 옥보다. 옥책문은 언서諺書(한글)와 진서眞書(한
자) 두 종을 만들기도 했다. 옥책은 숙종 때 각 편을 고리를 달아
연결하지 않고 첩貼으로 이어붙여 접을 수 있게 했다. 이 옥책문은
책비 때 읽도록 했는데, 의식 절차를 규정한 의주에는 들어 있지
않다. 내용이 길어서 특별히 잘 읽는 여령女伶을 선발하여 이를 연
습시킨 후에 거행토록 했다.

도18 **태조 옥책** 국립고궁박물관 소장.
옥책은 왕이나 왕비의 덕을 기리
는 글을 새겨 만든 책으로 왕비를
책봉하면서도 그 의미를 적고 그
의 인품과 덕을 칭송하는 글을 새
기기도 했다. 옥에 글자를 새겨 니
금泥金으로 칠을 했다. 첩의 수는
글자 수에 따라 달랐다.

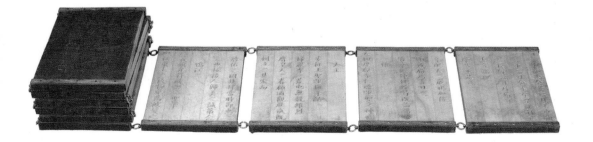

명복命服은 왕비의 예복이다. 상의원에서 미리 제작하여 왕비로 책봉하는 날 사신 행렬을 따라 가지고 가서 먼저 바쳤다. 이때 명복은 왜주홍칠함에 넣었으며, 당주홍칠한 안상案床을 사용했다. 그런데 명복이 구체적으로 어떤 옷인지 그리고 '명'命은 무슨 뜻으로 쓰였는지는 정확히 알 수 없다.

'명'이라는 글자는 내명부 또는 외명부라는 명칭에서도 확인되는데, 이를 먼저 알아보자. 여기에서 내외는 궁궐과 그 밖을 구분하는 말이다. 왕실의 여성들이 작위를 받는 제도가 내명부이며, 관료들의 부인이 작위를 받는 제도가 외명부다. 내명부는 정1품인 빈부터 종4품 숙원까지는 후궁, 정5품부터 종9품까지는 궁관의 관품으로 구성되어 있다. 외명부는 정1품인 정경부인부터 종9품인 유인까지로 남편의 관직을 따르도록 되어 있다. 그러나 왕비는 내명부에 속하지 않는 무품無品으로서 내외명부를 아우르는 최고의 지위에 있는 존재였다. 그런데 명복을 칭할 때에는 왕비의 복식 또한 포함되어 있다.

왕비의 명복은 적의다. 조선 초부터 입었던 적의는 임진왜란을 겪으면서 망실되었다. 선조 35년에 효경전孝敬殿(선조의 비 의인왕후의 사당)에 봉안해놓은 중국에서 보내온 적의를 모방하여 새로 제작하고자 했으나, 대대大帶가 갖추어져 있지 않아 『대명회전』大明會典의

친왕비 예복조를 근거로 만들게 했다.[21] 『주례』에는 유적褕翟에 관한 기록이 나오는데, 이는 황태자비의 예복이다. 청색 바탕에 아홉 줄의 오채 요적문搖翟紋(기어오르는 모습의 꿩무늬)을 장식했다. 따라서 조선의 왕비는 중국의 황태자비에 준한 적의를 사용한 것이다. 이것은 국왕의 구장복에 상당한 예복이다.

도20 **중국 송나라 인종의 비 적의** 황후가 입는 열두 줄의 적의를 입은 모습이다.

21_ 『선조실록』 권152, 선조 35년 7월 1일.

적의는 꿩무늬를 직조해 넣은 포袍이다. 고려 공민왕 18년(1370)에 명 태조가 왕의 면복冕服과 원유관복遠遊冠服을 내려주고, 효자황후가 왕비에게 관복을 내려주면서 사용되기 시작했다. 이때 사여받은 왕비의 관복은 관冠, 적의, 중단, 폐슬, 상, 대대, 패옥, 청석, 청말이었다. 관은 구적관九翟冠이었을 것으로 보이나, 조선에서는 당시의 풍속에 따라 머리장식을 얹었다. 영조 연간에 편찬된 『국조속오례의보』에는 왕비의 예복을 설명하고, 『국혼정례』에는 치적 제도를 정해놓았다. 적의를 착용할 때는 머리에 각종 비녀와 금란대(마리삭금댕기)로 장식한 대수大首를 장식하고, 속에는 중단中單을 착용하였으며, 겉에는 상裳, 대대, 후수, 폐슬, 패옥, 하피, 옥대 등으로 치장하고 청석을 신었다.

조선 왕비의 적의는 1897년 대한제국이 탄생하면서 황후의 심청색 적의로 격상되었다. 황후가 쓰는 관은 『대한예전』에서 보이듯이 구룡사봉관九龍四鳳冠이어야 하는데, 실제 사용한 것 같지는 않다. 용과 봉황이 각각 아홉 마리와 네 마리가 새겨진 매우 화려한 관이었다. 이 상상의 짐승들은 황제와 황후의 권위를 상징한다.

책비의에 동원된 각 차비에는 의녀들이 상당수 참여했다. 수가 모자랄 경우에는 각사各司의 비를 차출하여 미리 충분히 연습을 시켰다. 책비에는 54명, 친영에는 33명, 동뢰연에는 34명이었다. 책

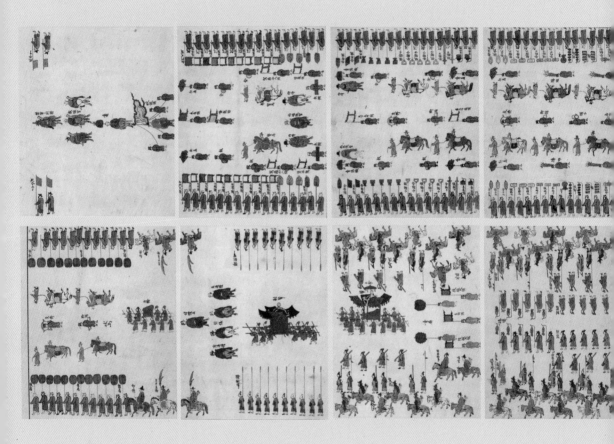

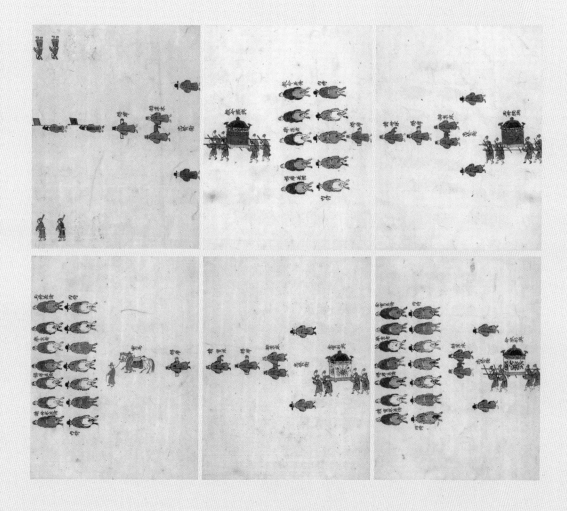

도21 「영조정순후가례도감의궤」 반차도 중 왕과 왕비의 행차 서울대학교 규장각 소장.
반차도 행렬 중 왕비의 가마는 왕비 책봉의식과 관계된 교명, 옥책, 금보, 명복을 실은 교명
요여, 옥책요여, 금보채여, 명복채여의 뒤쪽에 배치된다.

도22 영친왕비 적의
영친왕비는 황태자비에 준해 청색 바탕에 꿩무늬
가 아홉 줄이며 옷깃 등에 봉황무늬를 넣었다.

도23 대대 후수
대대는 허리에 매는 띠이며, 후수는 그 뒤에 매
단 끈 장식이다.

도24 옥대
옥으로 장식하여 만든 띠.

도25 패옥과 패옥함
허리의 좌우로 늘여 차던 옥장식.

도26 청말
적의를 입을 때 함께 신었던 푸른
색 버선.

도27 폐슬
앞에 늘여 무릎을 가리던 천.

도28 하피
어깨의 앞뒤로 늘어뜨리는 띠.

도29 황후 청석
조선 말기 황후가 신었던 대례용 신발.

국립고궁박물관 소장.

비하러 별궁에 갈 때의 시위는 분병조당상과 낭청을 비롯하여 이백 몇 십 명이 참여했다. 책비하러 별궁에 도착한 후의 직숙 인원은 분병조당상과 낭청 각 1원, 분도총부당상과 낭청 각 1원, 분위장 2원, 실부장 2원, 분수문장 2원, 내금위 6원, 위군 40명이다. 담장 밖 사방에는 군보軍堡를 설치하여 한 보마다 두 명이 지켰다. 네 명은 별궁의 대문에서 출입하는 잡인을 엄금했다. 나머지 스물여덟 명은 두 패로 나누어 부장이 각각 영솔하여 궁의 안과 밖을 순라하였다. 별궁의 군호는 시어소時御所(임금이 현재 머무르고 있는 곳)에서 받아 밤에 순찰할 때 서로 답해야 했다.[22]

22_ 심재우 외, 『조선의 왕으로 살아가기』, 돌베개, 2011, 173~181쪽.

王
妃
日
常

4 왕이 왕비와 한 몸 되기

왕비를
친히 모셔오다

친영은 왕이 신민에게 배필을 중시하는 마음을 보여주는 의례였다. 임금은 가장 높아서 천하에 상대가 없다고 했다. 그렇지만 왕비는 왕과 함께 종묘와 사직의 주인이 되는 사람이므로 왕의 친영을 예법으로 삼았다.

친영은 보통 태평관에서 거행했다. 태평관으로 관소館所를 정한 것은 중종 12년 문정왕후와의 가례가 처음이었다. 친영은 "관소에서 맞이한다"고 하였고, 주자도 "옛날에는 천자가 친히 후비의 집에 가는 일은 필연코 없었다"고 했다. 이때에도 예조에서는 "왕비의 집으로 가는 것은 미안하니 먼저 관소를 정하고 친히 나가시어 맞이함이 예에 맞을 듯합니다"라고 건의했다. 그리하여 태평관을 지정한 것이다. 인조가 장렬왕후를 맞을 때에는 태평관 수리에 폐단이 많다고 하여 별궁에서 행했다.

그런데 양란을 겪은 뒤로 의궤가 거의 남아 있지 않아 친영을 하고자 해도 절목을 잘 몰라 행할 수 없었다. 그리하여 인조 16년에는 적상산 사고로 검열을 내려보내 실록을 조사하여 보고하게 하고, 그에 따라 친영례를 거행했다. 인현왕후를 친영할 때에도 참조할 만한 의주를 실록에서 검토해보아도 수록되어 있지 않아, 늙은 궁인에게 물어서 시행하도록 했다. 전례를 꼭 확인하고자 했던 것은 군신의 존비尊卑상의 예에 실수가 있지 않을까 하는 염려 때문이었다. 결국 그 자리에 참석했던 아무개의 처가 별지로 써온 것을 참조하여, 봉안례奉雁禮와 전안 후 주혼자主婚者의 사배에 관한 의절을 정했다.

여기에서는 태평관에서 친영을 거행하는 모습을 살펴보자. 왕비는 왕이 보낸 사자가 모시고 태평관으로 갔다. 백관은 각사에서 한 명씩 참석하여 왕비를 호위했다. 왕비는 별궁에서 태평관으로 행차하고 왕은 면복을 갖추어 입고 태평관을 향해 거둥하였으므로 수종하는 백관을 양쪽으로 나누어야 했다. 그리하여 왕비의 수종에는 각사에서 한 명씩 차출하여 참석하도록 한 것이다.

왕의 출궁에는 전후 고취가 앞에서 인도했다. 고취는 진설하되 연주하지 않았다. 촉燭을 든 자가 앞서가고, 시위는 정해진 대로 했다. 종친과 문무백관은 4품 이상은 조복, 5품 이하는 흑단령으로 초엄初嚴 전에 홍화문 밖에 일제히 모여 동서로 나뉘어 차례로 서 있다가 대가가 이르면 국궁하여 공경히 맞이하고 차례로 태평관으로 향했다. 전후에는 상군廂軍이 배치되고 백관이 1위衛 내에서 어가를 따랐다. 인현왕후의 가례에는 연여輦輿 앞에 촉롱 다섯 쌍과 봉거捧炬 두 쌍이 앞길을 밝혔다. 옥책과 교명 교서는 요여에 싣고, 금보와 명복·속백은 채여에 실었다.

대가가 태평관에 도착하면, 왕은 연에서 내려 악차로 들어간다. 당 가운데의 북벽에는 고족상高足床(다리가 높은 상)을 놓고 동서에 욕위褥位(일종의 방석)를 진설한다. 욕위에는 단석單席을 진설한다. 시간이 되면, 왕은 차에서 나와 정청으로 올라간다. 전모가 나오시라고 말하면, 왕비는 방에서 나온다. 이때에도 촉을 잡은 자가 불을 밝혀 앞서간다. 왕비는 서벽의 욕위 남쪽 끝에 선다. 왕이 왕비에게 읍하고 각각 동서의 욕위로 간다. 주인은 조복을 갖추어 입고 왕의 뒤에서 조금 물러나 선다. 주모主母(부부인府夫人, 즉 신부의 어머니)는

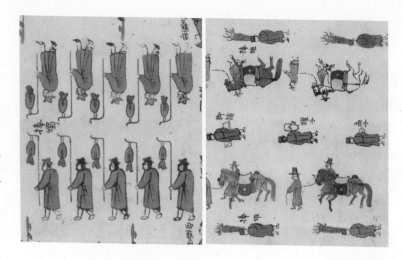

도30 **촉燭을 들고 가는 모습** 「영조
정순후가례도감의궤」 반차도의 부
분, 서울대학교 규장각 소장.
전통 혼례식에 으레 등장하는 모
습의 하나. 연 앞에 배치되며, 다
섯 쌍을 사용한다.

도31 **봉거** 「영조정순후가례도감의
궤」 반차도의 부분, 서울대학교 규
장각 소장.
왕비가 탄 옥교 앞을 비추며 인도
하는 횃불 든 자의 모습. 홍의紅衣
를 입은 군인이 들며, 두 쌍을 사
용한다.

예의禮衣를 갖추어 입고 왕비 뒤에서 조금 물러나 선다. (주인은 중문
밖으로 나간다. 주인이 자리를 피하는 것은 왕과 자리를 같이할 수는 없기 때문이
다.) 장축자掌畜者가 기러기를 상전(주인)에게 준다. 상전(주인)은 전
해 받들어(들어가 전하의 뒤를 거쳐 올라가서 무릎 꿇고 전하의 오른쪽에 바친
다) 내문에 이르러서 상궁에게 전해준다. 상궁은 전해 받들어서 따
라 들어가 무릎 꿇고 왕의 오른쪽에 바친다. 왕은 기러기를 받아서
북벽의 상 위에 놓는다. 주모가 기러기상을 거둔다. 왕은 계단을
내려가 소차로 들어간다. 주인은 예를 마친 후에 먼저 나간다.

왕비는 상궁의 인도를 받으며 연을 타는 자리에 이른다. 왕은
차에서 나와 읍한다. 왕비는 연의 뒤로 간다. 왕은 연을 타고서 환
궁한다. 왕비의 연은 그 뒤를 따라서 궐에 이른다. 왕비가 입궐할
때의 시위는 각사 한 명, 당상아문은 당상과 낭청 각 한 명, 종친은
매품마다 각 두 명이다. 왕을 시위하여 먼저 도착한 백관은 홍화문
밖에서 동서로 나뉘어 차례로 서 있다가 왕비가 이르면 국궁하고
공경히 맞이한다. 왕비는 창덕궁의 경우 정문인 돈화문(창경궁은 홍화
문)을 이용해 들어간다.

동뢰연으로
한 몸 되다

태평관에서 친영하여 궁궐로 돌아온 왕과 왕비는 동뢰연을 거행할 처소로 갔다. 동뢰는 '하나의 희생을 함께 먹는다'는 뜻이다. 이는 몸을 합하고 존비를 같게 하여 친하게 하는 통과의례다. 동뢰연을 거행할 전각의 합문 밖에 도착한 왕비는 동쪽에서 서향하여 선다. 왕은 규圭를 들고 어좌에서 내려와 합문 안의 동쪽에서 서향한다. 왕은 왕비에게 읍揖하고서 인도한다. 전각 안으로 들어간 왕비는 중앙 계단을 거쳐 자리에 오른다. 동서 계단 사이에는 등불을 든 자들이 정렬한다. 왕은 읍하고서 교배석交拜席의 자리로 나아가 서향하고 왕비도 자리로 나아가 동향한다. 가례에서는 신랑과 신부가 처음 만나 인사하는 교배례를 행하지만, 왕과 왕비의 경우에는 이 의례가 생략되어 있다. 왕은 오히려 왕비를 맞이하고 자리로 나아갈 때 읍례를 행했는데, 이 읍례는 주인과 빈(손님)의 관계를 나타낸다. 그리고 자리 배치는 음양론에 근거한 것으로서, 신랑은 양인 동쪽에, 신부는 음인 서쪽에 자리한다.

동서로 마주한 왕과 왕비는 자리에 앉아서 합근례合巹禮를 행했다. 합근례는 두 개로 나뉜 표주박에 술을 따라 신랑과 신부가 마시는 예다. 표주박은 본래 하나의 몸통이었다. 이것을 반으로 쪼개 속을 긁어내고 일상에서 술잔이나 물바가지로 사용하였다. 왕비 가례에서 사용하는 표주박은 실제용과 예비용 둘을 준비해야 한다. 품질은 형체가 둥글고 안팎으로 점흔點痕이 없어야 한다. 호조에서 구입하여 상의원에 보내면, 이곳에서 가공하고 장식한다. 마치면, 예조에서 점검한 후 대전으로 보내 결재를 받았다.

왕과 왕비는 이 표주박을 하나씩 들고서 술을 따라 마시기 때문에, 잔을 합하여 마신다고 한다. 잔을 합하는 것은 몸을 합친다는 뜻이다. 합환주는 세 번에 걸쳐서 마셨는데, 첫 술은 좨주祭酒(술을 조금 땅에 부어 제사하는 절차)하고서 마신다. 표주박으로 술을 마시는 것은 세 번째인 삼인三酳 때다. 그리고 술을 마실 때마다 탕湯을 먹

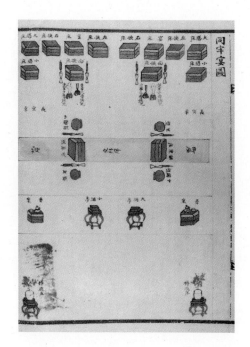

도32 **동뢰연도**
1802년 순조 가례 때의 의궤에 수
록된 그림. 찬상 열둘과 교배석,
향안, 주정 등의 배치도다. 교배석
에는 왕과 왕비의 자리가 마련되
어 있으나, 교배례의 절차는 생략
되었다.

23_ 김상보, 『조선왕조 혼례연향
음식문화』, 신광출판사, 2003.

었다. 이처럼 신랑과 신부가 함께 술과 음식을 먹
는 것을 공뢰共牢라고 한다. 이는 존비尊卑를 같이
한다는 의미다. 몸을 합치면 존비가 같아지고, 존
비가 같아지면 서로 친하여 떨어지지 않는다는
상징성이 있다.

이로써 동뢰연이 끝났다. 왕과 왕비는 일어나
서 상궁의 인도하에 왕은 동쪽 방으로 들어가 면
복을 벗고 왕비는 악차로 들어가 적의를 벗는다.
상복常服으로 갈아입은 왕은 나와서 왕비가 있는
악차로 들어간다. 찬상은 물리는데, 왕이 먹고 남
긴 음식은 왕비의 종자가 먹고, 왕비가 남긴 음식
은 왕의 종자가 먹는다. 이를 준餕이라고 한다.

왕비의 동뢰연은 가례의궤에 그 배설도가 남
아 있다. 여기에 차려지는 음식은 여섯 상床이 두 벌인데, 이는 『의
례』「사혼례」에서 말하는 제후 12두豆이다. 여섯 상은 대·소선상(膳
床)과 좌·우협상(挾床), 동뢰연상, 면(面)협상이다. 대·소선상에는 희
생인 생저牲猪와 생양牲羊 및 오리, 우후각牛後脚(소 뒷다리)이 오른다.
동뢰연상은 네 줄의 사항탁四行卓으로, 맨 앞의 1항에는 중박계中朴
桂(유밀과의 한 종류) 4기, 2항에는 백산자白散子와 홍산자 각 2기, 3항
에는 홍마조紅亇條 3기와 유사마조油沙亇條 2기, 4항에는 실백자·실
진자·실비자·건시자·황률·대추 각 1기가 차려진다.[23] 『대전후속
록』에서 동뢰연에 유밀과의 사용을 허용한 바와 같이, 좌우협상에
도 다식·산자와 같은 유밀과가 많이 놓였다.

5 왕비가 되는 마지막 절차

왕실의 웃전
뵙기

왕과 신혼의 여정을 보낸 왕비는 육례의 마지막 절차인 조현례를 행했다. 그렇다고 이것으로 끝나는 것은 아니다. 이어서 회례會禮와 묘현례廟見禮 등의 절차가 이어졌다. 조현례는 왕비가 가장 높은 대왕대비 등 웃어른을 차례로 뵙는 의례다. 중궁전이 폐백을 드리고 전후로 사배의 예를 행하는 것이 조현례다. 회례는 왕이 백관을 참석시켜 하례를 받고 회연을 개최하는 의례다.

조현례는 대왕대비에서부터 대비까지 순서대로 정해진 길일에 거행했다. 내전 밖에는 향안 둘을 내놓고, 전각 내의 계단 아래에 왕비가 절하는 자리를 북향하여 진설했다. 준비가 다 끝나면, 왕비는 적의를 갖추어 입고 머리장식을 얹고서 나온다. 상궁이 앞에서 인도하여 대왕대비전의 합문 밖에 이르러서 합閤으로 들어갔다가 곧 나와 서상西廂에서 동향하여 선다. 그러면 대왕대비가 적의를 갖추어 입고 머리장식을 얹고서 상궁의 인도하에 나온다. 대왕대비는 자리에 오른다. 시위는 정해진 의례대로 한다.

대왕대비가 자리에 오르면, 왕비는 절하는 자리로 간다. 오른쪽에는 단수반股脩盤(건육과 포를 담은 쟁반)을 든 장찬掌饌이 선다. 왕비

왼쪽부터 덕혜옹주, 영친왕비, 순
정효황후, 순종, 영친왕, 왕자 진,
고찬시. 순종은 원유관과 강사포
를 갖추었으며, 순정효황후는 적
의에 큰머리를 올렸다.

는 네 번 절을 한다. 마치면, 왕비는 동쪽 계단으로 올라가 대왕대
비 앞에 이르러서 서향하여 무릎 꿇고 단수반을 받아서 상에다 놓
는다. 대왕대비가 어루만지고 나면, 상식이 거두어다 서쪽에 놓는
다. 왕비는 내려가서 절하는 자리로 돌아가 다시 네 번 절한다.

왕비는 또 동쪽 계단으로 올라가 자리의 남쪽으로 가서 서향하
여 선다. 상식은 잔에다 술을 따라서 왕비 자리 앞에 바친다. 왕비
는 네 번 절하고서 자리에 올라 서향하여 무릎 꿇고서 잔을 받아
좨주하고, 일어나 자리 남쪽으로 가서 서향하여 무릎 꿇고 술을 마
신다. 왕비는 일어나서 부복했다가 일어나 네 번 절을 한다. 상식
은 찬탁饌卓(음식상)을 치운다. 왕비는 동쪽 계단으로 내려가 나가고,
대왕대비도 자리에서 내려와 내전으로 돌아간다. 이로써 조현례는
끝난다.

단수腶脩는 폐백으로 익혀서 생강과 계피를 가미하여 다져서 말
린 조금 길쭉한 모양의 건육乾肉이다. 『예기』에서는 버섯과 개암,
포, 대추, 밤을 더 언급했다. 『경국대전』에서는 신부가 시부모를 뵐
때 술 한 동이, 안주 다섯 그릇과 함께 종비從婢 세 명, 노奴 열 명을
데리고 간다고 규정했다.[24]

조현례의 의미는 시집온 며느리가 웃어른들에게 인사드리는 것

24_ 『경국대전』 권3, 예전, 혼가.

외에, 대代를 이음을 상징하는 절차가 있다. 며느리가 당을 오르고 내릴 때, 서쪽 계단으로 올라갔다가 동쪽 계단으로 내려오는 것이 그것이다. 동계인 조계阼階는 주인의 계단이기 때문에, 장차 시어머니를 이어 안주인이 될 며느리가 동계로 내려오는 것은 대를 이음을 의미한다. 그러나 왕비에게는 이런 상징적인 절차를 적용하지 않았다는 점이 특징이다.

진하례는 길일을 잡아서 행했다. 정해진 날 이전에 습의를 행했는데, 백관은 융복을 갖추고서 치사致詞하고 표리와 전문箋文을 바치는 절차를 연습했다. 의장과 여연輿輦의 진배는 각 해사의 담당 관원이 몸소 거행하고, 예모관이 사약을 대동하고서 지휘했다. 진하하는 날에 왕이 친림한 자리에서 의정議政이 대표하여 치사하고 왕이 교서를 반포한 다음에, 신하들이 올린 전문의 목록을 선포하고 예물禮物을 유사에게 맡길 것을 청한다. 백관은 대왕대비전 이하에게도 역시 치사를 올린다.

조상에
예를 갖추다   혼례의 궁극적인 목적이 종묘를 섬기고 가
                계를 계승해나가는 것이라고 할 때, 왕비는
왕의 처이기에 앞서 왕실 며느리로서의 지위가 더욱 중요하다. 묘현례는 신부가 신랑의 조상을 모신 사당에 알현함으로써, 며느리로서 처음으로 인사드리는 것임과 동시에 그 지위를 인정받는 절차다.

묘현례 시행 논의는 중종 연간에 처음 제기되었다. 당의 개원례開元禮에 알묘謁廟가 포함되어 있어 이를 따를 것을 주장한 것이다. 그러나 선왕의 옛 제도를 버리고 억지로 중국 고대의 옛 제도를 따를 필요가 없다는 주장에 막혀 거부되었다. 그 후 선조대에 이 문제가 다시 거론되었다. 예조판서 유근이 "이미 혼례를 치렀어도 사당에 배알하지 않았으면 이를 불성부不成婦라 한다"고 했던 것이다.[25] 혼례는 선조의 후사를 위한 것이므로 조상을 모신 사당을 배알하지 않으면 며느리로 인정할 수 없다는 것이 고래의 가르침이라

25_ 『선조실록』 권152, 선조 35년 7월 11일.

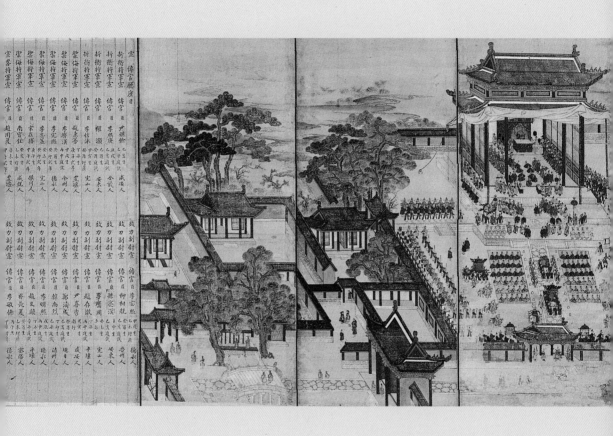

도34 **헌종가례진하계병憲宗嘉禮陳賀契屛** 비단, 각 폭 115.7×51.5cm(8폭 병풍), 보물 제733호, 동아대학교 박물관 소장.
1844년(헌종 10) 10월 헌종과 계비 효정왕후의 가례를 축하하기 위해 열린 진하의식이다.

는 것이다. 이에 대해 사관은 "친영을 하고서 묘현을 하지 않는다면 더욱 크게 예를 잃는 것이니, 어찌 종묘의 계통을 중히 여기는 뜻이 있다고 하겠는가"라고 하여, 묘현의 시행을 시초를 바르게 하는 급선무라고 여겼다.

그러나 이때에도 논의에 그치고 말았다가 숙종대에 세자의 가례를 복원하는 과정에서 재논의가 이루어졌다. 세자 가례의 복원을 위해 『대명회전』을 검토하는 과정에서 황후와 태자비가 묘현하는 예를 확인한 것이다. 안 그래도 숙종은 그렇게 할 뜻이 있었고, 신하들도 시행에 동의하였다. 그리하여 드디어 명나라의 전례에 의거하여 묘현례를 시행하도록 결정했다. 숙종은 내전과 빈만 출입하는 것이 미안하니, 왕이 함께 묘현하는 방식으로 정했다. 따라서 조선에서 묘현례가 거행된 것은 인원왕후 가례 후인 숙종 29년 2월이 처음이었다.

왕비가 알현할 사당은 종묘와 영녕전으로 그치지 않았다. 경우에 따라서는 경모궁과 경우궁 등 각 사당을 모두 돌아야 했다. 왕과 함께 전알展謁하는 방식인 이 의례는 음식을 차리지 않고 한 번 절하는 예법이다. 한 번의 절은 '몸을 굽혔다가 네 번 절하고 일어나 몸을 펴는' 국궁사배흥평신鞠躬四拜興平身이다. 이 전알에 출궁할 때에는 고취가 앞서 인도하나 연주하지 않으며, 종묘의 월대에 진설한 헌현軒懸도 연주하지 않는다. 그러나 환궁할 때에는 앞서 인도하는 고취의 연주가 장관을 이룬다.

비로소
왕비가 되다

이렇게 덕성을 갖춘 양반가의 처녀가 삼간택과 육례를 거쳐 조선의 국모요 주부主婦인 왕비로 등극했다. 왕은 국가의 주인이며, 그 주인에 대해서 왕비는 주부였다. 주부는 내외명부를 휘하에 두고서 내치를 책임져야 하는 조선 여성의 수장이었다. 또한 장차 왕통을 계승할 왕세자를 낳아야 하는 천명을 부여받았다. 구중궁궐에서 개인의 감성적 욕망을 크게 제약받아가며 생활해야 하는 왕비의 삶은 현실적이고 이성적인 유교윤리의 사유체계가 지배하는 사회에서는 합리적인 강요였다고 볼 수 있다. 동시에 왕비는 왕권과 왕실의 안정과 유지를 성취하고자 조정의 정치에 참여하지 않을 수 없는 불가피한 상황에도 노출되어 있었다.

국가나 왕실은 왕의 자손 번성을 위해 왕비의 임신을 기원했고, 그를 위해 다양한 노력을 했다. 이런 노력 끝에 임신을 한 왕비는 자신의 몸을 잘 관리하고 안정을 취하며 태교를 해야 할 의무가 있었다. 그러나 출산 전까지 왕비의 역할이 강조된 것에 비해 육아에 대한 왕비의 역할은 그다지 크지 않았다. 즉 임신을 하고, 태교를 하는 것까지는 거의 왕비의 몫이었지만 일단 아이가 태어나면 왕비의 역할과 영향력은 크게 줄어들었다. 특히 맏아들일 경우에는 더욱 그랬다. 왕비의 출산 준비와 사후관리, 아이를 기르는 것에는 왕비 자신보다 국가나 왕실의 몫이 더 컸다. 다음 왕이 태어날지도 모르는 왕비의 출산 과정 에 국가가 적극적으로 개입하지 않을 수 없었다. 아이를 기르는 것은 국가적인 사업이었다. 이로 보아 조선 왕실에서 출산과 관련한 왕비의 역할은 아이에게 좋은 성품을 물려주는 것에 국한되었는지도 모른다.

아이를 낳고 기르다

王妃日常

1 왕비, 아이를 낳다

왕비의 출산은
왜 중요한가

약방에서 세 명의 제조가 돌아가면서 숙직을 하는 경우는 왕이 아플 때와 산실청이 설치되어 있을 때뿐이다. 이는 왕이 아픈 것과 새로운 왕자의 탄생이 같은 비중으로 중시되었음을 의미한다. 그만큼 왕실에서 출산은 중요한 일이었다.

근대화 이전 출산은 여성 사망의 주요한 원인으로 꼽을 만큼 여성들이 겪는 위험한 일 가운데 하나였다. 아이를 낳다가 죽을 수도 있었고, 출산 후에 여러 증상으로 인한 지병을 얻을 수도 있었다. 왕실의 여성이라고 해서 예외는 아니었고 따라서 왕실에서의 출산 관리는 신중할 수밖에 없었다.

여성만 위험한 것은 아니었다. 유아 사망 역시 자주 발생했다. 특히 왕실에서의 유아 사망은 정치적인 의미가 엇갈리는 예민한 문제였던 만큼 이를 막기 위해 왕실은 다양한 노력을 기울였다. 이때 어떤 노력들이 있었는지 살펴보는 것은 흥미로운 일이 아닐 수 없다.

육아 방식 역시 흥미롭다. 왕자들은 5~6세가 되도록 젖을 먹는 것이 일상화되어 있었고, 궁궐 밖에서 성장하는 경우도 많았다고 한다. 과연 그랬을까? 그랬다면 그 이유는 무엇이었을까. 이런 사실들을 들여다보게 되면 조선에서 왕실의 연속성을 얼마나 크고 중요한 문제로 여겼는지 확인할 수 있다.

"중전이 쓰는 출산 비용이 100냥인데, 숙원의 산실청에서 쓰는 비용도 100냥이라면 이는 차등이 없는 것입니다. 사세에 편치 않습니다. 등급의 구분이 없을 수 없습니다."

인조 16년 서경우徐景雨가 호조의 보고를 기반으로 올린 계의 내용이다. 그가 주장하고 싶은 것은 왕비의 출산과 후궁의 출산은 구분이 있어야 한다는 것이다. 그가 중전과 숙원의 출산의 구분을 주장한 이유는 무엇이었을까.

조선은 건국 후 얼마 되지 않아서 적처嫡妻를 중시하기 시작했다.

"집에 두 적처가 없는 것은 천하의 정한 도리이니, 동시에 얻은 아내라도 똑같이 논할 수는 없습니다."

세종 때 한 신하가 올린 건의문이다. 중국의 시스템을 선진화된 것으로 생각하게 된 조선은 명분론을 적용하기 시작했다. 그렇다면 한 집안에 두 적처가 있을 수 없다고 하는 주장에 여자들의 집안은 어떤 반응을 보였을까? 처들 사이에 차이를 둔다면 누구라도 자신의 여식이 그 집안의 적처가 되길 바랄 것이다. 그리고 적처로서의 권리를 배타적으로 누리고 싶어했을 것이다. 중국에서는 적처와 첩의 차이가 있긴 하지만, 남자 집안의 영향력이 절대적이기 때문에 처와 첩의 차이가 크게 느껴지지 않을 수 있다. 그러나 조선에서는 고래로 여자 집안이 남자 집안과 비교적 동등한 파워를 가졌기 때문에 적처와 첩의 차이를 명확히 한다면, 적처가 된 집안은 첩이 된 집안에 대해 더 강력한 배타적인 권리를 요구하고 나설 수 있었다. 조선에서 처첩 구별이 중국보다 더 강력해진 이유가 여기에 있을 것이다. 이로써 조선에서는 서얼의 차대가 컸고, 첩이 낳은 자식은 집안을 계승할 수 없게 되었다.

그러나 왕실에서는 달랐다. 왕실만큼은 민간과 달리 부계성이 강했기 때문에 후궁의 아들이라도 왕위를 계승할 수 있었다. 그렇다고 해서 왕비와 후궁이 같은 권리를 누릴 수 있는 것은 아니었다. 조선에서 후궁은 아들이 왕위에 올라도 대비가 될 수 없었다. 중국에서 황제를 낳은 후궁이 태후가 될 수 있는 것과는 대조적이다. 앞에서 언급한 서경우의 계는 왕실 안에 존재했던 왕비와 후궁 사이의 권리 차이를 보여주고 있다. 엄연한 권리의 차이가 있는 왕비와 후궁의 출산 비용이 같은 것은 사세에 편치 않은 일이었다. 이렇듯 왕비가 우선이었던 만큼 왕비의 소생인 적자 또한 우선이었다. 왕실에서 적자의 출생은 이후 일어날 많은 문제를 줄여줄 수 있었다. 무엇보다 적자가 태어나면 왕실의 권위를 확고히 할 수 있고, 또한 적자 없이 서자들만 있을 경우 이들 사이의 권력 투쟁을 어떻게 조절할 것인가 하는 골치 아픈 문제에 당면하지 않아도 되었다. 따라서 조선 왕실에서 왕비의 출산은 후궁의 출산과는 비교할 수 없을 만큼 중요한 의미를 지녔다.

왕비의 조건   왕비는 우선 좋은 집안의 딸이어야 했다.

나의 할아버지이신 정헌공貞獻公께서는 내 5대조가 되는 영안위永安尉의 증손자이시며 고조할아버지이신 정간공貞簡公의 손자이시고 증조할아버지이신 첨정공僉正公께서 사랑하신 둘째 아드님으로……[1]

1_ 혜경궁 홍씨, 『한중록』 권1.

『한중록』에서 혜경궁 홍씨가 자신의 가계를 밝히고 있는 구절이다. 영안위는 인목왕후의 딸 정명공주와 혼인하여 작호를 받은 홍주원을 말한다. 그러니까 혜경궁 홍씨는 이미 가까운 윗대에 왕실과 혼인을 맺은 적이 있는 집안의 딸인 것이다. 왕실의 입장에서 보면 혜경궁 홍씨는 안심이 되는 며느릿감이라고 할 수 있다. 일단 홍씨 집안 내력을 알고 있고, 그것을 바탕으로 향후에 좋은 관계를 유지할 가능성이 있는 집안이었기 때문이다.

혜경궁 홍씨의 경우와 같이 윗대에 혼인을 맺고 다시 후대에 또

혼인하는 것을 '연혼'聯婚 혹은 '겹사돈'이라고 한다. 연혼은 조선시대 왕실 또는 양반가에서 흔히 볼 수 있었다. 연혼을 하는 이유는 역시 서로의 집안에 대한 검증이 이미 되었기 때문이다. 혼인을 했을 때 집안 사이에 큰 문제가 없었고 또 우생학적으로도 결과가 나쁘지 않은 것이 입증되었기 때문에 같은 집안과 다시 혼인을 하는 것이다. 안정성을 우선으로 하는 연혼은 양쪽 집안의 문화적인 배경이 유사하고, 서로의 집안에 보탬이 되는 관계를 형성한다.

혜경궁 홍씨가 간택될 당시 그의 부친 홍봉한洪鳳漢은 벼슬이 참봉에 불과했으나 할아버지 대에는 참판공이 있었으며 더 윗대로는 첨정공, 정간공 등의 인물이 있었다. 혜경궁 홍씨 자신이 "내 친정집은 임금님 사위 집안으로 대대로 큰 벼슬을 하는 집안이었고 내 외가인 이씨 집안은 청렴결백한 집안이었다"라고 말했듯이 이 집안은 혁혁한 벼슬을 지내왔던 것이다.

그렇지만 단지 관직에 많이 진출했다고 해서 집안의 명예가 높아지는 것은 아니었다. 혜경궁 홍씨는 자신의 여러 고모들이 모두 종실이나 재상의 며느리가 됐지만, 매우 검소하고 교만하지 않았다는 사실을 중요하게 적고 있다. "한 집안 부녀자들의 가문이 한 시대를 호령하는 이름난 가문이었지만, 세속 부녀자들의 교만한 빛과 사치한 일이 털끝만큼도 없었다. 일가친척이 다 모이는 명절이면 어머니는 성심껏 어른을 섬기고 아랫사람들을 사랑으로 대하셨다"

는 것이다.

혜경궁 홍씨의 고모나 어머니가 과연 사치하지 않았으며 덕행이 있었는지는 확인할 수 없다. 그러나 자신의 집안이 이러한 덕목을 갖추고 있음을 혜경궁 홍씨가 굳이 밝히고 있는 것은 검소하고 덕행이 있는 것이 좋은 가문의 덕목으로 당시 사람들에게 회자되었음을 알게 해준다. 이를 통해 조선의 왕실에서 어떤 집안의 딸을 왕비로 적합하다고 여겼는지 또한 가늠해볼 수 있다.

혜경궁 홍씨는 이외에도 집안의 분위기에 대해 여러모로 얘기한다. 할아버지가 돌아가셨을 때 아버지 홍봉한이 애통해하는 모습을 차마 눈뜨고 볼 수 없었으며, 큰고모가 돌림병이 걸렸을 때는 일가친척들이 돌보기를 꺼렸지만, 자신의 아버지가 직접 간병했다는 얘기 등을 자세히 서술하고 있다. 더불어 아버지가 학업을 게을리 하지 않았다는 점을 강조하며, 당시 모든 이름난 선비와 글 접(일종의 토론회)을 매일 가졌다고 회고하고 있다. 이로써 혜경궁 홍씨는 자신의 집안이 효를 행하는 집안이며 동기간에 우애가 있고 학문을 게을리 하지 않았음을 드러내고 있는 것이다.

혜경궁 홍씨의 기록으로 보자면 누대에 남자들은 벼슬을 하고 여성들은 덕행이 있으며, 집안 모두 효를 실천하며 학문을 가까이 하는 것이 좋은 집안의 요건이며 이런 집안의 여식이라야 왕비가 될 만하다는 것을 시사하고 있다. 물론 『한중록』에 나타난 혜경궁 홍씨가 간택될 당시의 얘기들은 하나의 사례에 지나지 않는다. 그럼에도 혜경궁 홍씨의 기록을 통해 조선의 왕실에서 왕비로 간택할 만한 집안의 배경을 미루어 짐작해도 크게 무리는 없을 듯하다.

이렇듯 왕비로 간택될 만큼 좋은 집안의 딸이라는 것을 확인한 뒤에는 어떤 여인을 선호했을까. 아이를 잘 낳고, 잘 기를 수 있는 여성이 선호되었음은 당연한 사실이 아닐까. 그렇다면 아이를 잘 낳고 양육할 여성의 외모는 어떤 것이었을까.

부인은 안색이 화려할 필요가 없다. 나이가 어린데 가슴이 생기는 것은 대개 살이 쪄서이다. 가는 머리카락과 눈동자가 흑백이 분명하고, 몸이 유연하고 뼈가 부드러우며 피부가 곱고 윤기가 나고 말투와 목소리가 조화로우며 사지 골절이 모두 발의 살과 같고 뼈가 크지 않으면 좋다.[2]

2_『동의보감』잡병편 권11, 부인 '상녀법'相女法.

부인의 좋은 상은 얼굴에 화색이 돌고 머릿결이 검고 가늘며 매끄럽고, 눈은 길고 흑백이 분명하며 정신 상태가 나쁘지 않으며 인중이 바르고 균형이 잡혀 있으며 입술이 붉고 치아가 희며 광대뼈가 품위 있고 뺨이 통통한 사람이다. 또 몸이 유연하고 뼈가 부드럽고 크지 않으며 피부가 희고 매끄러우며 말하는 목소리가 조화롭고 성품과 행동이 유순하면 남자에게 이익이 된다.[3]

3_『임원경제지』「보양지」葆養志 보정保精의 상부인법相婦人法.

이는 전통적으로 좋은 부인을 알아보는 방법이다. 얼굴에 균형이 잡혀 있고 머리카락이 검고 가늘며 피부가 매끄럽다는 것으로 대개 미인의 조건과 일치한다고 할 수 있다. 오랜 세월 남자들이 미인을 원하는 것은 미인이 우수한 자식을 낳을 거라는 기대와 무관하지 않다. 아마도 미인의 조건이 곧 좋은 아이를 낳을 수 있는 조건과 일치하지 않을까 한다. 이것은 다산 자체를 의미하지는 않는다. 우생학적으로 얼마나 더 우수한 자질을 가진 아이를 출산하느냐의 문제라고 볼 수 있다. 왕실에서도 물론 다산을 원하기는 하지만, 왕실의 특수성으로는 다산 자체보다는 훌륭한 아이를 낳을 수 있는가가 더 중요한 문제였을 것이다.

좋은 부인의 조건에는 목소리가 조화롭고 성품이 유순하다는 것도 포함되는데 이는 좋은 아이의 조건과도 관련이 있어 보인다. 목소리가 조화로운 것은 아이에게도 바랄 수 있는 조건이기 때문이다. 그리고 성품이 유순하다는 것은 여성으로서는 성품이 좋다는 것을 뜻한다. 남자아이를 낳든 여자아이를 낳든 어머니는 어머니로서의 이상적인 성품을 가질 필요가 있는 것이다.

유순한 성품은 분명 아이를 잘 키우는 데 좋은 조건이 될 수 있다. 동양에서 훌륭한 인간의 전형은 '성인'聖人인데 성인의 조건에는 자연의 원리에 따르는 모습이 포함되어 있다. 우주 자연에는 변하지 않는 원리가 있고 그것이 인간에게도 동시에 존재하는데, 인간이 그것을 잘 보존하고 실천하면 도덕적인 인간이 될 수 있다고 성리학은 말한다. 유순한 성품은 도덕성의 원리를 받아들이고 잘 실천할 수 있는 바탕이 되는 자질이라고 할 수 있다. 따라서 아이를 낳을 어머니에게서 유순한 성품은 중요한 자질이 되는 것이다.

복중에 태를 품다　　왕비의 임신姙娠은 국가적인 여망이었다.

"다만 삼가 생각하건대, 우리 전하께서 양암諒闇의 상제喪制가 끝나시고 예법에 의당 복침復寢하시게 되었기에, 팔도 신민들의 목을 길게 내밀고 기대하는 정성이 바로 우리 곤전께서 독생篤生하시는 경사를 맞이하는 데 있었는데, 갑자기 옥도玉度가 편치 못하시다는 분부를 받들게 되어 갖가지 일을 기필할 수 없게 되었으니, 신민들의 놀래어 근심하며 실망함이 마땅히 어떻겠습니까?"[4]

4_ 『정조실록』 권5, 정조 2년 6월 5일.

정조 2년 헌납 박재원이 왕비의 임신과 관련하여 올린 상소다. 정조가 할아버지 영조의 상제를 끝내고 합방을 할 수 있게 되어 모든 신민들이 왕비의 임신을 고대하는데 왕비의 몸이 좋지 않아 걱정이라는 내용이다. 목을 길게 내밀고 기대하는 정성을 보일 정도로 왕비의 임신은 국가적인 바람이었다. 왕의 후대가 확고해야 국가가 안정된다는 논리는 항상 이러한 여망을 뒷받침한다.

"신하가 비록 음식을 대하여서라도 인군의 다수多壽하고 다남多男하기를 축원하는데, 왕자가 태어난 날에 어찌 이러한 것이 없겠습니까? 비록 왕지를 내리지 않더라도 신 등이 이미 들었으니, 감히 묵묵히 있고 청하지 않겠습니까?"[5]

5_ 『태종실록』 권30, 태종 15년
12월 15일.

태종 때의 기록이다. 역시 왕에게 다남은 축원에서 수위가 되는
항목임을 볼 수 있다. 왕비가 가임 상태에 있는 한 왕실이나 국가
는 항상 왕비의 임신을 바라고 있었다고 해도 과언이 아니다. 그렇
다면 임신을 바라는 조선 사람들은 어떤 노력을 기울였을까?

영조 8년(1732) 영조가 40세가 가까이 되도록 아들이 없자 판중
추부사 민진원은 다음과 같이 아뢴다.

"국가의 형세가 외롭고 위태로운데, 후궁에서 임신했다는 소식을 듣고
서부터 중외中外에서 목을 빼어 크게 기다리지 않은 이가 없었습니다.
그런데 이제 또 헛되게 되고 말았습니다. 전하의 춘추 이미 사십이 가
까우니, 신은 우려됨을 금하지 못하겠습니다."[6]

6_ 『영조실록』 권31, 영조 8년 1월
6일.

민진원의 걱정에 대해 영조는 단지 착한 일을 하는 것이 우선이
라고 답한다. 그러나 민진원은 좀 더 구체적으로 왕과 왕비가 어떤
자세를 가지는 것이 중요한가를 다시 말한다.

"선정신 송시열이 현종에게 아뢰기를, '옛날에는 궁중의 법도가 엄숙
하여 매일 정궁正宮과 후궁을 나열하여 적고, 수점受點하여 성장한 옷
차림으로 기다리게 하였습니다. 그런데 중종께서는 언제나 내전內殿에
다 점을 찍었으므로, 내전에서 늘 말하기를, 나이가 젊은 후궁도 많은
데 어찌하여 매일 늙은 몸에게 점을 찍으십니까? 성장한 옷차림도 감
당하기 어려우니, 원하건대 이렇게 하지 마소서' 하였습니다' 하자, 신
의 외조부인 선정신 송준길이 송시열의 말로 인하여 아뢰기를, '중종께
서는 여색을 탐하는 마음이 없고 내전에서는 후궁에게 양보하는 덕이
있었으므로, 규문 안이 이와 같았으며, 자손이 많고 복록이 무궁한 까
닭이 되었으니, 진실로 후세의 임금이 당연히 본받아야 할 바입니다'

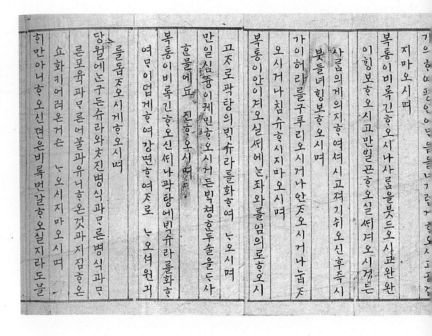

도2 『임산예지법』 19세기 중엽 이후, 1첩(18면), 필사, 26.4×10.2cm, 한국학중앙연구원 장서각 소장. 출산을 앞둔 왕실 여성이 출산 전후 지켜야 할 지침과 방법을 적은 것이다. 조선시대 왕실 여성의 출산 과정을 구체적으로 살필 수 있는 자료다.

7_ 『영조실록』, 권31, 영조 8년 1월 6일.

하였습니다." [7]

민진원은 송시열과 송준길의 말을 빌려서 '왕이 여색을 탐하지 않고 왕비는 후궁에게 덕을 보이는 자세를 갖는 것'이 자손이 많게 되는 까닭이 된다고 말하고 있다. 왕은 왕으로서 또 왕비는 왕비로서 절제와 양보 등의 덕을 갖추어야 한다는 것이다. 앞에서 영조가 착한 일을 하는 것이 우선이라고 한 것도 이와 연결된다. 결국 임신, 즉 자손을 가지려면 덕을 갖추는 것이 기본적인 자세라고 말하고 있다.

그런데 이렇게 왕비의 임신을 바라지만 그 바람대로 되지 않는 경우가 꽤 있었다. 그럴 때 왕실이나 국가는 어떻게 대처했을까?

"신은 곤전께서 목하의 환후가 무슨 증상으로 인해 탄육誕育에 지장이 있게 되는지는 알 수 없습니다마는, 여항에서도 나이 젊은 부인들이 더러는 여러 해 된 고질병으로 회임懷姙할 가망이 없게 된 사람이, 잘 요

림산예지법

양하며 합당한 약을 쓰면 단지 그 오랜 병만 쾌유되는 것이 아니라 따라서 산육産育하는 효험을 보게 되는 수가 흔하게 있었습니다. 생각하건대, 저 사대부들도 집을 옮기는 등 계책을 그처럼 주밀하게 하기도 합니다. 하물며 억만 가지의 무강한 기쁨을 맞이할 수 있는 임금으로서 후사를 잇는 방도에 있어서 어찌 한이 있을 수 있겠습니까?"[8]

8_『정조실록』권5, 정조 2년 6월 5일.

위의 헌납 박재원 상소의 뒷부분이다. 곤전은 정조의 비 효의왕후인데, 자식이 없은 지 오래였다. 박재원은 좋은 의관을 찾아 곤전을 위한 약을 쓸 것을 청하고 있다. 이 경우 효의왕후가 몸이 좋지 않았던 만큼 양의를 찾고 합당한 약을 써서 병을 쾌유하게 하는 것이 우선이라고 보고 있다. 그래서 병이 나으면 더불어 산육의 효험도 볼 수 있다는 것이다. 임신이 잘되지 않을 때는 병 치료를 먼저 할 것을 권하고 있다. 예를 들면 월경이 고르지 않다면 먼저 월경을 고르게 하는 것이 급선무인 것이다.

그러나 뚜렷한 병이 있는 것도 아닌데 임신이 잘되지 않을 때는

어떻게 했을까?

약방과 영상·우상이 청대하여 입시하였다. 이때 영빈暎嬪 이씨가 연달아 네 명의 옹주를 출산했고 또 임신했으므로 남아를 출산하는 경사가 있기를 상하가 바라고 축원했으나 어제 또 옹주를 출산하였다. 대신들이 임금께서 실망하여 지나치게 염려할까 두려워하여 각기 위로와 면려의 말을 진달하였다. 송인명宋寅明이 고매高禖에게 빌고 명산에 기도하는 등의 일을 아뢰었다.⁹

9_ 『영조실록』 권33, 영조 9년 3월
8일.

영조 때 영빈 이씨가 계속 옹주를 낳자 왕자의 출산을 위하여 삼신할머니에게 빌거나 명산에 기도하자는 얘기다. 이는 물론 아들을 낳기 위한 것이지만, 대개 임신 자체를 빌고자 할 때도 그 대상은 이와 다르지 않았다. 삼신할머니에게 빌고 유명한 곳에 가서 기원을 하는 것은 일반인들이 임신을 원할 때도 마찬가지다. 신분의 차이는 있어도 임신을 위한 노력의 양태는 다르지 않았던 것이다. 불임을 치료하는 의술이 발달하지 않았던 시기였기에 초월적인 대상에게 기원을 하는 것은 극히 자연스러운 일이었다.

제2부 아이를 낳고 기르다

국가나 왕실은 왕의 자손 번성을 위해 왕비의 임신을 기원했고, 그를 위한 노력으로 우선 좋은 마음 상태, 즉 덕을 쌓았으며 좋은 의관을 찾아서 왕비의 건강 상태를 점검하고, 그다음에는 명산대천이나 출산 관련 신에게 자손의 탄생을 빌었다.

이런 노력 끝에 드디어 임신을 했다면 그다음에는 어떤 절차들이 있었을까? 일단은 안정을 취하는 것이 가장 중요했다.

> 만력萬曆 임인년에 중전이 아기를 잉태하셨다는 이야기를 듣고 유가柳哥가 중전으로 하여금 낙태하실 일을 하려고 놀라시게 하되, 대궐에 팔매질도 하고 궁궐 안 사람을 사귀어 나인의 측간에 구멍을 뚫고 나무로 쑤시며 여염처에 명화 강도가 났다고 소문내니 이때에 궁중에서도 유가를 의심하더라.[10]

10_ 『계축일기』 권1.

『계축일기』에서 인목왕후가 임신했을 때 광해군 쪽에서 뭔가 해코지하는 분위기였다고 비난하는 장면이다. 유가는 광해군의 장인 유자신을 말한다. 인목왕후의 임신은 당시 광해군에게는 경계가 되는 일이었다. 인목왕후가 아들을 낳는다면, 적자로서 왕위 계승에 중요한 변수가 될 수 있기 때문이었다. 물론 이때에 인목왕후는 정명공주를 낳았다. 그러나 아들인지 딸인지를 모르는 상태에서 정비의 임신은 세자인 광해군에게는 위협적인 일이 아닐 수 없었다. 왕비의 임신이 국가적인 바람이라고는 했으나 한편으로는 정치적인 상황이나 입장에 따라 누군가에게는 결코 바라지 않는 일이기도 했다.

『계축일기』의 언급처럼 해코지하려는 분위기가 정말 있었는지는 알 수 없다. 그러나 임신한 사람을 놀라게 하면 낙태할 위험이 상당히 크다고 여긴 것은 분명하다. 도둑이 횡행하고 궁궐 측간에서 사람이 놀라는 등의 일은 불안한 요소로서 임신한 왕비에게 좋지 않게 작용한다고 여긴 것이다. 다시 말해 임산부는 안정적인 분위기에서 생활하는 것이 무엇보다도 중요하게 여겨졌음을 알 수 있다.

조선 왕실의
태교법

임신을 하면 좋은 아이를 얻기 위한 태교에 들어가게 된다. 조선 왕실은 태중의 아이를 위해 어떻게 태교를 했을까?

부인이 아기를 잉태하면 모로 눕지도, 모서리나 자리 끝에 앉지도 않았으며 외다리로 서지 않았고, 거친 음식도 먹지 않았다. 자른 것이 바르지 않으면 먹지 않았으며 자리가 바르지 않으면 앉지 않았다. 현란한 것을 보지 않았고, 음란한 음악은 듣지 않았다. 밤에는 눈먼 악관에게 시를 읊게 하였고 올바른 이야기만 하게 하였다. 이와 같이 하여 자식을 낳으면 반듯하고 재덕이 남보다 뛰어나는 법이다. 그러므로 아이를 가졌을 때 반드시 감정을 신중히 해야 한다. 선하게 느끼면 아이도 선하게 되고, 나쁘게 느끼면 아이도 악하게 된다. 사람이 태어나 부모를 닮는 것은 모두 그 어머니가 밖에서 느끼는 것이 태아에게 전해진 까닭이다. 그러므로 아이의 모습과 마음이 부모를 닮게 되는 것이다. 문왕의 어머니는 자식이 부모를 닮게 되는 이치를 알았다고 할 수 있다.[11]

『소학』小學에 나오는 이 구절은 이른바 태교의 원형이라고 할 수 있을 것이다. 소혜왕후의 『내훈』內訓, 율곡의 『성학집요』, 허준許浚의 『동의보감』東醫寶鑑에도 나오고, 각종 여자 교훈서 그리고 『태교신기』나 『규합총서』에도 빠지지 않고 등장하는 구절이다. 반복해서 이 글이 인용되는 것은 흥미로운 사실이다. 아마도 이 구절은 두고두고 회자되면서 일정한 영향력을 가졌을 것으로 보인다. 그렇다면 이것의 무엇이 그렇게 지속적인 영향력을 가져오게

11_ 『소학』 권1 입교.

도4 **소학** 필자 미상, 1책(135장), 필사, 42×27.5cm, 한국학중앙연구원 장서각 소장. 『소학』을 정자체로 필사한 것으로 편찬 연대와 저자는 알려져 있지 않다.

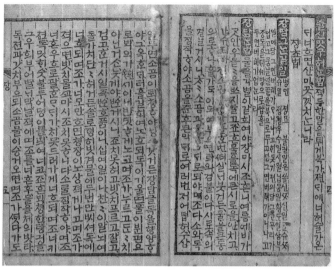

도5 **『규합총서』** 서울대학교 규장각 소장.

순종 9년(1809) 빙허각憑虛閣 이씨李氏가 엮은 가정살림에 관한 내용의 책으로, 주로 일상생활에서 필요한 생활의 슬기를 적어 모은 것이다.

했을까? 아마도 두 가지로 요약할 수 있을 것이다.

우선 모로 눕지 않고, 모서리나 자리 끝에 앉지도 않으며 외다리로 서지 않는다는 것 등은 무엇보다 안전을 이야기하는 것이라고 할 수 있다. 자리 끝에 앉았다가 떨어질 수 있고 외다리로 서 있으면 넘어질 수도 있다. 거친 음식을 먹지 않는 것도 소화가 잘되기 위한 것이니 곧 건강을 위한 것이라고 할 수 있다. 이처럼 태교의 시작은 대체로 건강과 안전을 염두에 두는 것이라고 해도 과언이 아니다.

『동의보감』에도 임신 중의 주의사항이 몇 가지 언급되어 있다. 우선 임신이 된 후에는 절대로 성생활을 하지 말아야 하고, 임신부는 술을 마시거나 약을 술에 타 먹지 말아야 하며 또한 태살胎殺이 있는 곳을 피해야 한다고 나와 있다. 아울러 『내경』에는 "칼에 상하면 태아의 몸에 상처가 생길 수 있고, 진흙을 잘못 다루면 태아의 어느 한 구멍이 막힐 수 있으며, 무엇에 부딪치면 태아의 살빛이 검푸르게 되고 허리를 몹시 졸라매면 태아가 경련을 일으킬 수 있으며 심하면 임신부까지 죽을 수 있는데 손바닥을 뒤집는 것처럼 빨리 생길 수 있다"고도 했다. 이외에 말고기, 개고기, 자라고기,

119

도6 『동의보감』 한국학중앙연구원
장서각 소장.
광해군 2년(1610) 허준이 편찬한
의서醫書이다. 1613년 내의원에서
훈련도감의 개주갑인자改鑄甲寅
字로 간행하였다. 이 책은 원래 선
조 29년(1596)에 허준이 어명을
받아 찬집하던 중, 정유재란으로
잠시 중단되었다가 이후 선조가
허준에게 다시 명하여 계속 편집
하도록 하였다. 그 내용은 5개 강
목으로 나뉘어 있는데, 내경편內
景篇 6권, 외형편外形篇 4권, 잡병
편雜病篇 11권, 탕액편湯液篇 3
권, 침구편鍼灸篇 1권이다.

비름나물 등 먹지 말아야 할 음식을 소개하고, 옷을 너무 덥게 하지 말 것, 높은 곳에 가지 말 것, 누워 지내기보다는 때로 거닐 것 등 음식과 일상생활에서의 주의점 등을 적고 있다. 오늘날의 시각에서 보면 비과학적인 요소도 있긴 하지만 주로 임신부의 안정을 중시하고 있다는 점에서 현재에도 주의 깊게 살펴볼 필요가 있다.

왕실에서는 『동의보감』에서 일러준 금기사항을 비교적 잘 받아들이고 지켰을 것으로 짐작된다. 태교뿐만 아니라 『동의보감』의 다른 내용들 역시 왕실의 건강 관리에 영향을 미쳤을 것이다. 왜냐하면 이 책의 저자인 허준이 왕실의 어의로 오랫동안 있었고, 또 그의 명성이 후대에도 계속된 만큼 『동의보감』에 대한 왕실의 신뢰는 비교적 높았을 것이다. 조선 후기 건강 관리와 관련된 많은 책들이 『동의보감』을 인용하거나 그대로 반복하는 경우가 종종 있는데, 이런 점으로 보아 조선에서 『동의보감』의 영향력이 어느 정도였는지 짐작할 수 있다.

건강과 안전을 이야기한 뒤에는 '바름'이나 '선' 등을 강조한다. 바르지 않으면 먹지 않고, 음란한 음악을 듣지 않는다는 것 등은 정도를 좇는 것을 의미하며, 이것은 곧 마음으로부터의 태교를 뜻한다고 할 수 있다. 아울러 어머니가 선하게 느끼면 아이도 선하게 되니 선한 마음을 가질 것을 권하고 있다. 이런 태교를 통해 자식은 반듯하고 재덕이 있는 사람이 된다는 것이다. 태교의 주된 내용은 덕이 있는 모습을 갖추고, 도덕성을 지키는 일로 요약될 수 있다.

지극한 곤순坤順은 참으로 건원乾元에 합하였고, 아름다운 숙덕淑德은 능히 지존을 짝하였습니다. 이미 정숙하고 또 은혜로우며, 이미 검소하고 또 부지런하였습니다. 이에 조윤祚胤을 낳아 태교가 밝게 나타났습니다.

태종 때 명나라 황후의 죽음을 위문하러 간 진위사의 애도문이다. 어머니로서 정숙하고 은혜로우며 검소하고 부지런한 것이 곧 좋은 태교의 시작이라는 사실을 강조하고 있다. 즉 중국 왕실에서도 태교에서 일차적으로 중요하게 여긴 것은 덕이라는 사실을 잘 알 수 있다. 앞에서 살펴본 왕비 감으로 선호되는 여성의 조건에서도 어머니의 덕 있는 자세가 중요했는데, 이는 태교의 덕목과도 일치하는 것이다.

태임과 같은 분이 되어 아름다운 이름이 드러났는데, 왕실의 며느님이시자 문왕의 어머님과 같았습니다. 덕이 아름다워 이미 태교를 하였고, 말씀은 근본을 미루어 《시경》을 본받았습니다. 아름다운 저 풍산豊山은 심수처럼 길한지라. 영기가 쌓이고 상서로움이 가득하여 착하고 아름다운 인물을 탄생하였습니다. 왕희王姬께서 엄숙하고 화목하시니 경사가 자손에게 뻗쳤으며, 아름다운 덕이 빛나니 왕세자의 짝이 되셨습니다. 하늘이 부여한 기질은 아름답고 순수하였으며 타고난 자질은 깊고도 아름다웠습니다.[12]

12_ 『순조실록』 권19, 순조 16년 1월 21일.

혜경궁 홍씨의 애책문에도 비슷하게 덕이 찬양되고 있다. '덕이 아름다워 이미 태교를 했다'는 말이 흥미롭다. 덕이 있으면 특별히 다른 방법을 쓰지 않아도 태교가 저절로 된다는 뜻이다. 혜경궁 홍씨가 어머니로서는 덕이 있었고 그래서 문왕의 어머니와도 같았다는 것이다. 문왕의 어머니 태임은 무왕의 어머니 태사와 함께 이상적인 어머니의 전범이다. 이들은 여성으로서 요순이나 공자와 같이

도7 **혜경궁 홍씨 애책문** 한국학중앙
연구원 장서각 소장.
조선시대 순조 16년(1816)에 기록
된 것으로, 혜경궁 홍씨가 사망하
자 지중추부사 심상규沈象奎가
지어 올린 것이다.

성인의 반열에 오른 사람들이다. 그런데 그것의 핵심에는 덕으로써
이루어지는 태교가 있다. 덕이 있어서 훌륭한 아들을 낳았고 그것
은 칭송받을 만하다는 것이다.

　　제2부　아이를 낳고 기르다

혜경궁 홍씨는 남편 사도세자 때문에 고생은 했지만 아들 정조를 놓고 보면 복이 있는 사람으로 회자된다. 정조가 조선의 여러 왕들 중에도 주목받는 왕이며 혜경궁 홍씨에게 효도를 다한 것으로 알려져 있기 때문이다. 즉 혜경궁 홍씨는 정조로 인해 훌륭한 어머니로 기억될 수 있었고, 따라서 태교나 덕에 있어서 찬양받을 이유가 충분했다.

혜경궁 홍씨뿐만 아니라 조선의 왕비나 대비에 대한 애책문에는 대부분 태임과 태사가 언급되고 또 그와 같은 덕이 있었다고 강조된다. 이는 조선의 왕실에서 어머니로서 갖추어야 할 가장 중요한 자질로 덕을 꼽는 것이 합의되어 있었음을 의미하며, 그것이 또한 태교의 근간으로 여겨졌다는 것을 보여준다.

출산을 준비하다

왕비의 출산 준비와 사후관리에는 왕비 자신보다 국가나 왕실의 몫이 더 컸다. 물론 일차적으로 왕비는 자신의 몸을 잘 관리하고 안정을 취하며 태교를 해야 할 의무가 있었다. 그러나 실제로 다음 왕이 태어날지도 모르는 왕비의 출산 과정에 대해 국가는 적극적으로 개입하지 않을 수 없었다. 앞에서 말했듯이 약방에서 세 명의 제조가 돌아가면서 숙직을 해야 하는 경우는 왕이 아플 때와 산실청이 설치되어 있을 때뿐이었다. 그만큼 왕비의 출산은 국가적인 일이었고 거기에 대해 국가는 무언가 역할을 해야 했다. 그렇기 때문에 이를 위한 일정한 절차와 제도가 마련되어 있었다.

"오늘은 중궁전을 진찰하는 데 길일입니다. 입진한 의관이 전한 말을 들어보니, 맥박이 평온하니 탕제를 의논할 필요가 없다고 합니다. 종사의 억만 년 무궁한 경사가 이제부터 시작되니, 임신 초기부터 음식을 절도 있게 들고 거동에 조심하고 어디서나 공경하게 지내며 무슨 일이나 바르게 하는 것이 옛날의 태교胎敎입니다. 이로써 우러러 축원합니

13_ 『고종실록』 권7, 고종 7년 윤
10월 22일.

다." [13]

1870년(고종 7) 명성황후의 임신과 관련한 기록이다. '중궁전을
진찰하는 데 길일'이라는 것은 임신한 왕비를 정기적으로 검진했다
는 이야기다. 정확히 얼마의 주기로 검진을 했는지는 알 수 없으나
일정 기간을 두고 진찰을 했으며 길일을 잡아 시행했다는 것을 알
수 있다. 진찰 결과 뭔가 불편한 점이 있으면 그에 맞게 탕제를 써
야 했다. 모두들 탕제를 쓸 일이 없기를 바라고 그렇게 되면 축하
할 일이었다.

왕비의 출산과 관련해서는 산실청의 설치가 가장 중요하게 또
공식적으로 언급되는 사항이다. 임신 확정 후 산실청이 설치되기
전까지 어의는 임신과 관련한 모든 사실을 예의 주시했을 것이다.
정기적인 검진 외에도 임신 중에 필요한 여러 가지 주의사항을 권
면했다. '음식을 절도 있게 들고 거동에 조심하라'는 것이 바로 권
하는 사항들인데, 『동의보감』에서 강조된 주의사
항들의 요체와 같다고 할 수 있다.

왕비의 임신이 7개월에 이르면 산실청을 설치
하게 된다. 7개월까지는 임신의 유지 관리를 위한
노력이 이루어졌다면 7개월 이후부터는 본격적인
출산 준비가 이루어지는 셈이다. 『육전조례』六典條
例 예전禮典 내의원 조에는 출산 3개월 전에 산실
청 설치를 준비한다고 되어 있다. 내의원의 한 항
목으로 산실청이 있는 것은 산실청의 주관 기관이
내의원이며 실제 그 책임자들이 곧 내의원의 제조
들이기 때문이다. 길일을 택해서 왕비를 검진하고
산실청을 설치한다고 하는데, 그러니까 산실청은
반드시 3개월 전에 설치하는 것이라기보다는 3개
월 전이면 논의를 시작한다는 의미로 보는 것이

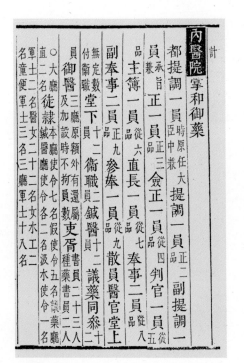

도8 『육전조례』 예전 내의원 관련 조
항 한국학중앙연구원 장서각 소장.

제2부 아이를 낳고 기르다

좋겠다. 길일을 택하여 산실청을 설치하게 되는 과정이 그렇다. 따라서 산실청을 설치하자는 논의와 실제로 산실청이 설치되는 것 사이에는 얼마간 시차가 있을 수 있다. 실제로 한 달 전에 설치되는 경우도 있다.

> 예전에 명성왕후께서는 내국의 약을 한 첩도 드신 일이 없었고 또 내가 태어날 때도 그달이 되어서야 비로소 산실청을 설치하였다.[14]

정조가 신하들이 효의왕후를 위한 산실청 설치를 주장하는 것에 대해 문제 제기를 하면서 한 말이다. 자신이 태어날 때는 한 달도 안 남았을 때 산실청을 설치했다는 것이다. 실제로 이런 경우는 적지 않았던 것으로 보인다.

권초관捲草官은 역시 길일을 택해 선발하여 차출한다. 권초관은 정2품 이상 관직자 중에 정한다. 내의원의 3제조와 권초관이 주요 대신으로서 왕비의 출산에 신경을 쓰는 것이다. 산실청의 3제조는 도제조에 영의정, 제조에 예조판서, 부제조에 도승지로 이루어지는 경우가 많다. 핵심 중의 핵심 관직자들로 구성되는 것이다. 왕비 출산을 얼마나 중요하게 여겼는지를 다시 한 번 알게 해준다. 권초관은 고관 중에서도 복이 있는 사람으로 하는 것이 상례다. 특히 자손이 많은 사람으로 택했을 가능성이 높다. 그 복이 전해지기를 바라서일 것이다.

의관, 내의, 의약議藥 등은 세 명을 추천하여 수점을 받는 것으로 정하는데, 때로는 도제조가 정하는 경우도 있다. 실제 왕비의 출산에 가장 중요한 일을 하는 사람이 이들 실무진이다. 진맥을 하고 약을 정하기 때문이다.

출산 전까지 산실청이 하는 주된 일은 임신부를 살펴보는 것이었다. 출산을 앞두고 무슨 문제가 없는지 살피고, 만일 문제가 있으면 신속히 대처해야 한다. 그러므로 『육전조례』에 따르면 산실청

도9 **최생부**

왕비의 순산을 기원하는 부적. 진통이 오기 전에 벽에 붙였던 최생부를 떼어내 촛불에 태운 다음 물에 타서 마셨다. 『대군공주어탄생의 제』(大君公主御誕生의 制)에서 인용.

14_ 『정조실록』권24, 정조 11년 7월 6일.

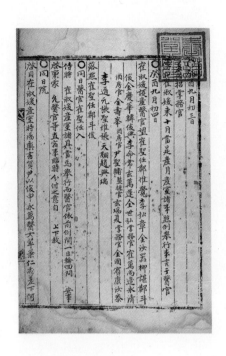

도10 『**최숙원방 호산청일기**』 숙종
19~25년(1693~1699), 3책, 필사,
40×28cm, 한국학중앙연구원 장
서각 소장.
영조의 생모 숙빈 최씨의 출산 과
정을 호산청에서 기록한 것이다.
모두 3책으로 구성되어 있으며,
제1책은 영조의 동복형, 제2책은
영조, 제3책은 영조의 동복아우의
출산을 기록한 것이다.

의 업무 중 첫 번째는 문안이다. 가서 보고 별일이 없
는가를 묻는 것이다.

산실청 논의는 시작됐으나 아직 산실청이 설치되
기 전이라면 3제조는 4일에 한 번씩 문안을 하고 의
관과 의녀는 3일에 한 번씩 문안을 한다. 의관들은
전문가로서 더 자주 살펴봐야 하기 때문에 문안 간격
이 더 짧을 수밖에 없다. 이 기간은 산실청이 설치되
고 나면 더 짧아져 매일 문안을 하게 한다. 출산을 바
로 앞두고는 매일매일 상황을 점검해야 안심하는 것
이다. 이렇게 자주 살펴봐야 하는 만큼 제조나 의관
들은 돌아가면서 숙직을 해야 했다.

왕실의
산후조리

출산이 이루어지고 나면 산실
청은 더 바빠진다. 돌봐야 할
사람이 둘이 됐기 때문이다. 출산 직후부터 7일간은 수시로 구전문
안을 하고 조석으로 문건으로도 문안을 한다. 7일이 지나면 이렇게
자주 문안하지는 않지만, 14일, 21일, 100일이 되는 날에 문건으로
하는 문안은 남아 있다. 그리고 원자나 원손, 즉 왕자들에 대해서
는 출생 3일 후부터 별도의 소아의小兒醫를 두어 입직하게 했다. 미
래의 왕이 될 후보들에 대한 예우라고 할 수 있다.

산실청이 설치된 후에는 형을 집행하거나 활쏘기, 총쏘기 등의
군사 훈련을 하지 못하게 했다. 특히 사형 집행은 산실청이 설치돼
있는 동안에는 행하지 않는 것이 관례였다. 살생은 좋은 기운을 상
하게 할 염려가 있기 때문이다. 또 군사 훈련은 그것으로 인한 소
란함이 임산부의 안정을 해할 것을 우려해서다. 임신, 출산이 언제
나 위험성을 내포하고 있는 만큼 항상 주의할 일이 많았던 것이다.

산실청과 같은 기능을 하는 기관이지만, 다른 이름의 호산청이
있었다. 빈궁이나 궁인 중에 임신한 사람을 위해 설치한 것으로 주

도11 **세종대왕 왕자들의 태실** ⓒ 김성철
세종이 둔 열여덟 명의 왕자 중에서 적장자인 문종을 제외한 열일곱 명의 태를 집단 안장한 태실이다. 앞줄은 서자인 군의 태실이고, 뒷줄은 적자인 대군의 태실이다. 경상북도 성주군 소재.

로 후궁들을 위한 것이라고 볼 수 있다. 법전에서는 호산청이 담당자의 숙직만 없을 뿐 기능상 산실청과 거의 같다고 말하고 있으나 실제로는 규모나 운영 경비 등에서 상당한 차이가 있다. 이는 왕비와 후궁의 신분 차이에 따른 것이다. 그러나 산실청과 호산청이 같은 기능을 하는 기관이다 보니 동의어로 쓰이는 경우도 가끔 있었다. 또한 후궁의 출산이라도 왕비가 자식을 낳을 가능성이 없거나 오랫동안 왕자의 출생이 없었던 경우에는 호산청이라도 규모나 절차에서 산실청과 다를 바 없이 진행되기도 했다. 이 때문에 호산청을 산실청이라 부르기도 했던 것이다.

산실청의 제조들은 산후 결과가 평안한 것을 가장 큰 기쁨으로 여겼다. 현대적 의술이 없는 상황에서 출산은 대단히 위험한 일이었고, 그래서 산실청 제조들에게는 이 부분이 가장 신경 쓰일 수밖에 없었다.

15_ 『승정원일기』, 현종 3년 12월 4일.

산실청 도제조 원두표, 제조 김좌명, 부제조 남용익 등이 계하기를 "내전께서 무사히 해만解娩하시고 기후가 안녕하시니 신 등은 기쁨을 이기지 못하겠습니다. 궁귀탕芎歸湯을 달여 올리도록 할까요?" 하니 답하시기를 "궁귀탕은 이미 올렸다"라고 답하셨다.[15]

산실청이 구두로 계하기를 "중궁전께서 해만 후 평안하시고 태반도 순조롭게 나왔다고 하니 신 등은 지극한 기쁨을 이기지 못하겠습니다. 궁귀탕에 도인桃仁과 홍화紅花를 가미한 것은 산후에 으레 드시는 약입니다. 이 약 한 첩을 달여 올릴까 하는데 어떻겠습니까?" 왕께서 그대로 하라고 답하셨다.[16]

16_ 『승정원일기』, 숙종 16년 7월 20일.

각각 현종 3년(1662) 명성왕후 김씨와 숙종 16년(1690) 희빈 장씨의 출산 기록이다. 명성왕후는 현종의 정비였고, 희빈 장씨는 당시 왕비에 봉해진 상태였다. 즉 모두 왕비들의 출산 장면이다. 궁귀탕은 산후에 가장 먼저 올리는 탕제였다. 소진된 기운을 보충해주고 배 속을 편안하게 하는 데 도움이 되는 약이다. 이 약 정도만 올리는 경우는 큰 문제 없이 출산을 했다고 봐야 할 것이다.

궁귀탕 외에 만삼蔓蔘이라고 하는 인삼이 산후 몸을 보하는 데 좋다고 하였다. 만삼은 인삼의 일종으로 보이는데, 해독 작용을 할 뿐만 아니라 허한 기능을 보충할 수 있어서 부인이 산후 허약해졌을 때 복용하면 아주 좋다는 것이다. 조선의 의관들은 출산 후 해독 과정이 필요하다고 보았는데, 해독 기능은 만삼보다는 검은콩이 더 좋고 만삼은 역시 허한 기운을 보충하는 데 좋다고 생각했다.

그러나 산후에 가장 좋은 것은 무엇보다도 '수라', 즉 식사를 잘하는 것이었다. 밥을 잘 먹으면 몸의 찬 기운도 없앨 수 있어 수라야말로 가장 중요하게 여겨

도12 **백자 태항아리** 국립고궁박물관 소장.
출산할 때 받아두었던 태를 넣어 보관하는 항아리다. 뚜껑이 열리지 않도록 끈으로 묶을 수 있는 고리가 있다.

졌다. 때문에 왕비가 출산 후 잘 먹고 건강한 것은 약방 제조들과
의관들에게 운이 좋은 일이었다.

> 원손의 탄생으로 산실청 도제조 영상 윤방에게는 안구마를, 전 제조 최
> 명길에게는 반숙마 1필을, 권초관 서경주에게는 숙마 1필을, 내관 김성
> 원 등 2인에게는 아마 각 1필을 내려주고, 제조 김상헌, 부제조 심액,
> 의관 최득룡, 차지 내관 김인, 승언색 김언겸에게는 각각 한 자급씩을
> 가자하고, 주시관奏時官 송성립 등 2인에게는 모두 본 아문의 첨정僉正
> 에 제수하고, 의녀 및 하인 등에게는 미포米布를 주는데 해조로 하여금
> 넉넉하게 마련하여 등급에 따라 제급하게 하라고 명하였다.[17]

17_ 『인조실록』 권32, 인조 14년
4월 2일.

인조 14년(1636) 소현세자의 아들이 태어났을 때 인조가 산실청
제조들과 의관, 의녀 그리고 그외의 관계자들에게 내린 상이다. 왕
실의 출산이 무사히 잘 이루어졌을 때 산실청 관계자들에게는 이렇
듯 보상이 따랐다. 그리고 출산 후 큰 문제가 없으면 7일째에 산실
청을 파하는 것이 일반적이었다. 그러나 항상 출산 과정이 순조로
운 것만은 아니었다.

> 중전이 대군의 죽음으로 인해 병이 위독해져 신시申時에 산실청에서 승
> 하하였다.[18]

18_ 『인조실록』 권31, 인조 13년
12월 9일.

인조 13년(1635) 12월 9일 인조의 첫 번째 부인 인열왕후 한씨
가 출산 직후 사망한 기록이다. 인열왕후는 이미 소현세자와 봉림
대군, 인평대군, 용성대군 등 네 명의 아이를 낳은 경험이 있었다.
그런데 다섯 번째 아들을 낳고 사망한 것이다. 이 아들은 태어난
날 바로 죽고, 산모는 4일 후에 죽었다.

"대행왕비의 옥체가 건강하셨는데, 분만하신 지 7일도 채 못 되어 갑자

19_ 『인조실록』 권31, 인조 13년
12월 10일.

기 돌아가셨으니 여러 의원과 약물 시중을 드는 자들의 무상無狀한 죄
를 다스리지 않을 수 없습니다. 산실청에 입직한 의관 등을 모두 잡아
다 문초하소서."[19]

바로 다음 날 기사다. 이 기사에 따르면 출산 전에 왕비는 건강
했으며, 이상 증상을 보이지 않았다. 그럼에도 불구하고 아이와 산
모 모두 사망했다. 당시 인조가 41세였으니 인열왕후 역시 40대였
을 것으로 추측된다. 당시 40대의 출산은 노산이긴 하나 그래도 여
러 번의 출산 경험이 있는 만큼 크게 위험한 상황은 아니었을 것으
로 여겨진다. 그럼에도 불구하고 출산 후 사망한 것을 보면 전근대
의 출산이 예측할 수 없는 위험한 일이었음을 알 수 있다.

인열왕후의 산후증이 정확하게 어떤 것이었는지 알 수 없지만,
다른 기록을 통해 출산 후 산모들이 겪었던 후유증을 살펴볼 수
있다.

"신들이 의관을 통해 듣건대 내전의 옥후가 날로 점점 나아지지만 배
속의 응어리진 증세가 아직도 없어지지 않았고 수라도 평소처럼 드시
지 못한다고 하니 매우 염려스럽습니다. 이미 7일이 지났으므로 산실
청을 파하고 나가야 할 듯합니다만 내전께서 기력이 완전히 회복되시
지 못하였으니 아직은 그대로 두는 것이 어떻겠습니까?"[20]

20_ 『선조실록』 권162, 선조 36년
5월 25일.

1603년(선조 36) 인목왕후가 정명공주를 낳았을 때의 상황이다.
출산 결과가 아주 평안한 상태는 아니었던 것으로 보인다. 배 속에
응어리진 증세가 있다고 하는데, 이것이 복통의 원인이었던 모양이
다. 이 기사가 있기 며칠 전부터 인목왕후는 계속 복통을 호소했었
다. 산후증으로 가장 흔하게 나타나는 것은 복통 증세라고 할 수
있다. 출산으로 배 속에 상처가 생겼기 때문일 것이다.

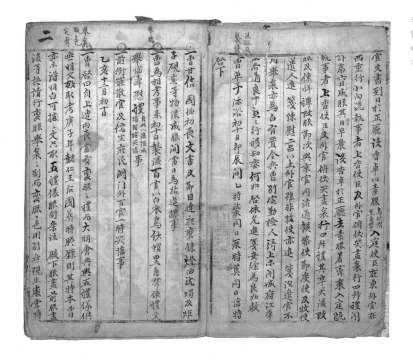

도13 『인열왕후국휼등록』 한국학중앙
연구원 장서각 소장.
인열왕후의 산후병과 그 치료 과
정에 대해 기록한 것이다.

약방이 아뢰기를 "의녀의 말에 의하면 세자빈께 갱탕을 계속 올렸고
기후가 처음처럼 평안하시나 다만 배 속에 편치 않은 기운이 있다고
합니다. 의관 등은 모두 산후에 으레 있는 증상으로 남은 피가 모두 흩
어지지 못해서 생긴 현상으로 봅니다. 복숭아씨 가루와 홍화씨 술을 조
금 넣어서 궁귀탕을 만들어 계속 드시면 배 속이 평상과 같아질 것이
라고 합니다. 계속 지어 올릴 것을 감히 아룁니다"고 하였다.[21]

21_ 『승정원일기』, 인조 26년 1월
29일.

봉림대군의 부인이 세자빈이 된 후 출산할 때의 일인데, 의관은
세자빈의 복통을 산후에 으레 있는 증상이라고 여겼다. 당시 복통
은 가장 흔히 나타나는 산후증이었던 것으로 보이며 크게 우려할
정도는 아니었던 것으로 보인다.

두통과 번열은 복통보다는 신경 쓰이는 산후증으로 여겨진 듯하
다. 며칠 후 이 세자빈은 배 속은 좀 가라앉았다고 하나 이어 두통
과 번열이 난다고 호소했다. 약방 제조들은 청심환을 사용하는 것

이 좋을지를 물었다. 그러자 어의들은 두통과 번열도 산후에 자주 있는 증상인데, 출산 직후에는 몸을 서늘하게 하는 약은 복용하지 않는 것이 좋다면서 다만 궁귀탕에 가시나무와 말린 생강 등의 약재를 더하여 열을 다스리도록 하고 있다.

복통과는 또 다르게 배 속에 혈괴가 만져지는 경우도 있었다. 세자빈의 두통과 번열이 어느 정도 잦아들자 이번에는 혈괴가 문제가 되었다. 어의는 혈괴를 풀어줄 약재가 필요하다고 했다. 상세히 의논한 결과 역시 궁귀탕에 삼릉三棱 등을 더해서 치료하기로 한다. 더 이상의 기록은 없지만, 세자빈의 증세는 호전된 것으로 보인다.

변비도 흔히 볼 수 있는 산후증의 하나였다.

22_ 『승정원일기』, 현종 즉위년 1월 13일.

"해만 후 계속 변비 증상이 있으시니 불가불 다시 상세히 의논을 해야겠습니다. 지금 이 증후는 산후의 증상이니 약을 쉽게 정하기 어렵습니다."[22]

23_ 『승정원일기』, 현종 즉위년 1월 17일.

"여러 의관들에게 의논한즉 모두 말하기를 출산 후 대변이 마르고 딱딱해지는 것은 피가 건조해졌기 때문이고 또 여열餘熱이 제거되지 않았기 때문이라고 합니다. 당연히 부드럽게 하는 약을 써야 한다고 합니다. 또 아래가 불통이니 열기가 상승하여 두통이 나는 것이라고도 합니다."[23]

도14 **순조태봉도** 한국학중앙연구원 장서각 소장.
순조의 태실은 충청도 보은현 속리산에 정해졌고 태실의 석물 가봉은 순조가 즉위한 지 6년이 지난 1806년에 시행되었다. 이 태봉도에는 태실의 석물을 비롯하여 법주사, 문장대, 승려들의 부도탑 등이 실경을 잘 반영하여 묘사되었다. 길과 하천이 표시되었으며 외반식으로 산세를 그린 회화식 지도법을 따랐다.

현종이 즉위한 직후 명성왕후가 출산을 했는데, 출산하고 한 달쯤 지나도록 계속 변비로 고생하는 상황이다. 약방은 중전의 변비에 대한 처방 문제로 고민을 하고 있다. 출산으로 인해 생긴 상처는 피의 순환을 좋지 않게 할 수 있고 그것이 변비를 가져온다는 것이다. 여타의 산후증에 비해 심각한 증상은 아니지만, 실제 변비를 겪는 산모에게는 큰 고통이 아닐 수 없었다. 두통까지 동반한다

고 하지 않는가.

"중궁전의 유즙이 꽉 막혀 통하지 않으니 유방이 팽창해서 불안한 상태에 있습니다. 지금 치료하지 않으면 변증이 생길까 우려됩니다. 침수도 편치 않다고 하십니다." [24]

24_ 『승정원일기』, 숙종 16년 7월 22일.

이 기록은 의관들이 희빈 장씨의 유종을 우려하고 있는 장면으로, 유종도 심각한 출산 관련 질병 중 하나임을 알게 해준다. 숙종 16년 희빈 장씨가 순산했다고 앞에서 말했지만, 실은 이틀 후부터 유즙이 막혀 고생하는 일이 있었다. 이것이 젖몸살로 끝나면 다행인데, 계속 젖이 돌지 않아 곪게 되면 큰 문제가 될 수 있다.

"중궁전의 유방이 뭉쳐 있는데, 약간 번열의 증세까지 있다고 합니다." [25]

25_ 『승정원일기』, 숙종 16년 7월 23일.

번열 증세는 상처가 곪기 시작했을 때 나타나는 현상이다. 고심한 끝에 의관들은 잠시 궁귀탕을 멈추고 소유산消乳散을 지어 올렸다. 얼마 후 중전의 유종은 가라앉았다. 그외에도 대부분 산모들은 부기 증상을 보였다. 그러나 이는 크게 문제 되는 것은 아니어서 대개 궁귀탕을 먹는 사이에 부기가 가라앉았던 것으로 보인다.

이러한 산후증이 출산 직후의 질병으로 끝나면 다행이지만, 이것이 고질병이 되어 죽음에 이르는 경우도 있었다. 왕실의 여인들만 그런 것은 아니었다. 그러나 왕실에서는 산모에게 조그만 증상이라도 있으면 어의들이 모두 신경을 쓰고, 치료를 위해 애를 썼지만 왕실을 벗어나면 달리 치료의 방도가 없어 목숨을 잃는 경우가 적지 않았다.

전근대 여성들에게 출산은 매우 위험한 일이었고, 실제 젊은 여성의 사망률 1위는 출산과 관련한 것이었다. 이는 어의가 있는 왕

실도 예외는 아니었다. 왕실에서도 출산은 무엇보다 유의해야 할
일 중 하나였다.

王妃日常

2 왕실의 아이는 어떻게 자라는가

유모의 선택,
왕실 육아의 시작

조선시대 왕실에서의 육아는 국가적인 사업이었다. 출산 전까지 왕비의 역할이 강조된 것에 비해 육아에 대한 왕비의 역할은 그다지 크지 않았다. 즉 임신을 하고, 태교를 하는 것까지는 거의 왕비의 몫이었지만 일단 아이가 태어나면 왕비의 역할과 영향력은 크게 줄어들었다. 출산 이후 왕비가 언급되는 것은 대개 산후증에 관한 것이다. 대신 태어난 아이에 대한 언급이 자주 나타나며, 특히 맏아들일 경우에는 더욱 그랬다. 이로 보아 조선 왕실에서 출산과 관련한 왕비의 역할은 아이에게 좋은 성품을 물려주는 것에 국한되었는지도 모른다.

왕실에서 아이가 태어나면 가장 먼저 산모와 아이의 건강을 점검하고 이어서 출산과 관련됐던 모든 과정을 정리하게 된다. 출산 후 7일이 되면 별다른 특이사항이 없는 한 산실청을 파한다. 이는 왕자나 공주가 똑같고, 원자의 경우도 마찬가지다.

그렇다면 조선의 왕실에서는 아이를 어떻게 키웠을까. 왕실 육아에서 아무래도 주목되는 것은 왕자, 그중에서도 원자에 대한 육아다. 공주는 왕과 왕비에게 기쁨을 주는 존재일 수는 있으나 정치적인 의미를 갖지는 못했다. 자연히 왕실의 육아에 관한 논의는 왕자, 특히 원자에게로 모아질 수밖에 없다.

왕실 육아에서는 우선적으로 유모가 중요하다. 아기가 태어나면 대부분 유모를 선발한다. 왕자든 공주든 마찬가지다.

"왕세자가 탄생한 지 3일에 상호 봉시桑弧蓬矢와 전모傳母·자모慈母·유모乳母의 제도가 있으니, 고례에 따라 시행하는 것이 어떠하겠습니까?"[26]

26_ 『태종실록』 권27, 태종 14년 6월 23일.

태종 때 왕세자가 아들을 낳았을 때의 건의문이다. 왕세자가 아니라 왕세손에 해당하는 것이지만, 왕실에서 아기가 태어나면 며칠 안에 유모를 구하는 것이 하나의 제도였음을 알 수 있다.

1693년(숙종 19) 10월 6일 숙종은 이주징에게 새로 태어난 왕자의 유모를 각사 노비 중에 택하여 들이라고 명했다. 아들이 태어나자마자 그날 바로 유모를 구하도록 한 것이다. 당시의 왕자는 소의 최씨가 낳은 아들로, 숙종은 각사 노비 중에 신중하게 유모를 고르라고 하였다. 각사 노비라고 하면 각 기관의 공노비를 말한다. 공노비는 양인과 구분이 잘 안 되는 생활을 하고 있지만, 신분은 엄연히 노비였다. 그럼에도 왕자의 유모를 노비로 들인 것을 알 수 있다. 유모를 구하는 데 얼마나 걸렸는지는 알 수 없지만 그렇게 긴 시간이 소요된 것으로 보이지는 않는다. 이후의 기록을 보면 12일 후인 10월 18일에 숙종이 다시 유모를 구할 것을 명하고 있는데, 이유는 이전에 구한 유모가 유즙이 적었기 때문이다. 그렇다면 유모를 구하여 젖이 많이 나지 않는다는 사실을 확인하는 데는 적어도 며칠이 걸렸을 테니 앞서 유모를 구하는 데 시간이 많이 걸리지 않았다는 것을 짐작할 수 있다.

왕세자의 유모는 3일 만에 구하는 것이 관례라고 했다. 그러나 왕실에서 아기가 태어나면 즉시 유모를 구했다는 사실을 알 수 있다. 그렇다면 왕비가 새로 태어난 아이에게 직접 젖을 먹이는 경우는 거의 없었다고 봐야 할 것이다. 왕실에서 왕비의 역할은 출산까

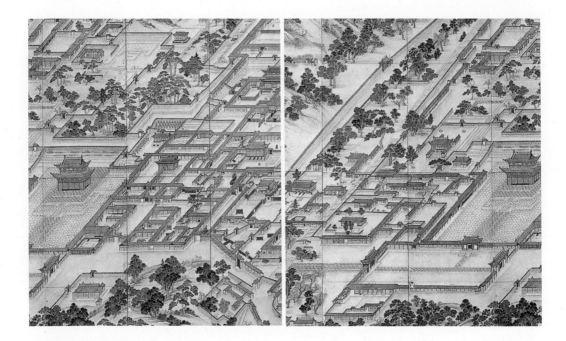

도15 〈동궐도〉의 궐내각사 고려대
학교 박물관 소장.
내전과 외전 근처에 설치된 궁궐
관청의 모습이다. 왼쪽 그림에는
승정원과 사옹원 등이, 오른쪽 그림
에는 홍문관과 내의원 등이 있다.

지이고, 직접 육아를 하는 것과는 어느 정도 거리가 있었음을 다시
한 번 확인하게 된다.

　그렇다면 새로 태어난 왕가의 아이에게 젖을 주고 키워야 하는
유모의 역할이나 비중은 클 수밖에 없고, 따라서 국가는 유모의 선
택에 신중을 기했을 것이다.

　과연 어떤 여성이 왕실의 유모로서 적합했을까? 숙종의 사례에
서 보듯이 유모의 신분은 천인인 경우가 많았다. 각사 노비 가운데
선발하는 사례가 많았는데, 아마도 신속하게 선발할 수 있었기 때
문으로 생각된다. 왜 노비였을까. 우선 양반가의 부인은 유모가 될
수 없다. 양반가 역시 왕실과 마찬가지로 오히려 유모를 구하는 경
우가 많았다. 그렇다면 양인 중에서 고를 수는 없었을까. 양인 중
에서 선발하는 것도 쉽지 않았을 것이다. 우선 출산한 지 얼마 되
지 않은 여인 가운데 누가 유모로서 적당한지를 파악해야 하는데,
그것이 쉬운 일은 아니었을 것이다. 설혹 파악했다고 하더라도 양
인에게는 국가가 강제성을 발휘하여 왕실의 유모로 들이는 것이 쉽

　　　제2부　아이를 낳고 기르다

지 않았다. 비록 하층민이긴 해도 양인은 독립적인 신분이었기 때문이다.

그에 비하여 각사의 노비들은 기본적으로 국가에 소속된 공노비이므로 국가적인 강제가 가능하다. 또한 각 기관에서 소속 노비들의 현황을 파악하고 있기 때문에 유모를 구하는 것이 용이했을 것이다. 이런 이유로 아이의 신분과 상관없이 유모는 천인 중에서 발탁하는 것이 문제가 되지 않았고, 왕실 유모의 신분 역시 천인인 경우가 대부분이었다. 그렇지만 왕실의 유모로 발탁되면 천인이긴 하나 특별한 대우를 받았다. 훗날 자신이 키운 왕자가 왕이 되면 그 유모는 봉보부인奉保夫人에 봉해지기도 했다.

"삼가 예전 제도를 상고하오니 제왕이 유모를 봉작하는 것이 한나라에서 시작하여 진나라를 거쳐 당나라까지 모두 그러하였고, 내려와 송나라 조정에 미치어 진종眞宗의 유모 유씨劉氏를 진국연수보성부인秦國延壽保聖夫人에 봉하였으니, 마땅히 예전 제도에 의하여 이제부터 유모의 봉작을 아름다운 이름을 써서 봉보부인이라 칭하고, 품질은 종2품에 비등하게 하소서."27

27_ 『세종실록』 권68, 세종 17년 6월 15일.

1435년(세종 17) 세종은 자신의 유모 유씨를 봉보부인으로 삼으면서 옛 제도를 상고하게 했다. 제왕의 유모를 봉작하는 제도는 한나라에서 시작했으며 품계가 종2품에 이른다고 했다. 이렇듯 천인의 신분이었으나 유모는 왕의 또 다른 어머니였기 때문에 훗날 적절한 대우를 받았다.

봉보부인으로서 최고의 위치를 누린 여성은 성종 때의 백씨로, 백씨는 자신이 왕의 유모라는 사실을 믿고 사적으로 누군가에게 관직을 내려줄 것을 청했다가 성종에게 혼이 난 적도 있다.

"너는 무슨 물건을 받고 이런 청을 하는가? 관직은 공기公器인데, 내가

도16 『성종실록』 권6, 성종 1년 7월 24일 기사 원문
성종의 유모 백씨가 임금에게 벼슬자리를 청탁하자, 성종이 이를 단호히 거절한 내용이다.

28_ 『성종실록』 권6, 성종 1년 7월 24일.

29_ 『성종실록』 권248, 성종 21년 12월 14일.

나이 어리다고 하여 내알內謁로 인하여 사람들에게 작위를 준다면, 국정이 어떻게 되겠는가? 만약 또다시 말한다면 내가 반드시 용서하지 않을 것이다."[28]

성종의 이 말은 조선왕조실록에 두고두고 회자된다. 성종이 여자들의 청탁에 단호하게 대처한 것을 칭송하는 것이다. 왕실 여자들의 내알이 얼마나 경계해야 할 것이었는가를 잘 보여주는데, 거기에는 봉보부인도 포함된다는 사실이 흥미롭다.

봉보부인은 왕실의 왕비나 후궁과 같은 위치에까지 올라가 있었고, 세자빈을 간택할 때도 대비나 왕비와 함께 간택 자리에 참여할 수 있었다. 봉보부인의 남편이나 자식들 역시 대개 천역에서 벗어나도록 해주는 것이 관례였다.

봉보부인 백씨白氏가 졸卒하였다. 부인은 본래 천인으로서 임금의 유온乳媼이었다. 임금이 매우 돈독하게 대우하고 넉넉하게 하사하였으므로, 따르는 자가 문 앞에 가득하였다. 노비와 전토를 뇌물로 바치는 자도 있었으며, 양민도 종으로 의탁하는 자가 많아 재물이 거만鉅萬이었고, 궁중에 출입할 적에는 추종하는 자가 길에 가득하였다. 그의 남편 강선姜善도 천인이었는데, 벼슬이 당상에 이르렀고, 권귀한 자들과 교결交結하여 올바르지 못한 행위를 많이 하였다.[29]

백씨에 대한 우대가 그 남편 강선에게도 미쳤음을 알 수 있다. 천역을 면했을 뿐만 아니라 관직까지 받았던 것이다. 유모로서 봉보부인이 되는 것은 최고의 위치에 오른 것이라고 할 수 있다. 천인이면서 공식적으로 봉작을 받은 것은 봉보부인의 경우 외에는 거의 볼 수 없는 일이었다. 비록 본인의 신분은 천하지만 돌봐야 하

는 아이의 신분이 높기 때문에 왕실에서 어느 정도 위치를 부여해 주는 것이다.

이렇듯 유모를 선발하는 데 신분은 크게 상관하지 않았지만, 성품은 반드시 살펴봐야 할 요건이었다.

> "사마온공司馬溫公이 유모 택하는 것을 논하기를, '먹인 자식으로 하여금 성행性行이 또한 닮게 한다' 하였으니, 아비의 첩이 아니라고 하여 젖 먹여 기른 은의를 잊는 것이 가합니까?"[30]

30_ 『태종실록』 권5, 태종 3년 4월 4일.

태종 때 유모의 상복을 논한 기록이다. 유모의 은의가 적지 않다는 것이 강조되었는데, 그것은 젖을 먹은 아이가 유모의 성행을 따를 정도이기 때문이라는 것이다. 아이를 낳는 주체인 왕비도 성품이 좋아야 하지만, 젖을 먹여 키우는 유모의 성품도 좋아야 하는 것이다.

> "생각건대 원자는 나라의 근본이니, 성인聖人이 되고 아니 되는 것은 교양敎養의 착하고 착하지 못한 데에 있습니다. 지금 원자께서 천자天資가 뛰어나고 품성이 총명하므로 전하께서 국학國學에 들어가도록 명하시어, 성인이 정치를 하는 도리를 배우게 하였으니, 국본國本을 위하여 염려하신 바가 지극하다 하겠습니다."[31]

31_ 『태종실록』 권7, 태종 4년 5월 9일.

원자가 성인이 되느냐 마느냐는 착하고 착하지 않은 것에 달려 있다고 여겼다. 즉 좋은 지도자가 되기 위해서는 착해야 한다는 것으로, 원자에게는 이런 요구가 끊임없이 이어졌다. 물론 그것은 원자의 위치가 중요해서이고, 그렇게 중요한 원자의 성품을 좌우할 유모인데 어떻게 그 선택에 신중하지 않을 수 있겠는가?

유모의 자질로는 유순한 사람을 첫 번째로 꼽았다. 유순한 성품은 곧 원자가 착하게 자랄 수 있는 바탕이 되기 때문이다. 그러나 성품은 관념적인 것이고, 현실적으로 유모에게 가장 중요하게 요구되는 것은 역시 젖을 잘 먹일 수 있느냐였다. 그래서 아이를 건강하게 키울 수 있느냐 하는 것이었다. 다시 말해 유모의 성품이 좋아야 한다는 것이 기본 사항이기는 했지만, 현실적으로는 무엇보다 젖을 잘 먹일 수 있어야 했다. 일단 몸이 건강해야 그다음에 인성을 따질 수 있는 것이다. 숙종이 젖이 적어 유모를 바꾸었다는 기록을 통해서도 유모에게 우선적으로 요구되는 것이 풍부하고 질 좋은 유즙을 갖고 있느냐 하는 것임을 알 수 있다.

32_ 『승정원일기』, 영조 11년 1월 21일.

"유모와 보모는 신중하게 택해야 한다는 말은 여러 신하들이 이미 진달했습니다. 유모는 의관에게 상세히 살피게 하면 유즙의 청탁淸濁과 질병의 유무를 잘 알 수 있습니다."[32]

영조 11년(1735) 1월 21일 사도세자가 태어났을 때 영조와 신하들이 주고받은 대화의 한 구절이다. 역시 유모의 선택은 신중해야 하며 양질의 유즙이 나오고 또 병이 없어야 한다고 말하고 있다. 젖을 잘 먹일 수 있는 것이 유모를 선택하는 데 가장 중요한 조건임을 확인할 수 있다.

궐 밖에서 자라는 왕실 아이들　　일단 유모가 선정되고 나면 왕실의 아이들은 어디서 먹고 자랐을까? 조선 초기 왕실의 아이들은 궁궐 밖으로 나가서 자라는 경우가 많았다.

"엎드려 듣건대, 근래 원자가 편찮으시다고 합니다. 신의 뜻으로서는, 영응대군永膺大君의 집은 본디 부호로 소문났으며, 아들은 모두 유모에게 맡겨져 친히 기르지 아니하였고 자손이 또한 많지 아니하였으니, 어찌 아이를 기르는 방도를 알까 하고 망령되게 생각됩니다. 호화스럽고 사치스럽게 하는 데에는 한결같으면서도 그 보호하여 기르는 데에는

　제2부　아이를 낳고 기르다

적당함을 잃을까 신은 두려워하기 때문에 이와 같이 불안한 생각에 이르게 된 것입니다. 보통 사람이 아들을 잘 기르는 까닭은 그 양육하는 기술을 잘 알기 때문입니다. 또 사람은 열 살 이전에는 본 바를 반드시 기억하여 아무리 오래되더라도 잊어버리지 아니하지만, 열 살 이후에는 잊어버리기를 거의 다하니, 사리의 형세가 그러한 것입니다. 신은 원컨대, 여러 대신 가운데 본디 검소하고 자손이 아주 많아서 양육하는 적당한 방도를 미리 알고 있는 자를 골라서 원자를 이거移居시킨다면, 반드시 장차 부부가 마음을 합하며 차고 따뜻한 데 맞추어 잠자리와 음식을 알맞게 하여 질병이 없도록 할 것이요, 원자도 또한 검소한 것을 익히 보고서 민간의 질고疾苦를 자세히 알게 될 것입니다."[33]

33_ 『성종실록』 권86, 성종 8년 11월 10일.

1477년(성종 8) 11월 태어난 지 1년쯤 된 원자 연산군이 병이 나자 사가로 내보내 치료하게 하자는 논의를 하고 있다. 먼저 영응대군이 거론됐으나 검소하지 않고 아이가 많지 않아서 적절하지 않다는 주장이다. 가능하면 아이가 많아서 경험이 풍부한 집이 좋다는 것이다. 결국 연산군의 피접 장소로 강희맹의 집이 선택된 듯하다.

"원자元子가 지난해 11월 27일에 비로소 신의 집에 오신 이래 오늘에 이르기까지 모두 아홉 달이 되도록 신이 밖에 나가서 잔 것은 모두 나흘입니다. 한 번은 화약고火藥庫에 불이 나 나갔다가 여러 가지 흉하고 더러운 것을 보고서 감히 곧바로 오지를 못하고 종의 집에서 잔 것이 이틀이었고, 한 번은 춘기春期·하기夏期의 시제時祭 때문에 나갔다가 자식의 집에서 잔 것이 이틀이었으며, 이 밖에는 한 번도 밖에 나가서 잔 일이 없고, 온종일 다른 곳에서 있었던 일이 없습니다. 신이 몸을 쪼갤 수가 없는데, 누가 밖에 나가서 사람들을 불러들여 뇌물을 받겠습니까?"[34]

34_ 『성종실록』 권94, 성종 9년 7월 14일.

성종 9년 7월 강희맹이 뇌물수수 관련 투서에 대해 자신은 원자를 돌보느라 그럴 겨를이 없었다고 해명하고 있다. 원자가 들어온 지 9개월이 됐다고 하는데, 9개월이면 이미 치료를 끝냈을 때라고 할 수 있다. 그러나 원자는 궁으로 돌아가지 않았던 것이다. 이후에도 원자는 계속 궐 밖에 머문 것으로 보인다.

이로부터 1년 반이 지난 시점에 성종은 한명회로부터 "원자의 나이 지금 다섯 살이 되었으니 여염閭閻에 섞여서 거처할 수는 없다"는 충고를 듣는다. 그러나 성종은 "한漢나라 선제宣帝도 민간에 오랫동안 있었는데, 여염에 거처하는 것이 무엇이 해롭겠는가?"라며 원자의 복귀를 서두르지 않는다. 연산군이 병 때문에 사가로 피접한 것이지만 그 후에도 꽤 오랜 기간 궐 밖에서 성장한 것으로 보인다. 조선 초기 왕자들이 궐 밖에서 성장하는 것은 비교적 흔한 일이었던 것 같다.

연산군 때 우참찬 윤효손, 월산대군 부인 박씨 등이 피접 나온 원자를 돌본 적이 있었다. 중종 10년(1515)에도 원자가 태어나자마자 중궁의 산후가 좋지 않아 노공필의 집으로 피접하게 되었다. 결국 중궁 윤씨는 며칠 만에 죽었고 원자는 노공필의 집에 수개월간 머물렀다. 중종은 몇 달 후 노공필에게 내은內恩을 내렸고 노공필은 사은을 했다.

사신은 논한다. 원자가 여염집에 가서 요양療養하는 것은 본래부터 사설邪說에 구애된 것이니, 이미 국본을 중히 여기는 도리가 아니다. 노공필이 또 대대로 녹을 받는 집안으로서 본래부터 가산이 많아서, 나인·환관에게 공억供億하는 것이 매우 풍부하고 뇌물을 수없이 주니, 보모保母의 무리가 이득을 얻으려고 민가에 전전하면서 피우避寓하게 하니, 이르는 곳마다 후하게 궤유餽遺하여 내은을 바라지 않는 자가 없었다. 이것은 모두 노공필이 열어놓은 것이다.[35]

35_ 『중종실록』 권22, 중종 10년 6월 3일.

중종 10년 6월 3일 사관이 노공필의 행적을 평가한 기록이다.

도17 **덕수궁 중화전** ⓒ박상준
덕수궁은 원래는 월산대군의 개인
저택이었다. 월산대군은 세조의
손자이자 성종의 친형으로, 연산
군의 큰아버지가 된다.
어린 연산군은 월산대군 부인 박
씨의 보살핌을 받기도 하였다.

원자가 피병한다고 사가에 나가 지내는 것의 문제점을 지적하고 또 요양을 담당했던 노공필에 대한 비난을 담고 있다. 원자가 궐 밖으로 나가는 것은 종종 비난의 대상이 됐다. 그러나 원자는 그 후로도 3년 이상을 궐 밖에 머물렀다. 주로 하성위가 육아를 담당하고 있었다. 사관의 비난에도 불구하고 사가에 맡겨 키우는 일이 계속되었다. 명종 때까지도 이러한 사례를 계속 볼 수 있다.

그러나 조선 후기에 이르면 달라진다. 노공필을 비판했던 사관과 같은 생각을 하는 사람들이 점차 늘어난 것으로 보인다. 조선 후기에는 원자가 피우를 목적으로 궐 밖으로 나가는 사례를 거의 찾아볼 수 없게 된다. 피우를 정통이 아닌 사설邪說에 근거한 것으로 규정하는 의식이 좀 더 강하게 영향력을 행사하게 된 것이다.

왕실의 아이가 아플 때

"크고 작은 병을 이미 겪었어도 기질이 허약하고 잔병이 있으면 열 살이 되어도 젖으로 키우는 사람이 또한 많이 있으니 대개 위장이 약하면 어른처럼 밥으로만 건강을 유지하는 것이 어렵기 때문입니다. 그러므로 유도乳道는 소아의 목숨입니다. 이는 비단 어린아이에게만 해당하는 일이 아닙니다. 연로

한 사람도 젖을 먹으며 연명한 자가 많으니 한나라 때 장창張蒼의 경우를 보면 그렇습니다. 어찌 5, 6살을 채우지 않고 크고 작은 역병을 겪지도 않았는데 경솔하게 먼저 젖을 끊는 것이 보양하는 도리이겠습니까?"[36]

36_ 『승정원일기』, 정조 10년 6월 1일.

정조 10년(1786) 5월 문효세자文孝世子가 죽은 후 신하들이 세자에 대한 섭생과 질병 관리에 문제가 있었다고 주장하고 있다. 당시 문효세자는 다섯 살이었다. 만 네 살이 채 안 된 나이였다. 며칠 홍역을 앓았는데 다 나은 줄 알았다가 3, 4일 만에 다시 아팠고 급작스럽게 죽음에 이르렀다. 신하들은 홍역에 대한 관리에도 문제가 있었지만, 기본적으로 젖을 너무 일찍 끊어 기초 체력이 허약한 탓이라고 보고 있다.

이 논의를 통해서 왕실의 아이들이 젖을 언제까지 먹었는지 짐작할 수 있다. 길게는 10년까지, 적어도 5, 6세까지는 젖을 먹였다는 것을 알 수 있다. 물론 문효세자는 다섯 살 이전에 젖을 끊은 상태였다. 그러나 이러한 논의가 진행되는 것으로 봐서 젖을 끊은 지 오래된 것으로 보이지는 않는다. 따라서 적어도 4세까지는 젖을 먹였던 것으로 보인다. 오늘날 1, 2년 안에 이유를 하는 것과는 상당히 차이가 있다.

3, 4세까지는 전적으로 유모에게 의존하는 만큼 아이의 섭생에서 유모와 유도의 중요성을 다시 한 번 상기하지 않을 수 없다.

"무릇 아이의 병은 대개 음식에서 오는 것이니 신의 소견으로는 원자의 병환은 젖이 상傷한 데서 비롯된 것이 아닌가 합니다."[37]

37_ 『승정원일기』, 숙종 15년 11월 10일.

1689년(숙종 15) 숙종의 원자, 훗날의 경종이 자주 경기를 하자 이를 논의하는 중에 나온 이야기다. 원자가 경기를 하는 것은 유모의 젖이 뜨거워서 열이 발생하여 발작을 일으키게 하는 것이라고

도18 효창원(문효세자묘) ⓒ박상준
조선 제22대 임금 정조의 원자인 문효세자의 묘다. 문효세자는 정조의 후궁 의빈 성씨宜嬪成氏의 소생으로 정조 6년(1782) 9월 창덕궁 연화당에서 태어나 1784년 8월 세자로 책봉되었으며, 1786년 5월 21일 창덕궁 별당에서 5세로 죽었다. 경기도 고양시 덕양구 원당동 소재.

하였다. 즉 유모의 젖에 문제가 있다는 것이다.

"유모가 먹는 음식이 모두 기름진 것이고 채소라고는 없으니 그 젖이 맑고 서늘한 것이 아니라 덥고 열이 나는 것입니다. 그 열이 때때로 경기를 가져오는 원인이 되는 것입니다."[38]

38_『승정원일기』, 숙종 15년 11월 10일.

이러한 논의 후에 유모에게 채소를 많이 먹을 것을 권하고 있다. 그러면서 먼저 유모의 상태를 살핀 후에, 즉 젖을 관리한 후에 약을 올리는 것이 좋겠다고 말한다. 아이의 건강은 유모의 젖의 상태에 달려 있다고 여겼음을 다시 한 번 확인할 수 있다.

영조 28년(1752) 2월 세손(정조의 형)이 설사를 자주 했다. 영조는 당시 어영대장이자 세손의 외조인 홍봉한과 이 문제를 의논한다. 우황고 등의 약을 올렸으나 차도가 별로 없다는 것이 홍봉한의 말이다. 그런데 이때 영조는 유모가 술을 먹는다고 말한다. "유모가 자주 술을 먹는데, 심지어는 밤에도 마셔 아이의 옷이 젖에 젖었을 때 술 냄새가 난다"는 것이었다. 약방 도제조 김약노는 유모가 술 마시는 것은 금기라면서 뭔가 조치해야 한다고 말한다. 왕은 세손의 병이 유모가 술을 마시기 때문이라고 계속 생각한다.

　이 일련의 과정을 보면 유모가 먹는 모든 것이 곧바로 아이에게 전달된다는 것은 당시에도 상식이었던 모양이다. 유모가 술을 먹으면 젖에서 술 냄새가 나고 아이에게서도 술 냄새가 날 정도라는 것이다. 유모가 먹는 것은 곧 아이가 먹는 것이라는 결론이 나온다. 이렇기 때문에 아이에게 직접 약을 먹이기도 하지만, 동시에 유모를 통해 먹이는 것도 하나의 방법이었다.

　"왕세자의 설사가 좀 줄었고 머리 아픈 것도 진정이 되니 기쁨을 이기지 못하겠습니다. 천을환天乙丸으로 설사를 멎게 하고 양원산養元散으로 죽을 만들어 드리며 창늠산倉廩散에 황잠黃쑥, 주초酒炒, 백작약白芍藥을 넣어 유모에게 매일 두 번씩 먹게 하는 것이 좋겠습니다."[39]

39_ 『승정원일기』, 숙종 19년 3월 4일.

　경종이 계속 설사를 하자 약방이 내놓은 처방이다. 아이에게 환이나 죽으로 직접 먹이는 한편 유모 역시 약을 복용하게 하여 약효를 보고자 하는 것이다. 왕실의 아이가 3, 4세에 불과할 때는 섭생이나 질병 관리도 거의 전적으로 유모에게 의존했음을 알 수 있다.

　물론 질병 관리에는 기원祈願도 포함된다. 위에서 살펴본 바와 같이 피접을 나간다든지 혹은 기휘忌諱하는 등의 방법도 있다.

　"원자가 천연두를 앓고 있으니, 기휘하지 않을 수 없다. 마침 관이 빈소에 있어 조석으로 이 기휘할 때에 곡읍哭泣하니, 온당한 일이 아니다. 경들의 의견은 어떠한가? 상사喪事가 비록 중하다 할지라도 이도 또한 중한 것이니 이를 어떻게 처리하여야 하겠는가?"[40]

40_ 『연산군일기』 권32, 연산군 5년 1월 27일.

　연산군이 비록 상중이지만 원자가 천연두를 앓고 있으니 곡을 중단할 것을 말하고 있다. 이때에 곡을 중단하는 데까지 이르지는 않았지만, 건양문의 출입을 통제하는 것으로 결론을 봤다. 그렇게 해서 원자의 천연두가 무사히 지나가기를 바랐다. 이러한 사례는 왕실의 육아 과정에서 흔히 볼 수 있다.

전근대에 유아 사망률이 높았던 만큼 왕실에서의 육아는 신중함을 요했다. 좋은 유모를 선발하고 어의가 있고 영양 상태가 좋음에도 불구하고 왕실 유아의 사망은 드물지 않았다. 영조의 첫 번째 세손, 문효세자 등 그 사례는 일일이 거론하기 어렵다. 왕실에서 육아 문제는 왕비의 출산과 함께 가장 신경 쓰이는 일 중 하나였다. 일반 양반가에서도 집안의 계승 등의 문제로 출산에 신경 쓰지 않은 것은 아니었지만, 왕실은 확실히 양반가보다 그 의미가 컸다. 그것은 권력의 문제였다. 조선에서 왕과 왕실은 권력의 핵심이었고, 권력의 유지와 계승에는 왕자의 출생과 성장이 무엇보다 중요한 문제였기 때문이다.

조선시대의 수렴청정은 여섯 명의 대비에 의해 총 일곱 차례 시행되었다. 청정 기간은 짧게는 8개월에서 길게는 9년에까지 이르렀다. 대비의 수렴청정은 선왕이 죽고 미성년의 후계자가 즉위하여 국상을 치르면서 시작되었다. 수렴청정은 체계적인 정치 훈련을 받을 기회가 전혀 없었던 대비가 국정을 담당했다는 데 기본적인 특징이 있다. 대비는 자신에게 유리한 인물을 선택한 뒤 왕실의 최고 어른이라는 지위를 내세워 강력한 권한을 행사하였다. 이 과정에서 식견이 부족한 대비가 기댔던 사람들은 주로 친정식구들이었고, 결과적으로 외척세력에 의한 비정상적인 정국의 운영으로 이어짐으로써 후대에 대단히 부정적인 평가를 받았다.

제 3 부

왕실 여인의 권력 참여,

수렴청정

王妃日常

1 수렴청정이란 무엇인가

수렴청정이란   수렴청정이란 대비가 '발을 내리고(垂簾) 국
                  가의 정무를 보는 행위(聽政)'라고 정의를
내릴 수 있다. '청정'은 왕을 대신하여 정사를 보는 행위, 즉 정치
권력의 행사를 뜻하고, '수렴'은 청정이 시행되는 장소의 풍경이 일
반적인 형태와 다르다는 것을 보여주는 표현이다. 즉 청정의 주체
가 여성임을 알려준다. '남녀칠세부동석'男女七歲不同席의 유교이념이
지배하는 조선 사회에서 비록 공식적으로 국가의 업무를 처리하는
자리일지라도 여성인 대비가 남성 관료들과 마주 보기 민망하다는
생각이 반영되어 마련된 것이 '수렴'의 형태다.

특별한 이유로 왕이 정치를 직접 담당할 수 없을 때 주위의 인
물이 그를 대신하는 것을 흔히 섭정攝政이라고 한다. 조선시대 섭정
으로는 고종의 아버지인 흥선대원군 이하응李昰應이 10년간 국권을
장악했던 사실이 유명하지만 이것은 특수한 경우이고, 일반적으로
는 대리청정代理聽政과 수렴청정의 두 가지 유형으로 나타났다.

대리청정은 세자의 나이가 성년에 이르렀을 때 왕이 자신을 대
신하여 일부의 행정 실무를 담당하게 하는 것이다. 이것은 다음 대
왕위 계승자인 세자에게 왕의 정치권력 일부를 나누어주어 일종의

정치 교육을 시키는 조처인데, 물론 이 경우에도 국가의 중대사는 왕이 직접 처리하였다. 반면에 수렴청정은 즉위한 왕의 나이가 어리거나 혹은 정치적 경험이 전혀 없어 정상적으로 정무를 볼 수 없을 때 왕실의 최고 어른인 대비가 불가피하게 나서는 경우다. 이때 대비의 권력 행사는 부분적인 섭정이라고 할 수 있는 대리청정과 달리 왕의 정치권 행사 전 영역에 걸쳐 이루어졌다는 차별성을 보인다. 이러한 특징은 수렴청정기의 대비를 여주女主라는 명칭으로 불렀다는 사실에서 잘 드러난다.

홍응洪應·허종許琮이 의논하기를, "대저 예禮는 인정을 근본으로 삼되 때에 따라 덜거나 더하여 한 가지로 고집하여 논할 수 없습니다. 예경禮經과 우리 조정의 『오례의』五禮儀의 주에 '내상內喪은 기년期年이다'라는 문구가 있지만, 이것은 일상적인 이치로 논한 것입니다. 왕이 어리고 나라가 의심스러워 국가가 어려울 때에 여주女主로 정사를 청단聽斷한 것은 부득이한 데에서 나온 것입니다. 우리 정희왕후께서는 거룩한 덕으로 성상의 몸을 보호하여 종묘, 사직을 편하게 만들었으니 그 아름다운 덕과 아름다운 정사는 이름지어 말하기가 어렵습니다. 모후가 정사를 청단한 것은 이미 비상시에 나온 것이니, 그 상제喪制도 보통 제도에 국한시킬 수 없습니다"라고 하였다.[1]

1_『성종실록』, 성종 14년 10월 29일.

위의 실록 기사는 1483년(성종 14) 세조비 정희왕후가 죽자 국상國喪 기간을 어찌할 것인지를 논의하는 과정에서 나왔다. 상주인 성종에게 정희왕후는 할머니에 해당하기 때문에 각종 예서와 『국조오

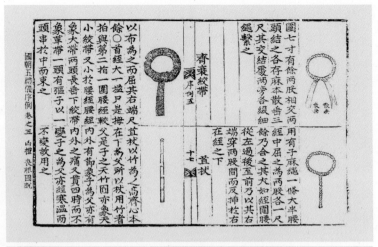

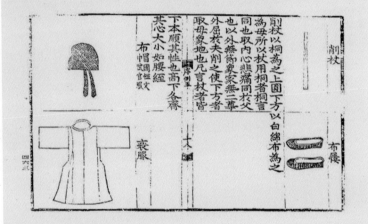

례의』에 따라 일년상을 지내는 것이 마땅하지만, 정희왕후는 어린 왕을 보호하고 청정한 공덕이 크기 때문에 달리 대해야 한다는 주장이다. 결국 정희왕후는 특별한 경우로 취급되어 선왕과 똑같이 삼년상으로 결정되었다.

위의 논의 과정에서 여주라는 명칭이 나와 주목된다. 어린 왕인 성종을 주主라고 칭한 반면 이와 대비시켜 대비를 여주라고 불렀던 것이다. 주는 군주君主의 줄임말이고 여주는 여자 군주를 줄여서 표현한 것이다. 즉 수렴청정을 수행할 때의 대비는 단순히 왕을 보좌하거나 그의 권한을 대행하는 존재로 파악된 것이 아니라 실제적인 군주로 인식되었던 것이다.

조선시대의 수렴청정은 성종, 명종, 선조, 순조, 헌종, 철종, 고종의 시대에 여섯 명의 대비에 의해 총 일곱 차례 시행되었다. 청정의 기간은 짧게는 8개월부터 길게는 9년에까지 이르렀다. 대비의 수렴청정은 선왕이 죽고 미성년의 후계자가 즉위하여 국상國喪을 치르면서 시작되었다. 그런데 신왕이 대비와 혈연적으로 모자母子 혹은 조손祖孫의 관계인 경우 모후에 의한 후계 구도의 안정화라는 명분과 실제가 부합하지만 신왕이 후궁의 소생이거나 방계일 경우 그 명분과 실제가 반드시 일치하지는 않았다. 이것은 수렴청정의 기간 및 양상에 큰 영향을 미쳤고, 아울러 신왕의 친정으로 철렴撤簾이 되는 과정에서 나타난 정치적 파장 역시 적지 않았다.

그런데 왜 남성의 종친이 아닌 여성인 대비가 청정의 주체가 되었을까. 그들은 체계적인 정치 훈련을 받은 적이 없었고, 국정의 운영은 개인적인 성향에 따라 좌우되는 경향이 적지 않았다. 그 결과 그들의 치세에 대한 후대의 평가는 대부분 부정적으로 나타났다. 특히 조선시대 남존여비라는 유교적 관념으로 여성들의 공적公的인 형태의 사회활동이 극히 부정적으로 인식되었음을 상기할 때 납득하기가 쉽지 않다. 그런데 아이러니하게도 오히려 이러한 관념 때문에 대비의 청정이 가능했던 것으로 판단된다. 대비의 청정은 아마도 다음의 두 가지 이유 때문에 가능하였을 것이다.

먼저 남성이 섭정이 될 경우 왕의 자리가 위태로워질 가능성이 높다는 사실이다. 건국 초의 어수선한 상황을 논외로 할 경우 조선시대의 섭정은 단종대의 수양대군이 처음이었다. 문종이 죽고 13세의 단종이 즉위하자 왕의 숙부인 수양대군은 어린 왕과 왕실을 보호한다는 명분으로 계유정난을 일으켰다. 정난이 성공한 뒤 수양대군은 왕을 대신해 섭정이 되었는데, 얼마 후 자기 세력을 더 확대하여 결국 왕위를 찬탈하기에 이르렀다.

그렇지만 여성의 경우에는 아무리 권력이 강하더라도 왕위를 찬탈할 가능성이 희박했다. 고려시대 이후 여성이 왕이 된 사례가 없을뿐더러 당대인들, 더 나아가 청정의 주체였던 대비조차도 감히 여성이 왕이 된다는 것은 상상할 수 없었기 때문이다.

둘째, 대비가 왕실의 최고 어른으로 어린 왕의 보호막이 될 수 있다는 사실이다. 대비는 어린 왕의 친모(조모) 혹은 계모(조모)로 내리사랑을 할 수 있는 가장 가까운 핏줄이었다. 또한 선왕이 사망한 이후 종친의 어느 누구보다도 왕실에서의 서열이 높다. 최고의 어른이 어린 핏줄을 보호한다는 주장은 조선의 유교사회에서 그 명분이 뚜렷했다.

수렴청정의 시작　　1469년 11월 28일 진시辰時(오전 7~9시)에 예종이 즉위 1년 만에 경복궁의 자미당紫薇堂에서 사망하였다. 승전환관承傳宦官인 안중경이 대궐 안에서 곡읍哭泣하며 나와서 당시 사정전에서 대기하고 있던 재상들에게 왕의 죽음을 알리니 모든 재상들이 통곡하였다. 궁궐의 모든 문은 닫히고 출입이 엄격히 통제되는 가운데 재상들은 세조비 정희왕후에게 달려가 곧바로 주상자主喪者(상주)를 정하도록 청하였다. 당시 세자가 정해지지 않은 상황에서 무엇보다도 먼저 보위寶位를 분명히 해야만 했던 것이다.

죽은 예종의 친어머니인 세조비 정희왕후는 강녕전 동북쪽의 편방便房에 나와서 원상院相과 도승지를 불러 누구를 예종의 상주로 삼을 것인가를 의논하게 했다.

이에 원상들은 정희왕후에게 택군擇君(왕을 선택하는 것)은 신하 된 자로서 감히 말할 바가 아니니 친히 결정하시라고 청하였다. 그러자 정희왕후는 예종의 원자가 아직 어리고, 예종의 형으로 이미 사망한 의경세자懿敬世子의 큰아들인 월산군은 병이 있어 대통을 잇기에는 부족하다고 지적하였다. 반면에 의경세자의 둘째 아들인 자을산군者乙山君은 세조가 살아생전에 여러 차례 칭찬할 정도로 자질

도3 **경복궁 강녕전** ⓒ박상준
왕의 침소로 쓰던 건물로, 예종이
즉위 1년 만에 세상을 떠나자 그
의 모친인 정희왕후는 이곳에서
자을산군을 예종의 상주로 삼겠다
고 결정하였다.

이 뛰어나니 그를 예종의 상주로 삼겠다고 결정하였다. 정희왕후의
명을 받은 신숙주와 최항이 곧바로 즉위교서를 초草하였다. 이윽고
대궐에 와 있던 자을산군이 정희왕후의 부름을 받아 안으로 들어갔
고, 그 부인은 본저에서 대궐로 맞아들여졌다.

　새 왕이 결정되자 신숙주 등 재상들은 정희왕후가 청정할 것을
청하였다. 이에 대하여 정희왕후는 자신은 문자文字를 알지 못하지
만 신왕의 친어머니인 수빈粹嬪은 문자도 알고 사리에도 밝으니 그
에게 국사를 맡기는 것이 마땅하다며 두세 번 사양하였다. 그렇지
만 신하들이 굳이 청하자 마지못한 듯이 이를 받아들였다. 미시未時
(오후 1~3시)에 이르러 거애擧哀하였고, 자을산군을 왕으로 삼는다는
정희왕후의 교서를 반포하였다.

　이윽고 신시申時(오후 3~5시)에 신왕이 면복을 입고 경복궁 근정
문에서 정식으로 즉위식을 거행하였다.[2]

　위의 내용은 조선시대 최초로 시행된 정희왕후의 대비청정의 과
정을 성종의 즉위 과정과 연결시켜 시간별로 정리한 것이다. 그런
데 주목되는 사실은 이 모든 과정이 열 시간 남짓밖에 걸리지 않았
다는 것이다. 한 편의 잘 짜인 각본을 보는 듯한 느낌이 든다. 세자

2_『예종실록』 권8, 예종 1년 11월
28일.

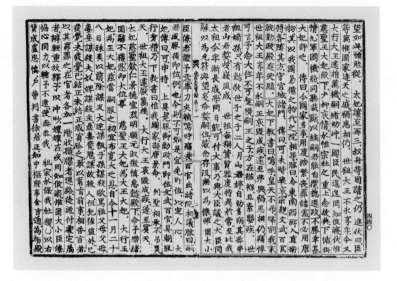

54 대비의 교서

세조의 정비였던 정희왕후가 대왕
대비가 되어 자을산군을 왕으로
임명한다는 내용의 교서다. 『성종
실록』 권 1, 성종 즉위년 11월 28
일 기사.

를 책봉하지 않고 왕이 죽은 상황임에도 이렇게 짧은 시간에 새 왕
이 즉위할 수 있었던 것은 예종의 사망 이전에 이미 자을산군이 신
왕으로 내정되어 있었음을 뜻한다. 그렇지 않다면 13세의 어린 자
을산군이 왜 대궐 안에 와 있었겠는가.

성종의 신속한 즉위와 곧이은 정희왕후의 청정은 조선시대의 다
른 사례에 비추어볼 때 예외적인 것이라고 생각된다. 12대 왕인 인
종은 1545년 7월 1일 묘시卯時(오전 5~7시)에 경복궁 청연루에서 사
망하였다. 그런데 유시酉時(오후 5~7시)에 이르러서야 배다른 동생
인 경원대군慶源大君이 궐내로 들어왔고, 인종의 계모인 문정왕후는
경원대군이 즉위한 후에 자신이 섭정할 뜻을 신하들에게 알렸다.
그렇지만 신왕인 명종의 즉위식은 인종이 죽고 5일 후에야 이루어
졌다.

정조가 1800년 6월 28일 유시에 사망했을 때도 마찬가지였다.
선왕이 죽은 지 6일이 지난 7월 4일에 이르러서야 세자인 순조가
즉위하고 곧이어 대왕대비(영조비 정순왕후 김씨)의 청정이 시작되었
다. 이때 대왕대비는 일곱 번이나 청정을 거절하다가 마지못해 허
락하는 형식을 취하였다.

도5 **경희궁 전경** ⓒ박상준
순조 임금이 경희궁 회상전에서
세상을 떠나자 순조의 비였던 순
원왕후는 수렴청정을 시행하라는
신하들의 간청을 거절하다가 마침
내 청정을 허락하고, 다음 날 왕세
손의 즉위가 이루어졌다.

좀 더 극적으로 묘사된 것은 헌종의 즉위와 대왕대비(순조비 순원
왕후 김씨)의 청정 과정이었다. 1834년 11월 13일 순조가 경희궁의
회상전會祥殿에서 사망하였다. 다음 날 대신들이 몰려와 순원왕후에
게 수렴청정을 청하였지만 그녀는 이를 거절하였고, 세손 역시 즉
위를 거부하였다. 이후 3일 동안 세손의 즉위와 순원왕후의 수렴청
정을 시행하라는 신하들의 간청은 번번이 거절되었다. 그러다가 17
일에 이르러서야 사위嗣位(왕위를 이음)와 수렴청정이 허락되었고, 다
음 날(18일)에야 왕세손이 즉위하였던 것이다.

왕의 사망 이후 며칠간 청정을 거부하며 실랑이하는 모습을 보
이다가 대비가 마지못해 받아들이는 것은 수렴청정이 시작되는 일
반적인 광경이었다.

수렴청정의 종결   어린 왕이 성장하여 국가의 정무를 직접 볼
수 있는 나이가 되면 대비의 수렴청정은 자
연스럽게 끝난다. 대비가 철렴(발을 거둠)하는 시기는 왕이 성년이
되는 20세가 기준이었다. 그렇지만 실제로 시행된 사례들을 검토해
보면 왕의 나이 20세 이전에 철렴되는 경우가 적지 않다. 일단 수

렴과 철렴이 이루어진 시기의 왕의 연령 및 대비와 왕과의 친속관계를 왕대별로 정리하면 〈표 1〉과 같다.

표를 보면 조선 전기의 왕인 성종과 명종의 경우 20세에 친정親政을 시작하였지만 선조대 이후에는 친정을 시작하는 왕의 나이가 점점 어려져 세도정권기에는 14~15세의 나이가 일반적이었다. 물론 이러한 상황은 숙종이 14세의 나이로 즉위했음에도 수렴청정의 과정 없이 바로 친정을 시작했다는 역사적 경험이 있었기 때문에 가능했던 것으로 보인다.

재미있는 사실은 왕과 대비의 혈연관계에 따라 수렴청정의 기간이 달라진다는 점이다. 신왕이 대비의 친아들 혹은 친손자일 경우 그 기간이 대체로 길었지만 그렇지 않을 경우 그 기간이 짧았던 것이다. 성종의 친할머니인 정희왕후와 헌종의 친할머니인 순원왕후는 각각 8년과 7년 동안 청정을 하였고, 명종의 친어머니인 문정왕후는 9년을 수렴청정하였다. 반면에 왕과 혈연관계가 밀접하지 않았던 명종비 인순왕후는 선조대에 8개월간 수렴청정을 하였고, 영조비 정순왕후는 순조대에 4년, 순조비 순원왕후는 철종대에 3년(순원왕후는 헌종과 철종의 2대에 걸쳐 수렴청정을 하였다), 익종비 신정왕후는 고종대에 4년 만에 각각 철렴하였다. 선조는 인순왕후의 조카뻘이지만 친조카가 아니었고, 순조는 정순왕후의 증손자에 해당했지

3_ 임혜련, 「19세기 수렴청정 연구」, 숙명여대 박사논문, 2008, 61쪽의 표를 일부 고쳐서 제시하였다.

왕대	대비	청정 시 왕의 연령	철렴 시 왕의 연령	청정기간	청정 시작 시 대비의 연령	왕과 대비의 친속관계
성종	세조비 정희왕후 윤씨	13세	20세	8년	52세	친손자
명종	중종비 문정왕후 윤씨	12세	20세	9년	45세	친아들
선조	명종비 인순왕후 심씨	16세	17세	8개월	36세	조카뻘(異腹)
순조	영조비 정순왕후 김씨	11세	14세	4년	56세	증손자(異腹)
헌종	순조비 순원왕후 김씨	8세	14세	7년	46세	친손자
철종	순조비 순원왕후 김씨	19세	21세	3년	61세	촌수 따지기 어려움
고종	익종비 신정왕후 조씨	12세	15세	4년	56세	촌수 따지기 어려움

〈표1〉 조선시대 수렴청정의 기간과 왕의 연령[3]

만 직접적인 핏줄은 아니었다. 철종과 고종의 경우에는 더 심하여 6대를 거슬러 올라가야 핏줄이 이어져 촌수를 따지기 어려울 정도였다.

대비가 현왕의 친어머니이거나 친할머니인 경우 직접적인 핏줄인 어린 왕을 보호한다는 수렴청정 본래의 명분에 어긋나지 않기 때문에 비록 그 기간이 길어지더라도 왕의 저항감이 적었던 것 같다. 반면에 그렇지 않을 경우 왕은 물론 외척 등 정치세력 간의 질시와 저항으로 청정의 기간이 짧아진 것으로 보인다.

철렴은 최고 권력자의 교체를 의미하기 때문에 왕위의 교체 못지않게 권력층의 재편성이 뒤따랐다. 따라서 대비가 철렴을 제기했을 때 왕과 신하들은 그것을 재고해달라고 간청했는데, 이는 단순히 정치적 쇼라고 간주할 수 없는 측면이 있었다.

1476년 1월 13일 대왕대비인 정희왕후는 그동안 주상의 나이가 어려서 마지못해 청정을 했는데, 이제 왕이 장성하였고, 또 학문의 성취가 높아 친히 모든 정무를 재결할 능력을 갖추었으며, 아울러 최개지崔蓋地 사건에 정치적 부담을 느낀다며 청정을 철회하겠다는 뜻을 비추었다. 이에 왕과 대신들은 철렴이 부당하다고 여러 차례 간청을 하였다. 그렇지만 대왕대비는 이를 거절하고 의지懿旨를 내려 왕의 친정을 정식으로 선언하였다.

사실 정희왕후의 청정 철회는 단순하게 성종이 20세의 성년이 되었기 때문에 나온 조처는 아니었다. 위에서 언급했듯이 전년도에 최여문崔汝汶 등과 노비 소송을 벌이던 최개지라는 인물이 대비의 인척인 윤씨 집안의 개입으로 지게 되자 익명서匿名書를 써서 이를 비난한 사건이 발생하였다. 또 성종이 많은 신하들의 반대를 무릅쓰고 며칠 전 친아버지인 의경세자에게 덕종德宗의 묘호를 올려서 그 신주를 종묘에 봉안하는 초유의 사건이 발생하였다.[4] 정희왕후는 이러한 사건들을 겪으면서 성종이 더 이상 쉽게 다룰 수 있는 어린 손자가 아님을 깨달았고, 지금 물러나는 것이 최선이라는 판

4_ 한형주, 『조선초기 국가제례 연구』, 일조각, 2002, 113~119쪽.

도6 **압구정** 정선, 조선, 18세기, 비
단에 수묵담채, 20×31cm, 간송미
술관 소장.
한명회는 조선 전기 계유정난 당
시 수양대군을 도와 왕위에 오르
게 하여 일등공신이 되었다. 이후
영의정에까지 오른 그는 압구정
이라는 화려한 정자를 지었는데,
압구정의 명칭은 그의 호를 딴 것
이다.

5_『성종실록』 권63, 성종 7년 1월
13일.

단을 했던 것으로 보인다.

그런데 철렴을 재고하라고 여러 신하들이 간청하는 가운데 한명
회가 중대한 말실수를 저질렀다. 그는 "지금 중전도 없는 상황에서
정사를 사양하여 피하신다면 이는 동방의 창생蒼生(백성)을 버리는
것입니다. 또 신 등이 늘 대궐에 나와서 안심하고 술을 마셨는데,
만약 그렇게 된다면 장차는 안심할 수가 없을 것입니다"라고 말했
던 것이다.⁵ 한명회의 이 말은 정희왕후의 수렴청정 동안 안정적으
로 권력을 장악하고 있었던 훈구대신들의 불안한 심정을 대변한 것
이었다. 그렇지만 성종의 친정 여부를 일개 신하의 술자리 여부로
비유함으로써 파문이 커졌다. 이후 한동안 한명회는 대간의 거친
탄핵을 면할 수 없었는데, 그 여파로 정희왕후의 철렴 반대론은 더
이상 제기되지 못하였다.

이 같은 상황은 문정왕후의 수렴청정 이후 일정한 변화를 보였
다. 1553년 7월 12일 문정왕후는 9년 동안 시행되었던 수렴청정을

파하겠다고 선언하였다. 이때 왕이었던 명종은 여러 차례에 걸쳐 반대 의사를 표하였지만 정작 신하들은 철렴을 재고하라고 문정왕후에게 간청하지 않았다. 왕대비인 문정왕후는 계속되는 가뭄과 빈번한 재앙으로 백성들이 자신을 원망한다며 왕의 요청을 뿌리치고 철렴을 강행하였다. 당시 이 사실을 기록한 사신史臣은 문정왕후의 수렴청정 기간 동안 을사사화가 발생하여 사림들이 크게 다쳤고, 불교가 성행하여 유교가 침체되었다는 등 문정왕후의 실정失政을 언급하면서 철렴한다는 명령에 온 백성이 다행으로 여겼다고 평가하였다.[6] 이러한 세간의 분위기 속에서 문정왕후는 명종이 20세의 성년이 되자 더 이상 수렴청정을 계속하기가 어렵다고 판단하여 철렴한 것이었다.

6_ 『명종실록』 권15, 명종 8년 7월 12일.

1803년(순조 3) 12월 28일에 이루어진 순조의 환정還政도 명종대와 유사하였다. 이날 영조비 정순왕후 김씨가 철렴의 의사를 내비쳤을 때 판부사 이시수李時秀를 비롯한 대신들은 그동안의 노고를 치하하며 환정의 결정을 기정사실화하였다.[7] 이처럼 대비에게 형식적으로나마 올렸던 철렴 결정을 철회하라는 간청 한 번 없이 곧바로 왕의 친정을 반기는 모습을 노골적으로 드러낸 것은, 청정 기간에 발생했던 신유사옥(1801년 발생한 천주교도 박해사건)을 비롯한 정치적 사건에 대한 노론 내 벽파僻派와 시파時派의 갈등이 반영된 것이었다.

7_ 『순조실록』 권5, 순조 3년 12월 28일.

헌종대 이후 철렴은 대비가 수렴청정을 파하겠다는 의사를 내비치면 왕은 몇 차례 철회를 간청하는 시늉을 하는 과정을 거쳤다. 반면에 신하들은 그동안 수고하셨다며 대비의 노고를 치하하되, 친정의 조처를 환영하는 모습을 보였다.

王妃日常

2 수렴청정을 하는 대비의 권한

의지를 통한
권한 행사

대비의 청정은 대략 두 가지 방식으로 진행되었다. 첫째는 어떤 사안을 결정하기 위해 몇몇 대신들을 개별적으로 불러 의논하는 인견引見의 형태이고, 다른 하나는 대비가 편전에 나가 발을 드리우고 신하들과 전반적으로 국사를 논의하는 방식이다. 전자는 비록 왕의 의사를 사전에 물어보는 경우도 있지만 기본적으로 대비가 독자적으로 결정하는 방식이다. 반면에 후자에서는 대비와 왕이 정사에 함께 참여하여 공치共治하는 방식이다. 둘 중 어떤 방식이 채택되건 그 결과는 왕의 명령서인 '교서'나 대비의 명령서인 '의지'를 통해 신하들과 백성들에게 공표되었다.

조선시대에는 왕과 대비의 명령서가 달리 표현되었고, 왕비, 세자의 명령문 역시 별도의 명칭이 존재하였다. 이에 대하여 『예종실록』에는 다음과 같이 설명하고 있다.

원상 구치관이 도승지 권감과 더불어 의논하여 아뢰기를, "태비太妃의 표신標信은 체제를 네모나게 하되, 한 면에 '의지'懿旨라고 쓰고 한 면에는 어압御押을 하고, 중궁의 표신은 체제를 뾰족하게 하되, 한 면에

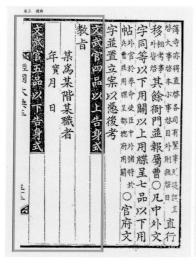

도7 『경국대전』 문서식 한국학중앙
연구원 장서각 소장.
4품 이상의 관원 및 그 부인에게
내려주는 왕의 임명장인 고신告身
의 형식을 보여주는 자료다. 고신
내용의 첫 글자에 '교지'敎旨라는
용어를 사용하고 있다.

'내지'內旨라고 쓰고 한 면에는 어압을 하며, 세자의 표신은 체제를 곧
게 하되, 한 면에 '휘지'徽旨라고 쓰고 한 면에는 어압을 하여, 아울러
궁중에 머물 때에 사용하게 하소서" 하니, 상정소에 명하여 아울러 병
정兵政에 넣도록 하였다.[8]

8_ 『예종실록』 권5, 예종 1년 5월
12일.

여기서는 왕을 제외한 대비 이하가 사용하는 표신의 생김새와
그곳에 적을 글자를 설명하고 있다. 대비의 경우 '의지', 중전은
'내지', 세자는 '휘지' 등으로 구분하여 쓴다고 했다. 수렴청정을 할
때 대비는 기본적으로 이 의지를 사용하여 명령을 내렸다.

세조비 정희왕후는 8년간의 청정 기간 동안 신하들이 모여 있는
공식석상에서 어린 왕인 성종과 자리를 같이한 적이 없었다. 정희
왕후는 중요한 국사가 발생하면 대부분 대비전으로 일부의 원상 및
승지들을 불러 해당 사안들을 의논한 후 그 결정을 '의지'를 통하
여 해당 관청에 내려서 집행하게 했다. 특히 성종 초반에 이루어진
중요한 국가정책은 왕의 명령이라기보다는 대비전의 의지에 따라
시행된 경우가 많았는데, 이때 정희왕후와 의논했던 한명회, 신숙
주 등 몇몇 원상들의 입김이 정책 결정에 강하게 작용하였다.

도8 **종묘 정전** ⓒ박상준
조선 역대의 왕과 왕비, 추존된 왕
과 왕비의 신주를 모신 곳으로, 정
전에는 19위의 왕과 30위의 왕비
의 신주가 모셔져 있다.

물론 대비전에서 왕에게 의지를 내리면 왕이 다시 해당 관청에 전교傳教하는 방식을 취한 경우도 적지 않았다. 이 방식은 대비전과 관련되어 있어서 대비가 직접 명령을 내리기에는 난감한 사안일 경우에 활용되었고, 특히 해당 사안이 중요하거나 복잡하여 몇몇 신하들의 의견만으로는 대비가 단독으로 결정하기 어려워서 왕을 통해 전체 관료들의 의견 수렴이 필요할 경우에 자주 사용되었다. 예컨대 전자에는 대비전에 올릴 물품들이나 왕실과 관련된 사유문赦宥文(죄를 사면해주는 문서) 작성 등이 해당되고, 후자에는 선왕의 부묘祔廟(종묘에 신주를 모시는 일)와 묘호 제정, 왕릉 축조 등의 중요 사안이 여기에 해당되었다.

성종 5년 12월부터 7년 정월까지의 1년여 동안 가장 중요한 정치적 이슈로 대두된 것은 왕의 생부인 의경세자(의경왕)의 신주를 종묘에 옮기는 것과 관련된 일련의 사안들이었다.[9] 성종 6년 5월

9_ 덕종의 종묘 봉안에 대한 논쟁
은 한형주, 『조선초기 국가제례
연구』, 115~119쪽 참조.

12일 정희왕후는 의지를 내려 성종의 생모인 인수대비(소혜왕후)의 위차를 예종비인 왕대비의 위에 놓도록 명하였다. 혈연상으로 따져볼 때 인수대비는 예종비의 손위 동서였지만 남편이 왕이 된 것은 예종비가 먼저였고, 대비로 추증된 것도 마찬가지였다. 이 때문에 의례상의 선후를 내세워 예문관 봉교인 안팽명安彭命 등은 이 조처에 반대하였다. 그러나 성종은 정희왕후의 의지를 핑계로 그대로 강행하였다.[10]

같은 해 9월 의경세자를 부묘할지의 여부로 왕과 신하들 사이에 치열한 논쟁이 일어났다. 이때 대다수의 신하들은 왕이 된 적이 없는 의경세자를 종묘에 모시는 것은 부당할뿐더러,

도9 **종묘 신실** ⓒ돌베개
왕의 신주는 서쪽에, 왕비의 신주는 동쪽에 모셨으며, 왕의 신주에는 흰색 수건을, 왕비의 신주에는 푸른색 수건을 덮었다.

종묘에는 이미 아버지를 칭했던 예종이 모셔져 있기 때문에 의경세자를 종묘에 모실 경우 결국 종묘에는 두 명의 아버지가 존재하게 된다며 강력히 반대하였다. 신하들의 반대가 거세자 정희왕후는 의지를 내려 의경세자의 부묘를 전제로 묘제의 세부사항을 정하도록 명하였다.[11] 그렇지만 여전히 반대론이 수그러들지 않자 6일 후에는 직접 의경세자의 부묘 절차를 원상들에게 의논하도록 명하였다.[12] 결국 다음 해 정월 의경세자는 덕종이라는 묘호로 종묘에 봉안되었다.

사실 이 일련의 과정은 정희왕후의 일방적인 결정이라기보다는 성종과의 사전조율에 의해 이루어진 것으로 판단된다. 성종이 친아버지인 의경세자를 높이는 데 강한 의지를 보이자 정희왕후 역시 죽은 큰아들에 대한 연민의 정이 있었기에 이에 동조한 것이다. 당시 신하들의 반발이 거세게 일어나자 성종은 "회간왕(의경세자)의 부묘는 내가 독단한 것이 아니라 의지를 받아 의논했을 뿐인데, 의지를 품의稟議하는 것이 불가하다는 뜻인가"라고 말하며, 대왕대비의

10_ 『성종실록』권55, 성종 6년 5월 12일.

11_ 『성종실록』권59, 성종 6년 9월 19일.

12_ 『성종실록』권59, 성종 6년 9월 25일.

뜻을 따를 수밖에 없다는 핑계를 대었다.[13]

한편 성종은 수렴청정 기간에도 상참常參(편전에서 의례를 갖추어 신하들을 만나는 일)과 경연經筵(왕이 신하들과 학문을 토론하는 일), 시사視事(왕이 업무를 봄), 윤대輪對(왕이 신하들을 만남) 등의 정치행위를 통해 신하들과의 일상적인 만남과 정책 결정을 수행하였다. 그렇지만 중요한 사안이 있을 경우에는 반드시 정희왕후에게 아뢴 뒤 그 결정을 받들어 시행하였다.

선정전에 나아가 비로소 정사를 보았다. 승지 등이 일을 아뢰면 상이 친히 결단하거나, 혹은 여러 원상과 의논하거나, 혹은 명하여 대왕대비에게 아뢰게 하였다. 정사를 보는 것이 파하면 승지가 아뢴 일을 다시 대왕대비에게 아뢰어 시행하고, 뒤에도 이와 같이 하였다.[14]

성종이 비록 왕으로서 정사를 보았지만 업무가 끝나면 승지가 그 내용을 정리하여 정희왕후에게 보고하고 결재를 받은 뒤에 정책이 시행되었음을 알 수 있다. 결국 정사의 최종 결정권자는 대왕대비였음이 분명히 드러나고 있다.

정희왕후의 의지는 기본적으로 왕의 교지와 동일한 것으로 간주되었고, 거기에 반발하는 신하들은 거의 없었다. 그러나 일부의 사안, 특히 불교와 관련된 정희왕후의 의지는 종종 신하들의 반대를 불러일으켰고, 왕 역시 이런 상황을 상당히 곤혹스러워했다.

성종 6년 5월 사헌부 사간인 박숭질朴崇質은 상소를 올려 "근래에 설잠雪岑이라는 중이 계율도 잘 모르면서 불경을 가르친다는 핑계로 정업원淨業院에 출입하면서 이틀 밤을 머물러 잤으니, 그 사이에 음란한 일이 있었는지도 알 수 없다"라고 지적하였다. 그는 이번 기회에 성안의 비구니가 사는 절들을 모두 헐어 없애자고 강경하게 주장하였다. 이에 대하여 성종은 자기 마음대로 결정할 문제가 아니라며 정희왕후의 의지를 받들어 시행하겠다고 회피하였다.[15]

정업원은 선왕들이 죽은 후 후궁들이 출가하여 머무는 비구니 절로 일반 절과는 달리 왕실과 밀접한 연관이 있는 곳이다. 따라서 정희왕후가 허락할 리 만무하였다. 그렇지만 유교를 국시로 내세운 상태에서 박숭질의 주장을 무시할 수만도 없었다. 다음 날 정희왕후는 정업원에 대해서는 언급하지 않은 채 "비구니들도 우리 백성인데 갑자기 절을 허물면 갈 곳이 없으니 성 밖의 빈 땅을 주어 옮겨 짓도록 하되, 인왕동의 절은 세조가 짓도록 한 것이니 헐어버릴 수 없다"는 내용의 의지를 내렸다.[16] 두 달 후 도성 안팎의 비구니 처소가 스물세 곳이나 철거되었지만, 인왕동 여승방은 정희왕후의 뜻에 따라 철거하지 못하게 하였다.[17]

도10 **정업원 옛터** ⓒ박상준
선왕들이 죽은 후 후궁들이 출가하여 머물던 비구니 절로 일반 절과는 달리 조선 왕실과 밀접한 연관이 있었다. 서울 종로구 숭인동 청룡사 경내 소재.

16_ 『성종실록』 권55, 성종 6년 5월 27일.

17_ 『성종실록』 권57, 성종 6년 7월 19일.

대비의 위차　　　TV에서 방영되는 사극을 보노라면 당쟁에서 패한 죄인이 유배지에서 죽는 장면이 나온다. 이때 죄인은 왕이 있는 북쪽을 향해 네 번 절한 뒤 경건하게 사약을 마시고 죽는다. 신하로서 죽는 순간까지도 왕에 대한 충절을 지킨다는 것을 상징적으로 보여주는데, 여기서 우리가 주목할 것은 왕이 있는 방향이 북쪽이라는 사실이다. 왕의 위치는 북쪽에서 남쪽을 바라보는 방식, 즉 남면南面을 취하였고, 신하들은 반대로 남쪽의 자리에서 북쪽을 우러러보았다.

조선시대에는 중국 황제에 대한 망궐례望闕禮와 정월 초하루, 동짓날 등에 시행하는 조하 등 국가의 중요한 행사들이 정전正殿이라는 공간에서 진행되었다. 정전으로는 조선 전기에는 경복궁의 근정전, 후기에는 창덕궁의 인정전이 일반적으로 사용되었다. 이때 왕은 행사의 주관자로서 문무관, 종친 등 신하들을 모아놓고 엄숙한 의례를 거행하였다. 반면 일상적으로 시행되는 국정은 편전便殿이

경복궁의 근정전과 창덕궁의 인정
전이 정전이라면 이 두 곳은 편전
이다. 정전에서는 주로 국가의 큰
행사가 처러졌고, 일상적인 국정
은 이곳 편전에서 이루어졌다. 조
선 전기에는 경복궁의 사정전, 후
기에는 창덕궁의 선정전이 편전으
로 사용되었다. •

라는 공간에서 이루어졌다. 조선 전기에는 경복궁 사정전, 후기에
는 창덕궁 선정전이 일반적으로 사용되었다.

　망궐례는 중국 황제에 대해 제후국인 조선의 왕이 행하는 의식
이기 때문에 별도다. 이를 제외한 모든 왕과 신하들의 만남은 왕을
상징하는 화려한 의장儀仗이 사방에 배치된 가운데 엄숙하게 시행
되었다. 이때 왕의 권위는 기본적으로 북쪽의 가운데에서 남쪽을
향하는 왕의 자리, 즉 어좌御座의 위치에서 드러난다.

　주목되는 사실은 대비와 왕비 등 궁중의 여인들은 비록 그 지위

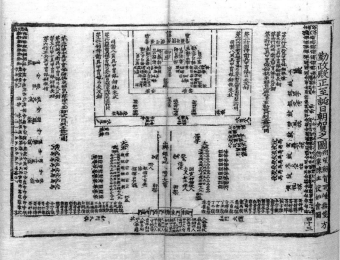

가 높다 할지라도 군신君臣 간에 이루어지는 공식적인 만남의 공간에 참여할 수 없었다는 사실이다. 예컨대 사대부가의 제사에 종부宗婦가 참여했던 것과 달리 종묘의 제사에는 왕비(대비) 이하가 참여할 수 없었는데, 이것은 국가(왕실) 의례의 특수성이라고 파악된다.[18] 이러한 상황에서 과연 대비는 어느 위치에서 수렴청정을 했을까.

처음 청정을 시행하였던 세조비 정희왕후는 공식적으로 신하들을 모아놓고 정무를 본 적이 없었다. 그녀는 몇몇 원상 및 승지들과 만나 주요 국사를 의논하여 결정하였고, 이것을 전지傳旨, 전교의 형태를 통하여 하달하였다. 성종은 신하들과의 업무가 끝나면 일상적으로 대비전에 나가 하루 동안 논의된 국사의 내용을 아뢰어 정희왕후의 전교, 의지를 받아 최종적으로 국사를 결정했다. 이런 상황에서 왕과 대비의 위치는 고민의 대상이 아니었다.

명종대 문정왕후가 수렴청정을 하면서 이러한 방식은 바뀌었다. 처음에 문정왕후는 자신의 침방寢房인 충순당忠順堂의 문에 발을 내린 채 왕과 신하들을 문밖에 불러서 업무를 보았다.[19] 그러다가 왕과 신하가 모여 있기에는 장소가 너무 좁다는 지적이 나오자 왕이 업무를 보는 장소인 편전, 즉 사정전으로 나가 국무를 처리하였다.

도13 **어좌** ⓒ박상준

어좌는 왕의 자리라는 뜻으로, 사진은 경복궁 근정전 안쪽에 있는 어좌다. 어좌는 정전의 정중앙에 위치하는데, 사진 속 어좌 뒤로, 대표적 왕실 장식화 가운데 하나인 일월오봉도가 보인다.

도14 **『국조오례서례』 권2 「배반도」중 근정전정지탄일조하지도勤政殿正至誕日朝賀之圖**

정월 초하루와 동지, 왕의 탄신일에 시행되는 조회는 가장 규모가 큰 것으로, 축하행사가 이어지기 때문에 '조하'라는 명칭을 썼다. 근정전을 배경으로 행사에 참여하는 사람과 의장의 위치가 표시되어 있어 전체적인 규모를 알 수 있다.

18_ 18세기 숙종대 이후 왕비, 세자빈 등이 종묘 제사에 참여하는 규정이 만들어짐으로써 그 상황은 바뀌었다. 그렇다 하더라도 책봉, 혼례와 같은 특수한 경우에 한정되어 있었다.

19_ 『명종실록』 권1, 명종 즉위년 7월 9일.

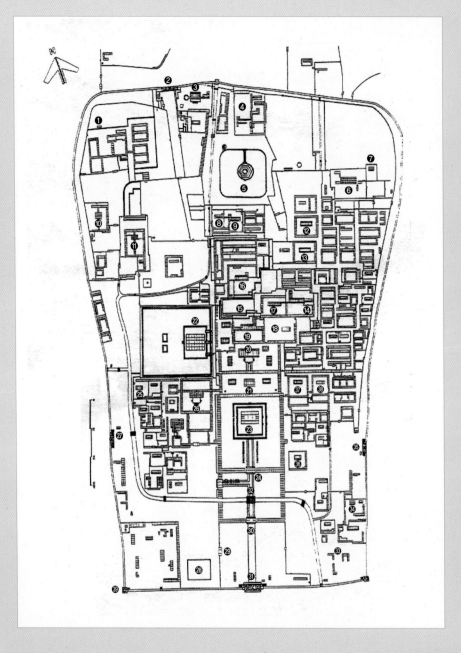

❶ 간의대簡儀臺　❷ 신무문神武門　❸ 집옥재集玉齋　❹ 건청궁乾淸宮　❺ 향원정香遠亭　❻ 선원전璿源殿　❼ 경안당敬安堂　❽ 함화당咸和堂
❾ 집경당緝敬堂　❿ 회안전會安殿　⓫ 문경전文慶殿　⓬ 만화당萬和堂　⓭ 만경전萬慶殿　⓮ 자경전慈慶殿　⓯ 아미산峨嵋山　⓰ 흥복전興福殿
⓱ 자미당紫薇堂　⓲ 인지당麟趾堂　⓳ 교태전交泰殿　⓴ 강녕전康寧殿　㉑ 사정전思政殿　㉒ 경회루慶會樓　㉓ 근정전勤政殿　㉔ 근정문勤政門
㉕ 내각内閣　㉖ 수정전修政殿　㉗ 영추문迎秋門　㉘ 연못　㉙ 용성문用成門　㉚ 홍례문弘禮門　㉛ 광화문光化門　㉜ 영제교永濟橋
㉝ 오위도총부五衛都摠府　㉞ 상의원尚衣院　㉟ 건춘문建春門　㊱ 계조당繼照堂　㊲ 자선당資善堂　㊳ 비현각丕顯閣　㊴ 서십자각西十字閣

이로써 수렴청정은 좀 더 공적인 공간에서 이루어지게 되었다.

명종대에 대비가 왕과 신하들을 공식적으로 만나면서 그 위치는 조정될 수밖에 없었다. 그런데 왕과 대비의 위치는 편전에서 정무를 볼 때와 경연을 시행할 때 각각 다르게 나타났다. 편전에서는 대비가 북쪽의 중앙에 자리잡고, 왕은 대비 아래편의 서쪽에서 동쪽을 바라보았으며, 신하들은 그 남쪽에서 북향하였다. 이때 대비와 왕 사이에 발이 드리워졌다. 이러한 형태는 실제로 정무를 처리하는 주체가 대비임을 드러낼 뿐 아니라 남면을 시행하는 주체가 왕이 아닌 대비였음을 보여준다.

반면 경연에서의 위치는 이와 달랐다. 경연은 원래 왕이 공부하는 자리 혹은 제도이지만 학문을 토론하는 과정에서 자연스럽게 현실 정치가 논의되기 때문에 대비도 참석하게 되었다. 왕이 학자들과 학문을 논하는 것이 경연의 주된 목적이었으므로 왕이 주체가 될 수밖에 없었다. 때문에 왕과 대비는 동서로 마주 보았고 신하들은 남쪽에서 북향하였다. 이때 발은 왕과 대비를 신하들로부터 구분하는 방식으로 설치되었다.

경연에서의 대비와 왕의 위치는 명종대 이후의 수렴청정에서도 그대로 유지되었다. 그러나 정무를 볼 때의 위치는 조금씩 바뀌었다. 선조대에 인순왕후가 수렴청정을 할 때는 대비가 북쪽 가운데에, 왕은 아래편 서쪽에 위치했는데, 왕과 신하 사이에 발을 내렸다. 반면에 순조대에 정순왕후가 수렴청정을 할 때는 다시 바뀌어, 대비가 북쪽의 동편에 자리하고 왕은 그 아래쪽의 서편에 앉았는데, 대비와 왕은 모두 남향하였다. 이때 발은 왕과 대비 사이에 놓였다. 이상의 변화를 그림으로 표시하면 다음과 같다.[20]

왕이 북쪽의 정중앙에 위치하고 신하들이 남쪽 좌우에 위치하는 것이 일상적인 왕과 신하 사이의 위치임을 상기할 때, 대비가 북쪽에 위치하되, 왕과 동일선상이 아닌 뒤쪽 가운데에 있었던 것은 대비가 왕을 넘어선 최고의 지존임을 나타낸다. 한편 발을 드리운 것

20_ 임혜련, 「19세기 수렴청정 연구」, 84쪽, 90쪽, 100쪽의 표를 바탕으로 하되, 대폭 첨가·수정을 하였다. 특히 순조대의 왕의 위치는 중앙이 아니라 약간 서쪽으로 수정하였다.

도15 북궐도형의 경복궁 배치도

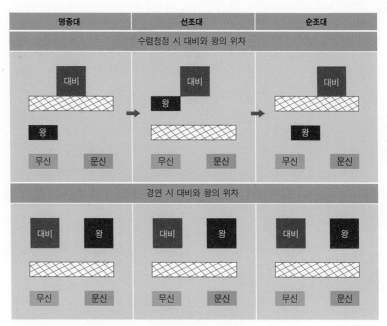

명종대	선조대	순조대
수렴청정 시 대비와 왕의 위차		
대비 왕 무신　문신	대비 왕 무신　문신	대비 왕 무신　문신
경연 시 대비와 왕의 위차		
대비　왕 무신　문신	대비　왕 무신　문신	대비　왕 무신　문신

〈표2〉 왕과 대비의 위차 변화

은 여성으로서 남성들과 내외를 한다는 의미와 더불어 신하들과는 구분된 독립 공간에 존재했음을 상징한다. 왕이 발의 안쪽에 있느냐의 여부 및 왕의 자리가 정중앙에 있느냐는 왕권의 상징성이라는 차원에서 파악할 때 중요한 문제다. 즉 대비와 왕이 발의 안쪽에 같이 있었던 선조대보다는 대비만이 발 안쪽에 위치했던 명종대 및 순조대의 왕권이 미약했다고 생각되며, 한편 왕의 위치가 중앙에 좀 더 가깝게 배치되었던 순조대보다는 오른쪽에 치우쳐 있었던 명종대에 대비의 권력이 좀 더 강했다고 판단된다.

수렴청정의
운영 규정

선조 즉위년 인순왕후가 시행한 8개월간의 짧은 시기를 제외하면 수렴청정은 200여 년이 넘도록 역사에서 모습을 감추었다. 그러다가 1800년 정조의 갑작스러운 죽음으로 어린 순조가 즉위하면서 영조비 정순왕후의 수렴청정이 재개되었다. 그런데 수렴청정이 시작됨과 동시에 과거

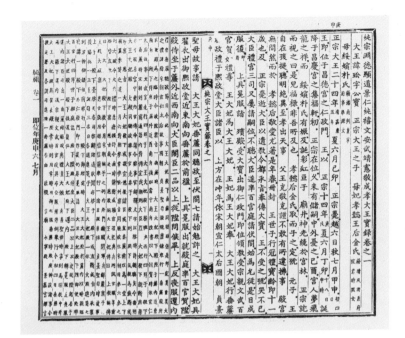

도16 **수렴청정절목**
『순조실록』 권1, 순조 즉위년 7월
4일 기사. 정조 사후 순조가 즉위
하자, 영조의 계비 정순왕후가 대
왕대비가 되어 수렴청정에 관련된
사항을 정한 것이다.

세 차례의 수렴청정 경험을 바탕으로 12개 조항의 '수렴청정절목'
垂簾聽政節目이라는 일종의 운영 규정이 만들어졌다.
이 규정 중 중요한 것을 적으면 다음과 같다.[21]

21_ 『순조실록』 권1, 순조 즉위년
7월 4일.

1. 수렴 장소는 편전으로 한다.
2. 수렴 시 대비의 위치는 발 안쪽 동쪽 근처에서 남향하고, 왕
   은 발 바깥 서쪽 근처에서 남향한다.
3. 수렴 시 관료가 왕에게 아뢰면 왕이 직접 결재하거나 대비에
   게 아뢴다. 대비는 직접 자교慈敎를 내리거나 발 앞에서 신하
   의 보고를 듣는다.
4. 대비는 한 달에 여섯 번 청대請對하되, 큰 정령政令이나 전례典
   禮, 급한 변경邊境의 보고 등은 수시로 한다. 나머지 주요 사
   항은 왕에게 보고하여 자지慈旨에 품하여 재결한다.
5. 자교는 대왕대비전왈大王大妃傳曰, 상교上敎는 전왈傳曰로 칭한
   다. (궁궐) 내외 문의 개폐와 군병의 해엄解嚴(해산과 집결)은 왕

에게 아뢰고, 대비의 자지를 받은 후에 시행한다.

6. 여러 신하들의 소장疏章 및 대간, 각 관청의 문서는 왕이 재
   결하거나 자전의 비답을 받는다.
7. 왕이 경연에 나가면 대비도 참석한다.
8. 수렴청정의 의례는 정희왕후의 예에 의거한다. 평상시 대비
   의 복장은 상복常服이다.

위의 내용을 통해 몇 가지 사실이 주목된다.

먼저 정순왕후가 수렴청정할 때의 의례는 성종대 정희왕후의 사
실을 모델로 삼았음이 표방되었다. 수렴과 청정이 결합된 형태는
명종대 문정왕후에서 시작되었음에도 불구하고 이를 배제한 것은
정희왕후의 사례가 후대에 가장 좋은 평가를 받았다는 사실을 알려
준다.

둘째, 수렴청정의 장소는 이전과 마찬가지로 편전으로 확정되었
다. 대비와 왕의 위치는 변동되어 왕이 발 바깥에 있고, 대비와 왕
의 위치는 중앙에서 약간 동·서쪽에 치우치되, 양자가 남면하는 방
식을 취하였다.

셋째, 신하들을 공식적으로 만나는 청대를 5일마다 한 번씩, 그
러니까 한 달에 총 여섯 번으로 정례화했다. 이것은 송나라 선인태
후의 사례를 모방한 것으로 표방되었지만 실제로는 고려시대 이래
왕이 한 달에 여섯 차례 의식을 갖추어 정무를 보는 육아일六衙日
제도를 염두에 두고 시행한 것으로 보인다.

넷째, 대비와 왕의 역할 분담이 이루어졌다. 수렴 때에는 왕과
대비가 직접 관료들의 보고를 듣고 결정하지만, 그렇지 않을 경우
특히 중요 사건이 발생하면 왕은 반드시 대비의 자지慈旨(의지)를 받
아 결정하도록 규정되었다.

'수렴청정절목'이 순조대에 제정된 이후 헌종, 철종, 고종대에
수렴청정이 시행될 때에도 각각 별도의 '절목'이 제정되었다. 헌종

이후의 절목에서는 대비가 경연에 참석한다는 조목이 삭제되었지만 이를 제외한 나머지는 순조대와 대략 비슷한 것으로 판단된다.[22]

'수렴청정절목'의 제정은 수렴청정이 시행될 때 대비와 왕의 권한 및 역할을 분명히 함으로써 좀 더 효율적인 운영을 꾀할 수 있다는 점에서 긍정적으로 볼 여지가 있다. 그러나 '수렴청정절목'은 통치자로서의 경륜이 부족한 대비에게 절대적 정치권력을 합법적으로 부여하는 규정에 불과했고, 여기에 외척세력이 결합되어 정치적 전횡이 자행되는 세도정권으로 이어짐으로써 역사상 긍정적 역할을 수행했다고 평가하기는 어렵다.

22_ 임혜련, 「19세기 수렴청정 연구」, 91~94쪽.

王妃日常

3 시기마다 다른 수렴청정

수렴청정은 체계적인 정치 훈련을 받을 기회가 전혀 없었던 대비가 국정을 담당했다는 데 기본적인 특징이 있다. 대비는 왕이 친아들(손자)인 경우는 말할 것도 없고 그렇지 않을 경우에도 자신에게 유리한 인물을 선택한 뒤 왕실의 최고 어른이라는 지위를 내세워 강력한 권한을 행사하였다. 이 과정에서 식견이 부족한 대비가 기댔던 사람들은 친정식구들이었고, 결과적으로 외척세력에 의한 비정상적인 정국의 운영으로 이어짐으로써 후대에 대단히 부정적인 평가를 받았다.

조선시대의 수렴청정은 앞서 언급했듯이 여섯 명의 대비에 의하여 일곱 차례 시행되었다. 이중 순조비인 순원왕후 김씨는 헌종대에 7년간, 철종대에 3년간, 두 번의 수렴청정을 시행한 유일한 대비가 되었다. 반면에 명종비 인순왕후는 선조대에 8개월이라는 가장 짧은 기간 동안 청정을 시행했던 대비로 기록되었다.

수렴청정 기간에 행사된 대비의 권력은 기본적으로 왕을 능가한다. 그러나 왕의 나이, 친아들(손자)인지의 여부, 개인적인 품성, (전대) 왕권의 강약 등에 따라 그 모습은 다르게 나타났다. 특히 당대 정치계의 동향 및 대비의 친정세력이 얼마나 든든한지에 따라 권한 행사에 상당한 차이가 나타났다. 예컨대 명종비 인순왕후는 36세라는 비교적 젊은 나이에 청정을 시작했지만 선조의 즉위 연령이 16세에 이르렀고, 남편의 살아생전에 시어머니인 문정왕후의 기세에 억눌려 친정의 권력 장악이 그다지 진행되지 못했기 때문에 8개월이라는 짧은 기간 만에 철렴할 수밖에 없었다. 고종대 익종비 신정왕후의 경우에도 왕의 친아버지인 흥선대원군의 활약으로 수렴청정의 의미는 축소되었다. 반면에 순조비 순원왕후는 헌종과 철종 두 왕에 걸쳐 수렴청정을 시행했는데, 이때는 이미 세도정권이 극성을 부리던 시기로 대비의 청정은 안동 김문 세도가를 대변한 것으로 평가되었다.

위의 세 가지 사례와 비교해볼 때 성종대의 정희왕후, 명종대의 문정왕후, 순조대의 정순왕후의 수렴청정은 각기 특징을 지니고 있다. 정희왕후는 청정의 첫 번째 시행자로 후대에 모범적인 사례로 평가받았다. 반면에 문정왕후는 잘못된 수렴청정의 사례로 후대에 혹독한 비판을 받았다. 더 나아가 정순왕후의 수렴청정은 청정과 외척세력이 결탁되어 이른바 '세도정권'을 낳았다는 부정적인 평가를 받았다. 위의 사례들은 조선 전기와 중기, 그리고 후기의 각 시대별 정치 상황을 바탕으로 시행되었기 때문에 각 사례별로 독특한 모습을 보여줄 뿐 아니라 시기별 양상을 비교할 수 있게 해준다. 이하에서는 수렴청정을 통한 대비의 권력 행사를 시대별 군권-신권의 강약 및 후대의 평가와 결부시켜 그 특징을 중심으로 살펴보겠다.

정희왕후, 조선 최초로 수렴청정을 행하다

조선에서 처음으로 수렴청정을 수행한 정희왕후는 원래 왕비 출신이 아니었다. 그녀는 11세에 수양대군에게 시집와 낙랑부대부인樂浪府大夫人에 봉해졌다가 37세인 1455년에 수양대군이 왕으로 즉위하면서 왕비가 되었다. 그러나 왕비가 된 지 3년 만인 1457년에 큰아들인 의경

조선의 제7대 왕 세조의 비인 정희왕후는 큰아들과 남편, 둘째 아들을 먼저 떠나보내는 아픔을 겪어야 했다. 이런 비운을 겪은 그녀는 아들 예종이 세상을 떠나자 둘째 손자 자을산군을 선택하여 왕위에 앉혔고, 조선 최초로 수렴청정을 행했다. 경기도 남양주시 진접읍 부평리에 있는 정희왕후릉은 사적 제197호로 지정되었다.

세자가 20세의 나이로 사망하였고, 51세였던 1468년에는 남편인 세조를 여의었으며, 남편의 뒤를 이어 즉위한 둘째 아들 예종 역시 1년 2개월 만에 죽는 불운을 겪었다. 그녀는 35세의 나이에 남편 수양대군이 쿠데타를 일으켜 왕이 되고, 2년 뒤에 조카인 단종을 죽이는 모습을 직접 목격하였다. 그리고 남편의 사망은 물론 스무 살도 안 된 두 아들이 연이어 죽는 것을 지켜보는 비운을 겪었다. 이러한 경험들은 그녀가 자을산군(훗날 성종)을 왕으로 선택하는 데 결정적인 역할을 했을 것이다.

예종이 사망했을 때 정희왕후가 왕으로 선택할 수 있는 카드로는 네 살인 예종의 아들 제안대군과 자신의 장남인 의경세자의 두 아들 16세의 월산군 및 13세의 자을산군이 있었다. 그녀는 어린 제안대군과 장손인 월산군을 제치고 둘째 손자인 자을산군을 선택하였다. 자을산군은 왕의 자질이 뛰어날뿐더러 장인인 한명회가 버팀목이 될 것이라고 판단했던 것이다. 이러한 선택은 후대에 탁월한 것으로 평가되었다.

정희왕후는 청정 기간 동안 무엇보다 정치적 안정을 추구하였다. 그녀는 예종대에 세조 말년 이시애李施愛의 난을 계기로 등용되었던 구성군 이준李浚, 남이南怡 등이 한명회, 신숙주 등 훈구대신들과의 갈등 속에서 제거되는 과정을 목격하였다.

정희왕후는 이들 훈구대신들과 갈등을 일으키기보다는 이들과의 협력을 통하여 정국의 안정을 꾀하였다. 한명회의 사위인 성종을 왕으로 삼은 것은 그러한 선택을 상징적으로 보여준 것이다.

정희왕후의 청정은 일상적으로 국왕 및 신하들과 만나 국사를 의논하는 방식을 취하지 않았다. 오히려 몇몇 원상들과 상의하여 국사를 정하는 방식을 선호하였다. 한편으로 그녀는 어린 왕의 교육에 지대한 관심을 보였는데, 여기에 성종의 학문에 대한 열정이 결합되어 경연이 활성화되었다. 과거 세종대 하루에 한 차례 시행되었던 경연은 성종대에 하루에 세 번, 즉 조강, 주강, 석강의 3강 체제로 틀이 갖추어졌다. 호문好文 군주로서의 성종의 이미지는 이 시기에 다져진 것이다.

정희왕후는 성종이 즉위했을 때 이미 15년간 중전 및 대비로 있었기 때문에 어느 정도 정치적 감각을 체득했지만 기본적으로 학문에 익숙하지 않았다. 처음 신하들이 수렴청정을 요청하였을 때 그녀는 "나는 문자文字를 알지 못하여 정사를 청단하기 어렵다. 사군嗣君(성종)의 어머니 수빈이 글도 알고 사리도 밝으니 이를 감당할 만하다"라며 사양하였다. 이때 신숙주가 "승지가 문자를 해석하여 아뢰면 청단하는 데 어려움이 없을 것입니다"라고 대답하자, 그제야 청정을 수락하였다.[23]

정희왕후는 국사를 처리할 때 원상과 승지를 참석시켰다. 그리고 결정된 사실을 의지로 작성하거나 전교할 때는 승지가 담당하였다. 그렇지만 정희왕후의 명령을 모두 승지가 작성했던 것은 아니다. 이와 관련하여 두대豆大라는 인물이 주목된다.

교지를 내리기를, "사비私婢 두대는 세조조부터 지금까지 내정內庭에서 시중들기를 부지런하고 삼간 공이 있으니 영구히 양인良人이 되는 것을

23_『성종실록』권2, 성종 1년 1월 13일.

허락한다" 하였다. 사신史臣이 이르기를, "두대는 성이 조趙로, 광평대군의 가비家婢였는데, 성품이 총명하고 지혜로우며 문자에 밝았다. 여러 조朝의 내정에 시중하여 궁중의 고사故事를 많이 알았다. 정희왕후가 수렴할 때에는 기무機務를 출납出納하여 기세가 대단하여, 그 여동생이 대관臺官과 길道을 다투는 데까지 이르러 큰 옥사를 만들었으니, 조정을 유린하는 것이 이와 같았다. 문을 열어 뇌물을 받으니 부끄러움이 없는 무리들이 뒤질세라 분주하게 다녔다. 왕왕 그것을 인연하여 갑자기 고관에 이르렀는데, 이철견과 민영견, 변처녕이 더욱 심한 자이었다" 하였다.[24]

24_『성종실록』권145, 성종 13년 윤8월 11일.

위의 기사에 따르면 두대라는 여성은 원래 세조의 동생인 광평대군의 노비였는데, 궁중에 들어와 정희왕후의 시중을 들었다. 두대는 총명한 데다 문자에 밝아서 그 인연으로 정희왕후가 수렴할 때 대비전의 중요 업무를 출납했다고 한다. 기무 출납은 단순히 작성된 문서를 전달하는 과정에만 머물지 않고 정희왕후의 명령을 글로 작성하여 해당 관청에 전해주는 역할도 포함되었을 것이다. 특히 정희왕후가 글을 잘 모르는 상황에서 두대의 역할은 클 수밖에 없었다. 두대의 여동생이 길가에서 대신들도 피해가는 사헌부의 관리와 드잡이를 하고, 나아가 노골적으로 뇌물을 받고 관직을 올려주었다는 사관의 지적은 당시 두대의 위세를 실감나게 보여준다. 최고 권력자인 정희왕후가 글을 몰라 그것을 대필하는 궁녀가 위세를 부린 것은 수렴청정기의 독특한 현상이라 하겠다.

　이러한 문제점이 일부 지적되기도 하였지만 성종 초반 8년간 이루어진 정희왕후의 청정에 대한 후대의 평가는 상당히 긍정적이다. 그녀의 집권 시기에는 특별한 정치적 혼란이 일어나지 않았고, 성종의 친정으로 나가는 과정 역시 무리 없이 진행되었기 때문이다. 특히 친정 이후의 성종은 조선 왕조의 체제를 완성시킨 대표적인 현주賢主의 한 명으로 평가되었는데, 성종을 선택하여 훌륭하게 교육시킨 것은 정희왕후의 공이라고 칭송되었다. 따라서 문정왕후 이후 수렴청정이 시행되었을 때 대비들이 모범으로 삼은 것은 바로 이 정희왕후의 사례였다.

문정왕후, 막강한 영향력을 행사하다   두 번째 대비의 청정 사례이자 수렴청정을 제도적인 차원으로 끌어올린 사람은 중종의 계비인 문정왕후다. 그런데 문정왕후의 수렴청정은 정희왕후와 달리 후대에 대단히 부정적인 평가를 받았다. 그것은 문정왕후가 수렴청정을 하는 동안에 을사사화가 발생하여 사림들이 큰 피해를 입었고, 한편으로 보우普雨를 통하여 친불교정책을 시행했다는 사실에 기인하였다. 여기에 수렴청정의 성립 단계부터 철렴 이후, 그리고 사망에 이를 때까지 문정왕후가 보여준 독단적인 행동은 인간적인 혐오감마저 불러일으키는 것이었다.

1545년 7월 1일 인종이 경복궁의 청연루淸讌樓에서 사망하였다. 궁중에 있던 신하들과 소식을 전해들은 궁 밖의 성균관 유생 및 백성들이 통곡을 하였다. 이윽고 사정전에 빈전이 마련되었는데, 이때 문정왕후는 다음과 같이 전교하였다.

> 대비가 영상·좌상에게 전교하기를, "대군이 즉위하더라도 나이가 어리니(이때 12세였다) 정희왕후께서 성종(13세에 즉위하였다)의 정사를 섭행한 때의 예와 같이 모든 공사公事는 원상이 함께 의논하여 처결하라" 하였다.[25]

선왕의 사망 당일, 이제 막 빈전이 마련되는 상황에서 아직 즉위도 하지 않은 사왕嗣王(왕위를 이은 임금)의 섭정을 맡겠다는 문정왕후의 전교에 신하들은 당황하였다. 당시 선왕인 인종에게는 아들이 없었기 때문에 다들 이복동생인 경원대군의 즉위를 당연하게 받아들였다. 경원대군은 겨우 12세였기 때문에, 즉위할 경우 대비의 청

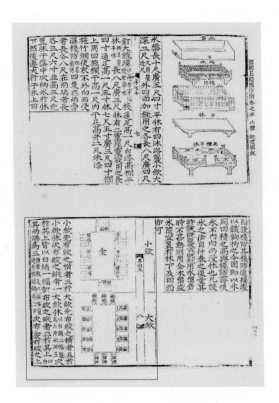

도18 『국조오례의』성빈 한국학중앙
연구원 장서각 소장.
왕과 왕비가 사망했을 때 사용하
는 각종 평상과 염할 때의 수의를
그림과 함께 설명하고 있다.

정이 마땅하였다. 그런데 선왕이 죽자마자 그새를 못 참아 문정왕후 스스로 섭정을 자처했던 것이다. 더욱이 신하들이 섭정을 청하면 몇 번 사양하다 받아들이는 게 형식적인 절차였음에도 불구하고 이를 완전히 무시했으니, 신하들의 입장에서는 얼마나 황당했겠는가.

문정왕후는 인종비인 인성왕후(1514~1577)의 섭정 가능성을 사전에 차단하는 동시에 인종을 미워하는 감정을 노골적으로 드러냈다. 인종은 중종의 첫 번째 계비인 장경왕후 윤씨의 소생인데 태어난 지 6일 만에 어머니를 잃었다. 2년 뒤에 중종의 두 번째 계비가 된 문정왕후는 오랫동안 아들이 없다가 34세의 나이에 이르러서야 경원대군을 낳았다. 이 때문에 문정왕후는 인종이 세자로 책봉될 때 어떠한 조처도 취할 수 없었다. 이후 인종을 지지하는 대윤大尹과 문정왕후를 지지하는 소윤小尹이 정치적으로 대립하였고, 중종이 죽은 후 병약한 인종이 즉위하자 두 사람의 갈등은 더욱 심해졌다.

문정왕후는 인종의 국장을 시행할 때 예를 다하지 않았을뿐더러 그 기간마저 짧게 끝냈다. 사망 후 3일째에 시행해야 할 소렴小敏을 날씨를 핑계로 다음 날에 시행하였고, 대렴大敏도 5일째 시행해야 하는데 4일 만에 행하였으며, 성빈成殯(빈소를 차리는 것) 역시 하루를 앞당겨 시행하였다. 성빈 날짜를 앞당긴 것은 성빈 뒤에 시행되는 즉위식을 빨리 하려는 의도였다. 더욱이 영의정 윤인경尹仁鏡이 인종의 국상을 검소하게 지내자고 주장[26]한 것은 인종의 국상을 박하게 하려는 문정왕후의 뜻을 대변한 것이다.

문정왕후가 대윤을 대대적으로 숙청하는 과정에서 이해(1545) 9월

26_ 『명종실록』권1, 명종 즉위년 7월 12일.

을사사화가 일어났다. 명종이 즉위한 지 두 달 만에 인종의 외척들을 중심으로 구성된 대윤을 제거하려는 음모가 전개되었는데, 소윤인 윤원형 일파가 대윤인 윤임, 유관, 유인숙 등이 역모를 꾀한다고 무고한 것이다. 윤원형은 문정왕후의 동생이었다. 이 사건으로 장경왕후의 오빠인 윤임 등 대윤뿐만 아니라 10여 명의 사람들이 처형되었고, 그 여파는 5~6년간 이어져 100여 명이 죽었다. 을사사화 이후 외척인 소윤에 의한 정권의 농단은 더욱 심화되었다.

2년 뒤인 1547년 양재역 벽서사건이 일어났다. 부제학 정언각鄭彦慤과 선전관 이로李櫓가 경기도 과천의 양재역에서 가져온 익명의 벽서에는 다음과 같이 적혀 있었다.

"여주女主가 위에서 정권을 잡고 간신 이기李芑 등이 아래에서 권세를 농간하니 나라가 장차 망할 것을 서서 기다릴 수 있다. 어찌 한심하지 않은가. 중추월 그믐날."[27]

도19 『연려실기술』 권10 명종조 고사본말明宗朝故事本末 을사사화乙巳士禍 한국학중앙연구원 장서각 소장.
『연려실기술』 중 을사사화와 관련된 내용을 촬영한 것이다.

27_『명종실록』 권6, 명종 2년 9월 18일.

문정왕후와 소윤의 전횡을 비판하는 벽서를 빌미로 소윤은 또다시 나머지 대윤 세력을 제거하는 피의 숙청을 일으켰다. 그런데 이 사건의 진위 여부를 떠나 벽서의 내용에는 문정왕후의 수렴청정에 대한 당시 사람들의 부정적 인식이 잘 드러나 있다.

더욱이 문정왕후는 1549년부터 봉은사의 주지였던 승려 보우를 신임하여 그를 통하여 불교의 부흥을 꾀하였다. 다음 해 12월 문정왕후는 선종禪宗과 교종敎宗 양종을 다시 부활시킨다는 비망기備忘記(왕이 승지에게 내리는 명령문의 일종)를 내렸고, 다음 해인 1551년 5월 선종과 교종을 정식으로 부활시켰다. 아울러 1552년 4월에는 승려들의 과거시험인 승과僧科를 전격적으로 실시하였다.

이상과 같은 불교 진흥책은 문정왕후의 개인적인 신앙에 따른

도20 **봉은사** ⓒ돌베개

중종의 계비 문정왕후는 수렴청정을 하는 동안 불교 진흥책을 시행했다. 그런 그녀의 신임을 받았던 승려가 바로 봉은사의 주지 보우였는데, 문정왕후는 그를 통해 불교의 부흥을 꾀하는 여러 정책을 펼쳤다. 이런 불교 진흥책은 유교를 국시로 표방했던 조선에서 광범위한 반대론을 불러일으켰다.

것이지만 당시 유교를 국시로 표방했던 조선에서 광범위한 반대론을 불러일으켰고, 문정왕후에 대한 사림의 비판의식은 극에 달하였다.

1553년 7월 12일 문정왕후의 9년간의 수렴청정이 끝나고 명종의 친정이 시작되었다. 문정왕후의 입장에서는 수렴청정에 대한 여론이 대단히 나쁜 데다가 명종의 나이 20세가 되었기 때문에 더 이상 수렴할 명분이 없었던 것이다. 그러나 수렴청정이 끝났다고 해서 문정왕후의 영향력이 약화된 것은 아니었다. 이후에도 문정왕후는 의지를 통하여 막강한 영향력을 행사하였고, 정권은 문정왕후의 외척인 소윤이 장악하고 있었다. 이러한 대비의 영향력은 1565년(명종 20)에 문정왕후가 죽으면서 비로소 막을 내렸는데, 그로부터 2년 후에 명종 역시 사망하였다. 명종의 치세는 문정왕후의 영향력 아래에 있었다고 해도 과언이 아닌 것이다.

명종의 문정왕후에 대한 마더 콤플렉스는 상당히 강했던 것으로 판단되는데, 가장 큰 원인은 모후의 독한 성격 때문이었다. 이긍익李肯翊의 『연려실기술』에는 문정왕후와 명종의 유명한 일화가 실려 있다.

상의 나이 이미 장성하였으므로 대비가 비로소 환정還政하였다. 따라서

조선의 제11대 왕 중종의 계비인 문정왕후는 명종을 왕위에 앉히고, 수렴청정을 행하였다. 그녀에 대한 후대의 평은 대단히 부정적이다. 수렴청정 기간에 을사사화가 일어나 사림은 큰 피해를 입었고, 문정왕후는 자신의 종교였던 불교를 부흥시키기 위해 반대를 무릅쓰고 다양한 진흥책을 펼쳤다. 또한 청정 이후에도 외척 소윤을 중심으로 국사 전반에 막강한 영향력을 행사하였다. 서울시 노원구 공릉동에 있는 문정왕후릉은 사적 제201호로 지정되었다.

마음대로 위세를 부리지 못하게 되었다. 만일 하고 싶은 일이 있으면, 곧 언문諺文으로 조목을 나열하여 중관中官을 시켜서 외전에 내어 보냈다. 상이 보고 일이 행할 만한 것은 행하고, 행하지 못할 것이면 곧 얼굴에 수심을 나타내며 그 의지를 말아서 소매 속에 넣었다. 이로써 매번 문정왕후에게 거슬렸다. 문정왕후는 불시에 상을 불러들여, "무엇 무엇은 어째서 행하지 않느냐"고 따졌다. 상이 온순한 목소리로 그것의 합당성 여부를 말하면, 문정왕후는 버럭 화를 내며, "네가 왕이 된 것은 모두 우리 오라버니와 나의 힘이다. 너는 편안히 앉아 복을 누리면서 내 명을 어기느냐" 하였다. 어떤 때는 때리기까지 하여 상의 얼굴에 기운이 없고 눈물 자국까지 보일 적이 있었다.[28]

철렴 이후에도 문정왕후가 마음대로 행동하였고, 명종이 뜻대로 움직이지 않으면 구타까지 일삼았다는 내용이다. 과연 대비가 다 큰 아들, 그것도 왕을 구타까지 했는지는 확신할 수 없다. 그렇지만 드센 어머니에게 휘둘리는 명종의 불쌍한 모습은 충분히 상상할 수 있을 것이다.

28_『연려실기술』 권10, 명종조 고사본말 대비의 대리정치.

도22 **『연려실기술』 고사본말 대비수렴**大妃垂簾 한국학중앙연구원 장서각 소장.
명종이 왕위한 후 그의 모후 문정왕후의 수렴청정에 관해 기록한 부분이다.

수렴청정의 절목을
제정한 대비, 정순왕후

정순왕후는 영조가 66세였던 1759년
에 15세의 나이로 왕비가 되었다.
1800년 정조가 죽고 그의 아들인 열한 살의 순조가 즉위하였을 때
정순왕후의 나이는 56세였다. 당시 며느리로는 열 살 연상인 사도
세자의 부인 혜경궁 홍씨가 생존해 있었고, 손자며느리인 정조비
효의왕후 및 후궁으로 순조의 생모인 수빈 박씨 역시 살아 있었다.

사실 정순왕후는 순조와 직접적인 혈연관계가 있는 것도 아니었
고, 왕의 친할머니인 혜경궁 홍씨(경의왕후)가 생존해 있는 상황이라
그녀가 반드시 수렴청정을 한다는 보장은 없었다. 선조대의 수렴청
정을 인종비인 인성왕후가 아닌 명종비 인순왕후가 담당했던 선례
가 있었기 때문이다. 그러나 당시 왕비로 추숭되지 못했던 혜경궁
홍씨와 달리 정순왕후는 영조 때 정식으로 책봉된 왕비였고, 지지
세력인 노론이 정계에 영향력을 발휘하는 상황에서 왕실 최고의 어
른임을 내세워 수렴청정을 담당하게 되었다. 정순왕후는 일곱 번이
나 사양하는 모습을 보이며 수렴청정에 임하였지만 청정의 안정화
를 위하여 최초로 '수렴청정절목'을 제정하였음은 앞 장에서 언급
하였다.

정순왕후는 4년간의 수렴청정 기간에 신유사옥으로 불리는 대규
모 박해 사건을 저지름으로써 후세에 독한 여인이라는 이미지를 남
겼다. 그런데 이 사건은 정순왕후의 친정과 연결된 태생적 한계 때
문에 발생하였다.

1762년(영조 38) 5월 형조판서 윤급尹汲의 청지기였던 나경언이
라는 자가 세자의 난행과 비행은 물론이고 장차 반역을 꾀하고 있
다며 고변하는 사건이 일어났다. 이 사건은 당시 대리청정을 하고
있던 세자를 지지하는 세력과 반대하는 세력 간의 갈등 속에서 김
한구, 김상로, 홍계희 등이 나경언을 사주하여 일으킨 것이다. 이
사건으로 극도로 화가 난 영조는 결국 세자를 뒤주에 가두고 굶어
죽게 했다. 사도세자가 바로 그였다. 그런데 나경언을 사주했던 주

도23 **정순왕후릉** ⓒ박상준
조선의 제21대 왕 영조의 계비인 정순왕후는 15세 때 66세의 영조의 왕비가 되었다. 영조의 손자였던 정조가 세상을 떠난 뒤 정조의 아들인 순조가 11세의 나이로 왕위에 오르자 수렴청정을 하게 되었다. 4년 동안의 수렴청정 기간 동안 신유사옥을 일으켜 후대에 부정적인 이미지를 남겼다. 정순왕후릉은 경기도 구리시 인창동 동구릉 내에 있으며 영조와 나란히 자리를 잡았다.

역 중의 한 명인 김한구가 바로 정순왕후의 친정아버지였다. 김한구는 사도세자의 아들인 정조에게는 원수였고 원수의 딸인 정순왕후와 정조는 절대로 화합할 수 없는 사이였다. 정조는 세손 시절 늘 아슬아슬한 세월을 보내야 했다.

반대파의 갖은 모해 속에서 살아남은 정조가 1776년 왕위에 오르면서 상황은 바뀌었다. 정조는 정치적으로 탕평책을 표방했지만 실상은 사도세자의 죽음을 동정했던 소론 및 남인, 그리고 일부 노론을 중심으로 개혁정책을 펴나갔다. 이들을 시파라고 부른다. 반면에 노론의 대다수는 이러한 정조의 정책에 반대하는 벽파가 되었다. 벽파와 가까운 정순왕후는 정조의 치세 기간 내내 인고의 세월을 보내야 했다.

정조가 죽고 어린 순조가 즉위하자 이제 벽파의 세상이 되었다. 벽파는 정순왕후를 통하여 시파를 대대적으로 제거하였는데, 이것이 신유사옥으로 나타났다. 1801년 천주교도를 박해한 사건으로 알려진 사건이다. 천주교는 조선 후기에 서학西學으로 시작하였지만 점차 그 신앙이 확대되어, 1800년에는 신도 수가 1만 명에 이를 정도였다. 정조대에는 천주교도에 대한 박해가 심하지 않았다. 그런데 정순왕후가 수렴청정을 시행하게 되자 남인 시파에 천주교도

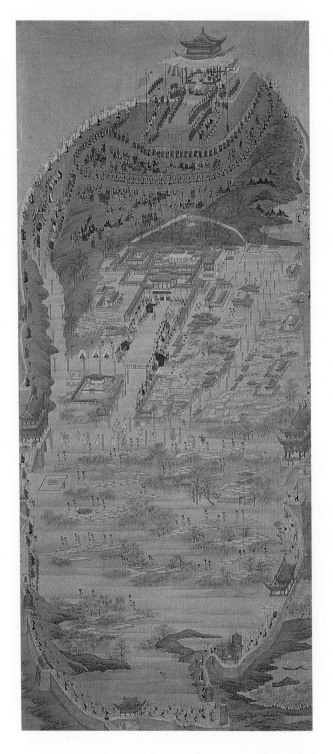

들이 많다는 사실을 노리고 벽파는 대규모 박해에 나섰다. 이들은 천주교를 '아비와 임금이 없는 인륜을 멸하는 사교邪敎'로 규정하고 1801년 대왕대비의 언교諺敎를 통하여 박해령을 반포하며 전국의 천주교도를 탄압하였다. 이 과정에서 이승훈, 정약종, 최창현 등의 시파 및 종친인 은언군恩彦君의 부인 송씨와 며느리 신씨가 죽음을 당하였다. 또한 정약전, 정약용 형제는 전라도로 유배되었고, 신도 300여 명이 처형당하였다.

1802년에는 정조대 군사제도 개혁의 상징인 장용영壯勇營을 혁파함으로써 정조가 실시했던 개혁의 물결을 완전히 차단하였다.

1803년(순조 3) 12월 28일 정순왕후는 수렴청정을 거두었다. 그런데 6개월 후에 신하들에게 하교할 것이 있다며 다시 발을 설치함으로써 말썽이 일어났다.[29] 정순왕후는 한 달 전인 5월 21일에 대간이 권유權裕의 죄를 청하여 올린 상소문의 내용이 자기를 비난하는 것이라며 대신들을 부르고자 하였다. 이 사건은 순조비인 순원왕후의 간택과 관련되어 있었다. 순원왕후는 시파인 김조순의 딸로, 1800년 초간택과 재간택을 거쳐 왕비로의 간택이 거의 확정되었는데, 정조의 죽음으로 삼간택이 연기되었다가 최종적으로 1802년(순조 2)에 왕비가 되었다. 그런데 삼간택을 둘러싸고 시파와 벽파 사이에 갈등이 일어나 당시 정순왕후의 오빠인 김관주金觀柱와 권유 등이 시파인 김조순의 딸이 왕비가 되는 것을 방해하였다. 이 사건은 정순왕후가 수렴청정하는 동안에는 제기되지 않고 있다가 그녀가 철렴한 이후에 대간의 탄핵으로[30] 불거져 관련자에 대한 대대적인 처벌이 이루어졌다.

29_ 『순조실록』 권6, 순조 4년 6월 23일.

권유에 대한 탄핵은 벽파 및 그와 밀접한 정순왕후의 권력을 약화시키려는 정치적 의도에서 나왔다. 그랬기에 정순왕후는 수렴이라는 행동으로 여기에 맞대응했던 것이다. 그러나 정순왕후의 이러한 행동은 "이미 철렴한 뒤 매번 한 가지 일이 있을 때마다 또다시 수렴한다면 말이 되겠느냐"는 좌의정 이시수의 말에서 알 수 있듯이 신하들의 맹렬한 반대에 부딪혀 결국 해프닝으로 끝났다.

30_ 『순조실록』 권6, 순조 4년 6월 24일.

도24 **서장대야조도** 《화성능행도》의 부분, 김득신, 조선, 18세기, 비단에 채색, 149.8×64.5cm, 삼성미술관 리움 소장.
정조가 화성의 서장대에 행차하여 군사 훈련을 실시하는 장면이다. 그림 위쪽에 화성의 지휘부인 서장대가 있고, 그 아래로 수많은 군사들이 도열해 있다.
정조는 재위 기간 다양한 개혁정책을 펼쳤는데, 군사제도 역시 개혁의 대상이었다. 그러나 정조와 절대로 화합할 수 없던 정순왕후는 정조가 세상을 떠난 뒤 수렴청정을 하는 동안 정조가 실시했던 개혁의 물결을 완전히 차단하는 데 힘을 썼다.

밖에서 편입된 왕실의 여성은 누구나 왕실 여성으로 살아가기 위한 교육을
받아야 했다. 이들의 교육을 위해 읽어야 할 책들이 따로 제시가 되었다. 아울
러 교양을 쌓거나 실생활에 필요한 지식을 얻기 위한 책읽기가 이루어졌다. 한
문은 전문적인 교육과 오랜 기간 학습을 통해 익혀야 했기 때문에 여성들의 독
서는 주로 한글을 통해 이루어졌다. 왕실의 여성들은 책을 읽는 데 그치지 않고 나름대로의 문화를 생산해내기도 했
다. 한글 편지와 그들이 직접 쓴 글씨를 볼 수 있는데 한글 편지에는 여성들의 생활이 그대로 담겨 있으며, 글씨에서
도 시대가 변함에 따라 차츰 변화하고 발전하는 모습을 볼 수 있다. 특히 궁중 여인들의 개인적인 생각과 생활 모습
을 알 수 있는 왕비와 후궁의 한글 편지는 그 의미가 남다르다고 하겠다.

왕실 여성의
독서와 글쓰기

1 왕실 여성이 되는 첫걸음, 간택

조선시대 왕실 여성의 문학에 대한 이해는 좁은 의미의 문학적 접근으로는 한계가 있다. 다양한 작가와 많은 작품을 남긴 남성들에 비해 우선 문학작품이 많지 않다. 문학의 외연을 독서와 글쓰기로 확대하여 접근함으로써 넓은 의미의 문학적 이해가 필요하다. 이 글에서는 조선시대 왕실 여성이 향유했던 문학과 문필 활동을 살피고, 이를 통해 왕실 여성의 삶과 정신세계를 탐색하고자 한다.

왕실의 여성은 국왕과의 혈연관계나 혼인관계에 따라 왕실의 일원이 된 여성을 말한다. 왕비나 세자빈, 후궁 등 왕실로 시집옴으로써 새로이 편입된 여성뿐만 아니라, 왕실에서 사대부에게 출가한 공주나 옹주까지 포함한다. 이외에도 상궁이나 궁녀 등 신분상 최상층의 왕실 여성을 모시는 지위에 있었던 여성들도 부분적으로 포함할 수 있다.

조선시대 문화는 대부분 남성을 중심으로 형성되었으며, 현재 우리가 접하는 것들도 대부분 이와 관련된 것이다. 그러나 그 시대에도 남성의 그늘에는 여성이 존재했고, 그 속에서 여성들은 나름대로의 문화를 생산하였다. 엄격한 의미에서 조선시대 여성의 문학은 거의 존재하지 않는다. 조선시대 여성의 문학 활동은 기녀와 같

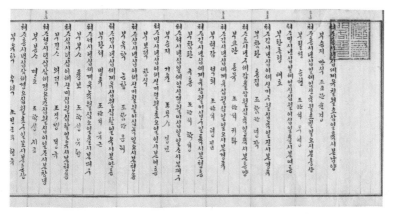

도1 **간택단자** 한국학중앙연구원 장서각 소장.
순종황제가 왕세자 때 세자빈을 선발하기 위해 사용한 한글본 간택단자다. 소론 출신은 위에 '소론'이라고 필사하였다.

이 특수한 신분이었거나 조선 후기 몇몇 사대부 가문의 여성에 제한적으로 나타날 뿐이다. 따라서 문학의 의미를 넓게 설정하여 문학과 관련된 일련의 활동, 곧 독서와 글쓰기로 확대하여 살펴보는 것이 필요하다.

왕실 여성으로의 편입은 그 절차 못지않게 왕실에 적응하기 위한 교육이 필수적이다. 사대부가에서 왕실로 편입되는 대표적인 사례가 혼인 후보자 중 적격자를 선발하는 간택이었다. 후보자들을 궐내에 모아놓고 왕을 비롯한 왕실의 어른들이 직접 보고 선발하는 제도였다. 간택은 보통 초간택, 재간택, 삼간택의 3단계를 거쳤다. 그 자격은 첫째 국성國姓, 곧 국왕의 성씨인 전주 이씨가 아니어야 하고, 둘째 성과 본관이 다른 이씨라고 하더라도 대왕대비나 왕대비, 왕의 이성친異姓親 중 촌수의 제한이 있었으며, 셋째 부모가 모두 살아 있어야 했다. 조정에서 간택이 결정되면 먼저 금혼령을 내린 다음 봉단령捧單令을 내려 적임자를 둔 집안에서 단자를 올리게 하였다.

〈도1〉의 간택단자는 1881년(고종 18) 11월에서 1882년 2월 사이에 거행된 마지막 황제 순종이 왕세자 때 치른 가례에서 초간택으로 올라온 단자다. 장서각에 소장된 것은 이 단자의 한자본(2-2611)과 한글본(2-2612) 두 가지가 모두 남아 있는데, 한자본의 경우 처자

處子의 사조四祖가 모두 기록된 형태이며, 한글본은 외조外祖는 제외되었으나 그 당색黨色을 위쪽 여백에 따로 써놓고 있다.

이때 가례도청嘉禮都廳 도제조都提調는 좌의정 송근수宋近洙가 맡았고, 기타 제조提調 3인, 도청都廳 2인, 낭청郎廳 6인 등으로 구성되었다. 초간택은 1882년 1월 15일에 거행되었는데, 모두 스물여덟 명에 대한 내용이 단자로 올라갔다. 그 구성을 보면 첫줄에 처자의 생년월일시와 본관本貫과 거주지를 적었고, 다음 줄에 아버지의 직위와 이름, 그다음 조부祖父의 직위와 이름, 마지막에는 외조外祖의 직위와 이름을 기록했다. 이들의 거주지를 보면 대부분 한양이었고 한 명만 여주驪州로 되어 있다. 그런데 한글본은 좀 간략해진 형태로서 처자의 거주지는 생략한 채 아버지와 조부의 직위는 하나씩만 적고 있으며 위쪽 여백에 여섯 명은 '소론'이라고 당색을 표시하였는데 나머지 후보들은 모두 노론으로 보인다. 이 왕세자가례王世子嘉禮에서 최종적으로 왕세자빈에 간택된 사람은 세 번째로 이름이 오른 좌찬성 민태호閔台鎬의 딸이었다.

가례라는 국가의 큰 경사를 거행하면서 각각의 과정에서 작성된 문서가 의궤나 등록의 형태가 아닌 실제 개별 문서로 현존하고 있어 이들의 자료를 서로 비교하여 살피면 국가와 왕실의 세세한 면면을 이해할 수 있다. 특히 같은 내용이 한글과 한자로 기록된 것이 있고, 이들 사이에서도 기록한 방식에 차이가 있어 각각의 단자가 작성된 의도가 다르다는 것을 알 수 있다.

『정미가례시일기』丁未嘉禮時日記는 헌종 13년(1847) 헌종이 후궁인 경빈慶嬪 김씨金氏(1831~1907)를 맞이한 가례일기다.[1] 동명의 다른 문헌(청구기호 2-2709)과 대부분 중첩되는 내용이다.

경빈 김씨는 주부主簿 김재청金在淸의 딸로, 17세인 1847년 헌종의 후궁이 되었다. 슬하에 자식도 없이 1849년 헌종이 승하하자 궁에서 나와 사저에서 지내다가 세상을 떠났다.

이 문헌에는 후궁을 책봉하고 가례를 올렸던 제반 행사의 거행

1_ 황문환 외 4인, 『정미가례시일기 주해』, 한국학중앙연구원, 2010. 이 자료는 당초 1727년 영조의 첫째 아들인 효장세자가 세자빈을 맞이할 때의 가례일기로 알려졌으나, 위의 연구에서 1847년의 가례일기로 밝혀졌다.

일정, 과정, 절차, 참가자 명단 및 소요 인원, 필요한 의복 및 이불, 각 장소에 필요한 물품 목록과 수량 등을 소상하게 기록하고 있다. 이를 통해 행사 진행의 구체적인 시나리오를 설정하고 물자를 마련하여 만전을 기하도록 하였다.

특히 이 책은 서명이 일기로 되어 있으나 내용은 의궤로 추정된다. 이때 모두 세 종을 제작하였는데, 유려한 궁체와 함께 가례 당시 궁녀들의 역할 분담이 상세하게 적혀 있다.

王妃日常

2 궁궐의 삶과 독서

독서를 통한 교육　밖에서 편입된 왕실의 여성은 공적으로는
　　　　　　　　　왕비, 세자빈, 후궁 등 지위와 역할의 차이
가 있었지만 필요한 교육을 누구나 받을 수밖에 없었다. 왕실의 여
성은 공적으로 조선시대 여성의 상징적 존재였고, 따라서 지녀야
할 품성과 인격이 요구되었기 때문이다. 왕실 여성의 교육에는 여
사女師를 두어 교육을 담당하게 하였다.

처음에 김씨를 폐하고 봉씨를 세울 적에는, 그에게 옛 훈계를 알아서
경계하고 조심하여 금후로는 거의 이런 따위의 일을 없게 하고자 하여,
여사로 하여금 『열녀전』列女傳을 가르치게 했는데, 봉씨가 이를 배운
지 며칠 만에 책을 뜰에 던지면서 말하기를, "내가 어찌 이것을 배운
후에 생활하겠는가" 하면서, 학업을 받기를 즐겨하지 아니하였다. 『열
녀전』을 가르치게 한 것은 나의 명령인데도 감히 이같이 무례한 짓을
하니, 어찌 며느리의 도리에 합당하겠는가.[2]

2_ 『세종실록』 권75, 세종 18년
11월 7일.

세종은 1427년 김씨를 세자빈으로 책봉하였으나 실덕失德을 문
제 삼아 폐빈廢嬪하고, 그해 10월 봉씨奉氏를 세자빈으로 책봉하였

다. 그러나 봉씨 역시 물의를 일으키자 또다시 폐빈하였다. 위의
실록 내용은 봉씨를 폐빈한 이유를 언급한 것이지만, 이를 통해
왕실 여성의 교육이 무엇을 목적으로 어떻게 진행되었는지 알 수
있다.

왕실 여성의 교육은 교술적敎述的 교육과 감계적鑑戒的 교육이 동
시에 이루어졌다. 교술적 교육은 『소학』, 『내훈』 등 여성으로서 어
떻게 생각하고 행동하고 대처해야 하는지 등에 대한 교과서적인
교육이라 할 수 있다. 이와 달리 감계적 교육은 과거 훌륭한 행적
을 보인 여성의 이야기를 통해 왕실 여성이 마음으로 깨달아가는
과정을 중시하였다. 중국과 조선의 역대 훌륭한 여성들의 행적을
기록한 『열녀전』, 『열성후비지문』 등이 독서 자료로 사용되었다.
특히 이 자료들은 한문으로 이루어진 것을 한글로 옮겨 여성들이
읽는 데 편의를 도모하였는데, 국어학의 좋은 자료로도 활용될 수
있다.

먼저 교술적 교육의 자료로 대표적인 것이 『소학』과 『내훈』이었
다. 특히 『내훈』은 소혜왕후가 직접 편찬한 것으로 그 의미가 더욱
컸다.

> 부녀자들의 무지함을 염려하여 『열녀전』, 『여전』女傳, 『명심보감』明心寶
> 鑑, 『소학』 등의 책에서 여자들이 꼭 알아야 할 것들이 흩어져 있음을
> 안타깝게 생각하고 슬기롭게 이것을 한 책으로 묶어 펴냈으니, 이것이
> 바로 『내훈』이다.

이 글은 상의尙儀 조씨曹氏가 쓴 『내훈』의 뒤에 붙인 발문跋文이
다. 『내훈』은 위에 언급한 『열녀전』 등에서 여성들에게 훈계가 될
만한 내용을 뽑아 1475년(성종 6)에 3권 3책으로 간행하였다. 이 책
은 언행言行, 효친孝親, 혼례婚禮, 부부夫婦, 모의母儀, 돈목敦睦, 염검
廉儉의 7장으로 구성되어 있다. 딸이자 아내이며, 며느리이자 어머

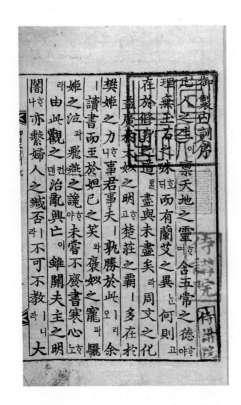

니로서 지켜야 할 품성과 행실에 대해 정리하여 비빈妃嬪들의 수신서로 활용한 것으로 보인다.

소혜왕후는 성종의 어머니이며, 추존된 덕종의 왕비였다. 아들 성종이 즉위함에 따라 덕종이 추존되자 왕후가 되고, 이어서 인수대비로 책봉되었다. 후대 영조는 이 『내훈』에 자신이 직접 소지小識를 붙여 『어제내훈』御製內訓으로 간행하여 왕실 여성은 물론 사대부가 여성의 교육서로 활용하게 하였다. 영조는 『여사서』女四書를 언문으로 해석하도록 하며 "규문閨門의 법은 곧 왕화王化의 근원이 된다"[3] 고 하여, 여성 교육의 중요성을 강조하였다.

이처럼 왕실 여성에 대한 교술적 교육은 주로 규범적 내용을 교육함으로써 기본적인 도리를 강조하였다. 왕실의 여성은 공적인 지위를 부여받는 존재로, 모든 여성의 사표가 되어야 했다. 따라서 그들에 대한 규범적 교육은 특히 중요하였다. 앞의 폐빈 봉씨의 사례처럼 조선의 왕실에서는 부덕을 갖추지 못하여 폐출된 여성이 종종 보인다.

왕실의 여성은 사대부 가문에서 왕실로 시집온 여성이었다. 따라서 시가의 내력과 인물에 대한 이해의 폭이 사대부 가문과는 달랐다. 이에 활용한 자료 중 대표적인 것이 『선보집략언해』璿譜輯略諺解였다.

『선보집략언해』는 『선보집략』을 한글로 번역한 책으로 1책 130장의 필사본이 전해진다. 언제 누가 편집하였는지 알 수 없지만 한글로 언해되어 있는 점을 감안하면 왕실의 비빈을 위해 만들었음이 분명하다.

선보璿譜란 왕실 계보를 정리한 일종의 왕실 족보로, 이 책에서는 태조부터 선조까지 각 왕대의 주요 사실을 기록하였다. 선보의

도3 『어제내훈』 조선시대 소혜왕후 편찬, 1737년(영조 3) 간행, 3권 3책, 무신자본, 31.5×20.7cm, 한국학중앙연구원 장서각 소장. 1475년에 간행된 『내훈』의 원간본은 전하지 않는다. 『어제내훈』은 당시 여성들의 생활 규범을 알려주는 자료이자, 궁중 용어를 비롯한 당시의 어휘를 알게 해주는 국어사 자료이기도 하다.

3_『영조실록』 권39, 영조 10년 12월 20일.

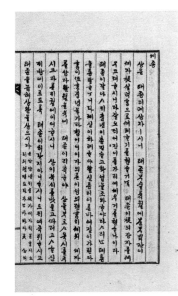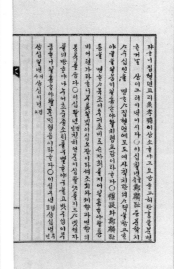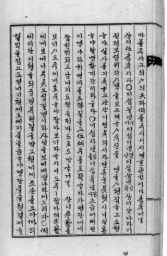

도4 『**선보집략언해**』 한국학중앙연구
원 장서각 소장.
왕실의 계보를 정리한 일종의 왕
실 족보인 『선보집략』을 한글로
번역한 책. 누가, 언제 만들었는지
밝혀지지는 않았으나 왕실 여성이
왕실의 계보를 정확하게 이해하는
데 도움을 받았을 것으로 보인다.

구체적인 내용은 각 왕별로 묘호와 시호諡號, 휘諱, 자字, 세자 책봉
및 즉위·승하 시기, 재위 기간, 향년과 자녀 수, 능호를 기록하고,
이어서 왕후의 시호, 본관, 부친, 출생 및 승하 시기, 향년, 자녀
수, 능호를 적는 것이 일반적이다. 다음에는 비妃에게서 태어난 왕
자와 공주를, 그다음에는 빈嬪 이하에서 얻은 왕자와 옹주를 나열
하였는데, 왕자는 어머니와 혼인관계를, 공주와 옹주는 어머니와
함께 부마를 기록한다. 왕실의 내력과 인물들을 망라하고 있어 왕
실의 여성이 왕실의 계보를 정확하게 이해할 수 있었다.

　『선보집략언해』의 서체는 정통 궁체 흘림체에서 약간 이탈한 형
태이며, 이름 등의 고유명사는 한자로 표기해 국한문 혼용의 한 형
태를 읽을 수 있다. 이를 통해 왕실의 여성들은 시가로서 조선의
왕실을 이해하고 자신의 역할과 존재 의의를 파악할 수 있었을 것
이다.

　교술적 교육이 왕실 여성으로서 갖추어야 할 덕목이나 품성에
중점을 둔 반면, 감계적 교육은 다른 양상을 보인다. 왕실의 여성
이기에 앞서 개인적으로 한 집안의 며느리이기도 했기에 시가의 전

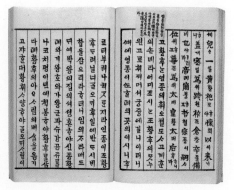

통과 내력을 익히기 위한 과정이 필요하다. 특히 왕실이 지니는 특수성으로 인해 익혀야 할 것이 사대부 가문의 여성과는 비교할 수 없을 만큼 많았다.

감계적 교육은 중국이나 우리나라의 역대 비빈 중에서 모범이 될 만한 여성의 행적을 통해 스스로 깨닫도록 이끄는 교육이다. 교술적 교육이 일종의 주입식 교육이라면 감계적 교육은 자발적 교육으로 주로 독서를 통해 이루어졌다. 따라서 독서의 자료가 무엇보다 중요한데, 조선의 왕실 여성들은 『후감』后鑑, 『열성후비지문』列聖后妃誌文, 『열성지장통기』列聖誌狀通紀(한글본) 등을 읽었다.[4]

『후감』은 중국 역대 후비의 행적 중 귀감이 되거나 경계할 만한 내용을 발췌하여 수록한 책이다. 제작 시기는 알 수 없지만, 왕실의 비빈들에게 읽히기 위해 만든 것이 분명해 보인다. 서체도 정자체로 되어 있어 다른 언해 필사본과 구별된다. 모두 27권 27책으로 이루어졌고, 현재 권22~권27의 6권 6책만이 전한다.

권22~권24에는 송나라 후비들에 관한 내용이 수록되어 있고, 권25~권27에는 명나라 후비들에 관한 내용이 수록되어 있다. 이로 미루어 현재 전하지 않는 권1~권21은 송나라 이전 후비들에 관한 내용이 수록되어 있음을 추정할 수 있다. 글의 체제는 후비들의 가계, 입궁 경위, 행적 등의 순으로 이루어져 있다. 모범이 될 만한 황후의 경우에는 내용이 비교적 상세하고 분량도 많은 데 비해, 후

4_『열성후비지문』을 언해하여 필사한 책의 당시 표기는 『녈셩후비지문』이며, 『열성지장통기』의 당시 표기는 『녈셩지장통긔』다. 그러나 여기에서는 표기의 통일을 위해 『열성후비지문』(한글본), 『열성지장통기』(한글본)으로 표시한다.

　　제4부　왕실 여성의 독서와 글쓰기

궁의 경우는 부록 형식으로 간략하게 기록하고 있는 점이 특징이다. 언해 방식은 원문에 독음과 구결을 단 후에 한 칸 낮추어 언해를 하였다. 언해 부분에 간혹 책의 위쪽 여백인 난상에 주를 첨기한 것이 있다. 중국 역대 후비들의 내력과 행적을 제시함으로써 조선의 왕실 여성이 전범으로 삼을 만한 왕실 여성상을 체득할 수 있도록 배려한 것이다.

『후감』이 중국 후비들의 행적을 수록한 것이라면 『열성후비지문』(한글본)은 조선시대 역대 왕비들의 행장과 지문誌文 등을 수록한 책이다. 언제 언해하여 필사하였는지 자세하지 않으나, 1권 말미에 '을유삼월상순일'에 필사를 마쳤다는 필사기와 2권 말미에 '을미계춘상순'에 기록하였다는 필사기가 있다. 마지

막에 수록된 정성왕후가 1757년(영조 33)에 승하하였고, 둘째 왕비인 정순왕후가 1805년(순조 5)에 승하한 것을 감안하면, 을유는 1765년, 을미는 1775년으로 추정된다. 다만 마지막 수록된 자료만으로 연대를 단언하기는 어렵다. 원래 한문본을 한글로 번역할 때, 한문본의 연대를 그대로 적는 경우가 많아 기록된 연대를 언해한 연대로 보기는 어렵다. 한문본으로 먼저 편집하였을 것으로 추정되지만 현재 한문본의 존재 여부는 알 수 없고, 다만 언해한 한글본만 남아 있다. 왕실 인물 중 왕비들만 수록하였고 많은 공식 기록들 중에서도 지문을 주로 골라 수록하였다. 또한 한글 독자층을 배려하여 소주小註를 첨가하였다.

여기에는 태조의 첫 번째 왕비였던 신의왕후 한씨부터 영조의 첫 번째 왕비인 정성왕후 서씨까지 서른한 명의 왕비에 대해 수록하고 있다. 지문 15편, 행록 6편, 사실 2편, 신도비명, 기문, 애책문, 존호책문, 봉왕비책문, 봉왕세자빈책문, 시책문, 행장이 각각 1편이다. 글을 지은 이들은 권근權近, 변계량卞季良, 정인지鄭麟趾, 장유

張維 등을 비롯하여 조정의 대신들이자 당대 최고의 문장가들이다. 그외에도 명종, 선조, 숙종, 경종, 영조가 손수 지은 글이 9편이나 실려 있다. 특히 숙종이 쓴 인현왕후 민씨에 대한 행록은 감동적으로 기술되어 있어, 『인현왕후전』 계열의 후대 소설에 영향을 준 것으로 평가된다. 내용은 대체로 칭송 위주이나 사실을 과장하지 않고 객관적으로 서술하였다. 남성들이 왕실 여성에 대해 쓴 글이기에 여성들의 자의식이 직접적으로 드러나지 않지만, 후대의 왕실 여성들은 이 글을 읽으며 자신들의 조상이 어떻게 왕실에 적응하고 어떠한 삶을 살았는지 체득하였다.

『열성지장통기』(한글본)는 조선 목조부터 성종까지 14인의 왕과 신의왕후 한씨부터 성종의 둘째 왕비인 정현왕후 윤씨까지 13인의 왕비에 대한 공식적인 기록들을 모아 수록한 것으로 원래 한문으로 쓰인 원본을 교육적 목적에 따라 한글로 언해한 것이다.

한 인물과 그 인물에 관련된 글이 여러 편 실려 있는데, '열성지장'列聖誌狀이라는 이름에 걸맞게 '지문'과 '행장'이 중심이 되고, 여타 신도비명, 비음기, 시책문, 애책문, 죽책문, 반교문, 교명문, 고문, 추숭제문, 악장 등이 함께 수록되었다.

글을 지은 이들은 대부분 당대 최고의 신료이며 문형文衡을 맡은 문장가들이었다. 수록된 글들은 원래 한문으로 쓰였던 것으로 한글로 번역한 『열성후비지문』(한글본)과 함께 왕실의 여성들이 조선 왕조 역대 왕과 왕비에 대한 기본 지식을 습득하기 위한 자료로 활용되었던 것으로 여겨진다.

또한 조선 왕실의 왕통을 일목요연하게 제시하면서 조선 왕실의 정통성과 정당성을 안팎으로 천명하는 의미를 지니기도 했다. 공적인 사실을 최대한 객관적으로 서술하려는 태도를 보이지만 정통성과 명분론을 천명하면서 이에 부합하지 않는 사실은 의도적으로 배제하기도 했다. 그렇다고 해서 없는 사실을 과장하지도 않았다. 공적이고 객관적인 기록이라 수록된 인물들의 내면 정서에 핍진히 다

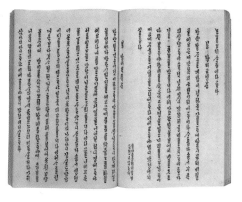

도7 『열성지장통기』(한글본) 한국학
중앙연구원 장서각 소장.
조선 목조부터 성종까지 14인의
왕과 신의왕후 한씨부터 성종의
둘째 왕비 정현왕후까지 13인의
왕비에 대한 공식적인 기록을 수
록한 책으로 이 역시 교육적인 목
적으로 한글로 언해하였다.

가가기에는 한계가 있다. 그러나 이를 통해 시가의 내력과 조상의
업적을 이해하기에는 더없이 좋은 자료가 되었을 것이다.

조선 왕실 여성의 교육을 위한 별도의 교육기관이 있었던 것은
아니다.[5] 조선 초기 여사를 두어 왕실 여성의 교육을 맡기기도 했지
만, 대부분의 교육은 독서를 통해 이루어졌다. 왕실의 여성으로서
갖춰야 할 인성을 쌓고, 왕실의 일원으로서 익혀야 할 시가의 내력
과 인물에 대한 지식을 책을 통해 얻었다. 독서의 자료는 대부분
한문으로 먼저 쓰였다가 여성의 교육을 위해 한글로 언해된 것들이
활용되었다.

5_ 육수화, 「여훈서를 통해 본 조
선왕실의 여성교육」, 『한국교육철
학회』 34집, 2008. 213쪽.

여가생활 속의
독서

일상의 삶과 교육의 과정을 엄격히 구분하
는 것은 어렵지만, 교양과 실생활을 위한
책들은 특정 목적에 따른 독서와 달리 교양을 쌓거나 실생활에 필
요한 지식을 얻기 위한 책읽기가 이루어졌다. 한문은 전문적인 교
육과 오랜 기간 학습을 통해 익혀야 했기 때문에 여성들의 독서는
한글을 통해 이루어졌다. 한글이 창제된 이래 대비의 수렴청정에서
도 조정과 대비 사이의 소통 수단은 한문과 한글이 모두 소용되는
이중적 구조를 보였다. 조정의 의견은 한문으로 취합되어 다시 한
글로 옮겨져 대비에게 전달되었고, 대비의 지시 역시 같은 방식으
로 조정의 신하들에게 전달되었다.[6] 왕실뿐만 아니라 사대부가의

6_ 김진세, 「왕실 여인들의 독서
문화」, 장서각 특별전 도록 『조선
왕실의 여성』, 한국학중앙연구원,
2005, 226~231쪽.

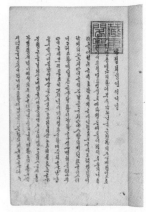

7_ 임형택 선생은 「17세기 규방소설의 성립과 『창선감의록』倡善感義錄」(『동방학지』東方學志 57집, 연세대 국학연구원, 1988. 164면.)에서 이 소설의 저자가 안겸제安兼濟(1724~1791)의 어머니 이씨부인李氏夫人이라는 기록을 제시하기도 했다.

여성들 역시 한글로 언해된 책을 읽을 수밖에 없었다.

조선 왕실에는 적지 않은 양의 한글 자료가 남아 있지만, 왕실 여성들이 여가생활 속에서 읽었던 책이나 자료는 다양하지 않다. 그중에서도 낙선재에 소장되어 있던 99종 2215책은 왕실 여성들의 독서 문화를 이해하는 데 좋은 자료가 된다. 낙선재본 고전소설 또는 가문소설家門小說, 고전대하소설古典大河小說이라고도 불리는 이 소설 자료는 중국의 소설을 한글로 언해한 것도 있고 조선시대에 창작된 소설도 있다.

낙선재본 고전소설 중에서 가장 긴 소설로 이름난 것이 작자 미상[7]의 180권 180책 『완월회맹연』玩月會盟宴이다. 승상 정한程翰과 아들, 손자 등 4대에 걸친 한 가문의 이야기를 다룬 소설이다. 작품의 배경은 중국 명나라 영종英宗 무렵으로 설정되었지만, 엄연한 우리의 창작소설이다. 일부다처의 혼인제도와 출세를 향한 욕구 사이에서 이루어지는 한 집안의 역사와, 궁중에서 벌어지는 음모와 모략이 결합하여 복잡하고 흥미진진한 이야기를 담고 있다.

이 소설들이 학계에 알려진 1940년대에는 낙선재에 있었기 때문에 낙선재본 고전소설이라는 명칭이 붙었지만 원래는 창덕궁 연경당演慶堂에 소장되어 있었다. 순조의 아들이었던 효명세자(익종으로 추존)가 1828년 민가를 본떠 단청을 하지 않고 지은 전각이었다.

도9 **낙선재** ⓒ박상준
창덕궁에 있는 낙선재는 헌종이
사랑하는 후궁 경빈 김씨를 위해
지어준 집이다. 중전이 죽고, 계비
를 맞을 때 마음에 두었으나 뜻을
이루지 못한 헌종은 고집을 부려
경빈 김씨를 후궁으로 맞았고, 그
녀를 위해 낙선재를 지어주었다.
그러나 1년 8개월 만에 헌종이 세
상을 떠나자 경빈 김씨는 궁을 떠
나야 했다.

원래 이곳은 숙종 때부터 역대 국왕의 어필御筆 판목板木을 봉안했
던 진장각珍藏閣이 있던 자리였다. 그 동쪽에 선향각善香閣을 마련하
여 책을 보관하는 곳으로 사용하였다. 1920년 조사 당시에도 225
종 3천여 책이 이곳에 소장되어 있었다.[8] 1928년 순종황제의 계비
인 순정효황후가 낙선재로 거처를 옮기면서 연경당의 고전소설 및
한글 자료를 수습하여 낙선재로 옮겼다.[9]

낙선재는 창덕궁에 있는 건물로, 1847년(헌종 13) 헌종이 사랑하
는 후궁 경빈 김씨를 위해 지어준 집이다. 헌종은 아버지인 효명세
자가 갑자기 세상을 떠나고 할아버지인 순조마저 승하하자 여덟 살
의 어린 나이에 왕위에 올랐다. 가례를 치르지 않았던 헌종은 3년
뒤에 안동 김씨 김조근의 딸인 효현왕후(1828~1843) 김씨를 왕비로
맞이하였다. 그러나 6년 뒤 효현왕후가 16세의 나이로 세상을 떠나
자 다시 계비를 간택하였다. 왕비나 세자빈을 간택할 때 당사자인
왕이나 세자가 참여하여 후보자들을 볼 수 없었다. 그러나 헌종은
고집을 부려 삼간택에 오른 규수들을 직접 보았는데, 경빈 김씨를
마음에 두게 되었다. 그러나 할머니 순원왕후 김씨와 어머니 신정
왕후 조씨의 뜻에 따라 효정왕후(1831~1903) 홍씨로 결정되었다. 계
비를 맞이한 지 3년이 지나도 자손을 얻지 못하자 종통宗統을 위해

8_ 현재 남아 있는 책은 모두 127
종 2533책으로, 1920년에 조사한
것과 대략 100종 550책이 차이가
난다. 한국전쟁 당시 인민군이 낙
선재 자료를 반출하기 위해 상자
에 넣어 운반하던 중 서울이 수복
되고 인민군은 서둘러 후퇴했던
점을 미루어 보면, 나머지 책들은
북으로 반출되었을 가능성이 높
다.

9_ 한국학중앙연구원, 『장서각의
역사와 자료적 특성』, 1996, 77~
80쪽.

후궁을 들이자는 논의가 일었고, 헌종은 고집을 부려 경빈 김씨를 후궁으로 맞아들였다. 이때 경빈 김씨를 위해 지어 거처하게 한 공간이 낙선재였다. 그러나 1년 8개월 만에 헌종이 승하하자 경빈 김씨는 왕실의 법도에 따라 궁궐을 떠나야 했다. 경빈 김씨가 출궁한 이후 한동안 고종의 편전으로 사용되다가 순종의 계비인 순정효황후가 거처하게 되었다.

이 책들은 내전內殿이 직접 읽기도 하고, 혹은 궁녀들에게 낭독하게 했다고 한다. 책이 더러워지거나 파손되면 궁녀에게 다시 필사筆寫하도록 하였다. 이와 관련하여 분명한 기록이 남아 있는 인물이 영빈 이씨다. 영빈 이씨는 영조의 후궁으로, 사도세자(장조로 추존)의 생모다. 어려서 궁중에 들어와 귀인貴人이 되었으며, 1730년(영조 6) 영빈으로 봉해졌다. 영조의 총애를 받아 네 명의 옹주를 낳은 뒤 1735년 원자(사도세자)를 출산하였다. 1762년 사도세자가 뒤주에 갇혀 죽는 와중에도 크게 동요하지 않았다. 1764년에 영빈 이씨가 죽자 영조는 매우 애통해하면서 후궁 제일의 예로 장례를 치르게 하고, 이듬해 시호로 '의열'義烈을 추증하고 친히 시호를 내리는 의례를 베풀었다.

낙선재 한글 자료에는 영빈 이씨의 인장이 찍힌 자료들이 있어 왕실 여성의 독서와 관련하여 구체적인 사례로 주목된다. 『고문진보』(한글본)와 낙선재본 고전소설인 『무목왕정충록』, 『손방연의』 3종에는 영빈방暎嬪房이라는 소장인과 함께 호리병 모양의 장서인이 함께 찍혀 있다. 또 이 자료에는 세자가 거처하던 춘궁春宮의 인장까지 찍혀 있다. 이것으로 보아 이 책들은 영빈 이씨가 직접 소장하였던 것이며, 아들인 사도세자 또는 손자 정조가 세손 시절 보았던 것으로 추정된다. 영빈 이씨는 『여범』女範이란 여성 규훈서를 지어 직접 필사하기도 하였다.

영빈 이씨가 보던 『고문진보』(한글본)는 반듯한 글씨로 쓴 것인데, 이와 유사한 『고문백선』(한글본)이 있다. 『고문백선』(한글본)은 조

도10 **영빈방과 춘궁** 한국학중앙연구원 장서각 소장.
영조의 후궁이자 사도세자의 생모인 영빈 이씨의 인장이다. 낙선재 한글 자료에 이 인장이 찍혀 있는 것을 볼 수 있는데, 이 인장이 찍힌 책들은 영빈 이씨가 직접 소장한 것임을 알 수 있다. 아울러 세자가 거처한 '춘궁' 인장까지 찍힌 것으로 보아 사도세자 또는 손자인 정조가 세손 시절 이 책들을 보았던 것으로 추정할 수 있다.

선 후기 김석주金錫冑가 중국의 역대 문장
중 대표적인 100편의 글을 뽑아 편집한『고
문백선』古文百選의 언해본이다. 한문 원문을
한글 독음으로만 적고, 한 글자 내려서 한글
번역문을 실었다. 또한 한문본에 있던 김석
주의 평어評語와 부기된 참고작품은 제외했
다. 이러한 체제로 미루어『고문백선』(한글
본)이 고문의 원문과 번역문을 한글로 여러

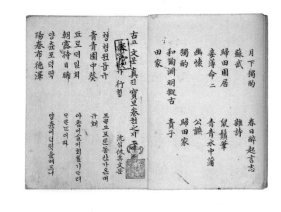

번 읽고 외우도록 하기 위해 편찬된 책임을 알 수 있다. 한글로 언
해한『고문진보』와『고문백선』은 연경당에 소장되어 있어 왕실의
여성들이 읽었던 것으로 짐작할 수 있다. 곧 왕실의 상층 여성들이
문학적 소양과 글쓰기를 위해 읽었던 책들이다.

이외에도 궁궐 내 여성들이 질병을 치료하기 위해 읽었을 것으
로 추정되는『동의보감』(한글본)도 전하고 있다. 알다시피『동의보
감』은 허준이 우리나라와 중국의 의서를 집성하고 또 임상의학적
체험을 통한 치료 방법을 모아서 간행한 한의학서로, 그 가치를 인
정받아 유네스코 세계기록유산으로 등재되었다.『동의보감』(한글본)
은 내표제가 '동의보감내경편'으로, 한문본『동의보감』이 25권 25
책인 데 비해 한글본은 내경편內景篇 3책만 남아 있다. 궁궐에는 과

거시험을 통해 선발된 엘리트 집단인 의관들이 있었다. 따라서 왕실 여성이 자신의 질병을 직접 치료하기 위해 이 책을 보지는 않았을 것이다. 의관을 보조하던 의녀들이 읽고 질병 치료에 활용하기 위해 한글로 언해하여 읽었을 것으로 추정된다. 의료 혜택과 의약 보급의 확대라는 관점에서 보면 이 한글본의 제작 의미는 매우 크다고 할 수 있다.

3 글쓰기를 통한 문필의 모습

한글 편지를 통한 글쓰기

순명효황후의 행적은 지금까지 알려진 바가 거의 없다. 순종이 황제에 오르기 전에 세상을 떠났으며, 뒤를 이어 태자비가 된 순정효황후 윤씨가 대한제국의 마지막 황후로서 논의되었기 때문이다. 그러나 순명효황후는 22년 동안 조선의 마지막 황실에 있으면서 조선 왕실의 쇠락, 대한제국의 성립, 일제에 의한 국권의 침탈 과정, 을미사변 등 황실의 중요한 사건을 모두 겪었으며, 그 중심에 서서 강건하게 대처하였던 여성이다.

순명효황후는 1872년(고종 9) 10월 20일 양덕방陽德坊 계동桂洞에서 태어났다. 아버지는 민태호이며 어머니는 정경부인 송씨다. 11세가 되던 1882년(고종 19)에 세자빈으로 책봉되어 안국동 별궁에서 가례를 치렀다. 1897년 대한제국이 수립되면서 황태자비로 책봉되었으나 순종황제가 즉위하기 전인 1904년 경운궁慶運宮에서 33세로 생을 마쳤다. 1907년 순종의 즉위에 따라 순명효황후로 추봉되었다. 순종황제가 승하하자 유릉裕陵에 함께 안장되었다.

오려간만의 봉셔封書 보옵고 기간 지닉신 말솜은 무슨 말솜을 ᄒ오릿가.

겸兼ㅎ와 누삭累朔 미령靡寧 졔졀諸節이 디단ㅎ시든 일 지닌 일이오나
놀납ㅅ오며 궁항窮巷의 됴셥調攝ㅎ시는 믜 빅이나 편ㅎ신지 궁금ㅎ오며
예는 대소묘 졔졀 만안萬安ㅎ오시옵고 폐ㅎ陛下 탄신일誕辰日이 머지아
니 ㅎ오시오니 경축慶祝 만〃이온 듕 션마〃先媽媽 셩음聖音이 졈〃 머
러지옵고 또 년시 면흉免凶이 못되와 민졍民情이 불안不安ㅎ 일 숙식宿
食의 못 닛치옵ㄴ이다. 나는 잘 잇ㅅ오나 심신心身이 강기慷慨ㅎ 일이
만ㅅ오니 협견狹見을 아실 듯 ㅎ오이다. 역칠실의 탄이나 지〃 안ㅅ오
이다. 칠월七月 십삼일十三日

순명효황후가 김상덕金商悳에게 보낸 한글 편지다. 김상덕은 본
관이 경주이고, 자는 정사正斯, 호는 위관韋觀이다. 1888년 전생서
주부로 있으면서 별시문과에 올라 1889년 병조정랑이 되고 그해 8월
에 청국천진독리淸國天津督理의 종사관이 되었다. 천진에서 돌아온
이듬해인 1892년 세자시강원 필선弼善이 되었고, 그해 6월에 성균
관 대사성에 올랐다. 1894년 갑오개혁 이후 벼슬을 버리고 보령 궁
포리에 은거하였다. 1910년 나라가 망하자 집에 가시나무를 세 겹
으로 둘러서 마치 외딴섬에 위리안치된 것같이 하고 상복을 입고
지내다가 1924년 5월 세상을 떠났다.

김상덕이 세자시강원 필선으로 있으면서 세자의 강학을 담당하
던 시기에 순명효황후와 사부로서의 인연을 맺은 듯하다. 세자시강
원에서 세자 이외에 세자빈이나 태자비까지 교육을 담당하였는지
는 확실하지 않다. 실제로 조선시대에는 왕비나 왕세자빈이 입궁한
후에 왕세자의 교육제도와 같이 고정된 교육제도가 없었다. 그러나
정황으로 보아 김상덕은 이 시기에 세자빈으로 있던 순명효황후에
게도 강학을 하였던 것으로 보인다.

이 편지는 김상덕이 홍주부관찰사로 내려가 있으면서 보낸 편지
에 대한 답장이다. 김상덕은 몇 달 동안 건강이 좋지 못하여 문안
편지를 드리지 못하였다는 내용을 보냈고, 이에 순명효황후는 놀라

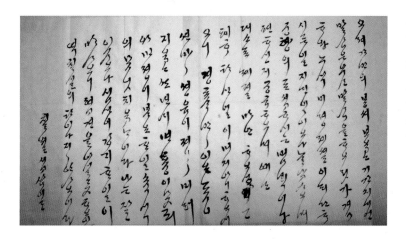

도13 **순명효황후 한글 편지** 한국학
중앙연구원 장서각 소장(경주 김씨
기탁 자료).

22년 동안 조선의 마지막 황실에
있으면서 조선 왕실의 쇠락부터
대한제국의 성립, 일제의 국권 침
탈 등을 보고 겪은 순명효황후가
세자시강원 필선으로 인연을 맺은
김상덕에게 보낸 편지다.

고 근심스러운 마음과 함께 궐내의 일을 소상하게 전하고 있다. 여
기서 폐하는 고종인데, 편지 쓴 날짜가 7월 13일인 것으로 보아 고
종황제의 탄신일(7월 25일) 경축 준비가 한창임을 알려주고 있다. 그
가운데에서도 불의의 흉변으로 돌아가신 선마마, 곧 명성황후를 잊
지 않고 있다. 을미사변이 지나고 몇 년 후가 되니 차츰 그때의 충
격에서 벗어나 사람들의 기억에서 희미해져가는 인정세태의 무심
함을 슬퍼하고 있다.[10]

순종이 직접 쓴 순명효황후의 비문에 따르면 순명효황후는 글씨
를 아주 잘 썼던 것으로 묘사되어 있다.

10_ 어강석, 「장서각 소장 순명효
황후 관련 간찰의 내용과 가치」,
『장서각』 17집, 한국학중앙연구원
장서각, 2007.

비는 평소에 글씨에 대하여 그리 마음을 두지 않았으나 필치가 굳세어
마치 솜 속에 바늘이 박혀 있는 듯하였으며 아무리 작은 종이라 하더
라도 버리지 않고 붓이 가는 대로 글을 썼다. 그의 단정한 천품은 이것
을 통해서도 볼 수 있다. 하지만 남에게 보여주기를 좋아하지 않아 필
적도 많이 보존된 것이 없고 가끔 치장함 같은 데서 조각이나 얻어 볼
수 있을 정도이니 어찌 애석함을 누를 수 있겠는가.[11]

妃平居不甚留心於墨, 而書勁, 如綿中鍼, 雖小䕺蹋, 未常放過心而縱筆作書. 其姿
性之端莊貞一, 此可見矣. 惟不喜示人, 筆蹟亦無多存, 時於巾衍得碎金, 可勝愴
情.(睿製行錄)

11_ 『순종실록』 권45, 「순명비묘
지문」.

이처럼 순명효황후는 필적을 많이 남기지는 않았지만 그 예술적 완성도는 상당히 높았던 것으로 보인다. 명성황후에 이어 한글 궁체 중 흘림체를 가장 원숙하게 쓴 것이 바로 순명효황후의 한글 편지라고 하겠다. 순명효황후의 한글 간찰의 글씨는 다른 어느 한글 필체보다 유려하고 시원시원하여 남성의 글씨처럼 활달함을 느낄 수 있다. 그만큼 글씨에서 자신감이 엿보이는데, 이는 오랜 동안의 글씨 학습이 있었기에 가능했을 것이다.

조선시대 문화는 대부분 남성을 중심으로 형성되었으며, 현재 우리가 볼 수 있는 것들도 대부분 이와 관련된 것이다. 그러나 그 시대에도 남성의 그늘에는 여성이 존재하였고, 그 속에서 여성들은 나름대로의 문화를 생산하고 있었다. 하지만 조선시대 여성들이 향유했던 문화를 현대사회에서 쉽게 찾을 수 없다. 이런 의미에서 여성들이 주된 작자였고 독자였던 한글 편지는 중요하다. 여기에는 여성들의 생활이 그대로 담겨 있으며, 글씨에서도 시대가 변함에 따라 차츰 변화하고 발전하는 모습을 볼 수 있다. 더구나 한글 간찰은 조선시대 여성들을 중심으로 형성된 문화이기 때문에 더욱 가치가 높다.

특히 궁중 여인들의 개인적인 생각과 생활 모습을 알 수 있는 왕비와 후궁의 한글 편지는 그 의미가 남다르다고 하겠다. 현재 전해지고 있는 왕비의 한글 편지로는 인목왕후 김씨(선조 계비, 1584~1632), 장렬왕후 조씨(인조 계비, 1624~1688), 인선왕후 장씨(효종비, 1618~1674), 명성왕후 김씨(현종비, 1642~1683), 인현왕후 민씨(숙종 계비, 1667~1701), 정순왕후 김씨(영조 계비, 1745~1805), 순원왕후 김씨(순조비, 1789~1857), 신정왕후 조씨(익종비, 1808~1890), 철인왕후 김씨(철종비, 1837~1878), 명성황후 민씨(고종비, 1851~1895) 등이 있는데, 비교적 시대별로 고르게 전하고 있다.[12]

12_ 박혁남, 「조선 후기 왕실 봉서의 서풍 연구」, 대전대 석사논문, 2005, 20쪽.

인목왕후의 한시와
정명공주의 글씨

한문으로 자신의 감정이나 생각을 담아내는 한문학은 전통적으로 남성의 전유물이었다. 우리의 문자가 아니기에 한자를 익히는 일부터 문장을 얽는 과정은 전문적인 교육을 받지 않으면 의사소통 수단으로 삼기 어려웠다. 더구나 자신의 감정이나 생각을 한문으로 드러내는 일은 더욱 불가능한 것이었다. 왕실의 고위층 여성이 남긴 정통 한문학 작품이 거의 전하지 않는 현실에서 인목왕후가 지었다는 다음의 칠언절구는 상당히 주목된다.

늙은 소가 힘쓰기 이미 여러 해	老牛用力已多年
목 부서지고 가죽 뚫어진 채 다만 잠자기만 바랄 뿐	領破皮穿只愛眠
쟁기와 써레질도 이미 끝났고 봄비도 넉넉하건만	犁耙已休春雨足
주인은 어찌 심하게 또 채찍질인가?	主人何苦又加鞭

인목왕후는 연안延安 김씨로 1602년 선조의 계비가 되었다. 영창대군의 어머니이자, 김제남의 딸이다. 1608년 광해군이 즉위하자 광해군 대신 영창대군을 왕으로 추대하려던 소북小北의 유영경 일파가 몰락하고 대북大北의 정인홍, 이이첨 등이 득세하였다. 1612년 이들의 사주를 받은 윤인에 의해 살해될 뻔했으나 박승종의 저지로 겨우 목숨을 보전할 수 있었다. 1613년 대북파의 모략으로 어린 영창대군이 강화도로 유배되고, 친정아버지 김제남 등이 사사賜死되었으며, 인목왕후 자신도 1618년에 서궁西宮에 유폐되었다. 1623년 서인들이 인조반정을 일으켜 광해군과 대북 일파를 몰아내자 복호復號되었다. 1632년에 세상을 떠나자 구리시 인창동의 목릉穆陵에 안장되었다.

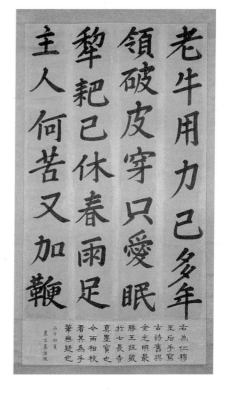

도14 **인목왕후의 한시** 안성 칠장사 소장.

선조의 계비이자 영창대군의 어머니 인목왕후가 남긴 시로, 영창대군을 잃고 폐모의 위기에 몰려 칠장사에 피해 있을 때 쓴 것으로 추정된다.

인목왕후가 친필로 쓴 이 시는 안성의 칠장사七長寺에 소장되어
있다. 족자 크기는 길이 110센티미터, 폭 50센티미터, 1폭으로 28
자의 칠언시 시구가 적혀 있다. 인목왕후가 영창대군을 잃고 폐모
의 위기에 몰려 용주사의 암자였던 칠장사에 피해 있을 때 이 시를
쓴 것으로 추정된다. 인목왕후는 억울하게 죽은 아버지 김제남과
아들 영창대군을 위해 칠장사를 원당願堂으로 삼아 중수하게 한 다
음 『금광명최승왕경』金光明最勝王經 10권과 함께 이 족자를 하사하였
다. 족자 하단에는 1966년 서예가 시암是菴 배길기裵吉基가 인목왕
후의 친필임을 입증하는 발문이 적혀 있다.

> 오른쪽은 인목왕후께서 손수 쓴 고시古詩로, 금광명최승왕경과 더불어
> 칠장사에 보관되어 있는 참으로 보배로운 서예 작품이다. 이제 두 가지
> 를 서로 비교하여 보건대 인목왕후의 친필임에 의심할 바가 없다.
> 右爲仁穆王后手寫古詩, 奮與金光明最勝王經, 藏於七長寺, 眞墨寶也. 今兩相校
> 看, 其爲手筆無疑也

이 시는 우리나라 중국의 한시를 살펴보아도 원작을 찾을 수
없어 인목왕후의 자작시로 추정된다. 목 부서지고 가죽이 뚫리도록
일만 하는 늙은 소는 인목왕후 자신의 모습이다. 그저 잠시라도 쉬
면서 눈을 붙이는 걸 바랄 뿐이다. 이러한 현실을 늙은 소에 비유
한 것이다. 봄철 농사일도 다 끝나고 비도 넉넉하게 내려 평안한
현실이다. 그렇지만 할 일이 없는데도 채찍을 들고 일을 계속하라
고 다그치는 가혹한 주인은 광해군을 빗댄 것이다. 선조 임금이 돌
아가신 뒤 공빈 김씨가 낳은 광해군이 즉위하였으나 적통은 자신이
낳은 어린 아들 영창대군이다. 어린 이복동생을 제치고 광해군이
집권한 현실에서 인목왕후는 매사에 조심스럽게 처신할 수밖에 없
었다. 그러나 끝내 아들과 아버지를 잃은 처지는 감내하기 힘든 현
실이었다. 주위의 귀와 눈 때문에 직설적으로 표현하지는 못하였지

만, 친정아버지와 아들을 잃은 여인의 원망과 한이 칠언절구 시에
그대로 담겨 있다.

인목왕후는 글씨를 매우 잘 썼는데, 금강산 유점사에 『관음경』觀
音經을 적은 글씨 한 첩이 전하는 것으로 알려졌다.

> 운금함雲錦函에 담겨진 『관음경』 1첩帖은 금니金泥로 썼는데 바로 아조
> 我朝의 인목왕후가 손수 쓴 것으로 곧 서궁西宮에 있을 때 영안공주永
> 安公主를 위해 축원한 것이다. 첩 끄트머리에는 영명공주永明公主가 일
> 의 전말을 자세하게 기록하였다.
>
> 雲錦函, 盛觀音經一帖, 以泥金書之, 卽我朝仁穆王后手筆, 而此在西宮時, 爲永安
> 公主祝願也. 帖尾, 永明公主, 詳記顚末.[13]

13_ 이유원, 『임하필기』 권37.

19세기 이유원李裕元의 『임하필기』林下筆記에 실린 글이다. 유점
사 안에 있는 서래각西來閣이란 전각에 인목왕후의 글씨가 보관되
어 있었다. 왕실의 최상층 여성들은 사찰에 돈을 대고 주위 사람들
을 축원하는 경우가 많았다. 이때에는 불경을 새로 간행하여 함께
올리는데, 이 서첩은 특히 『관음경』을 금니로 써서 올렸던 것으로
추정된다. 더구나 영안공주를 축원하기 위한 것이었으니 그 의미가
더욱 각별할 수밖에 없다.

인목왕후의 딸인 정명공주 역시 글씨에 뛰어났다고 한다. 인목
왕후는 1남 1녀를 두었는데, 첫째가 정명공주이고 둘째가 영창대군
이었다. 정명공주는 광해군이 즉위하여 아우인 영창대군을 역모죄
로 몰아 사사하는 와중에 어머니 인목왕후와 함께 폐서인되어 서궁
에 유폐되었다. 인조반정 후 공주의 지위를 회복하여 당시에는 늦
은 나이인 21세에 동지중추부사 홍영洪霙의 아들인 홍주원洪柱元에
게 하가下嫁하였다. 인목왕후가 세상을 떠난 후 궁중에서 비단에 쓴
백서帛書가 나왔는데 그 내용이 무도하였다. 이로 인해 효종의 의심
을 받아 딸린 궁인들이 고문으로 죽는 등 정명공주는 또 한 번 고

14_ 남구만, 『약천집』藥泉集 권
27.

초를 겪기도 하였으나, 숙종이 즉위하자 다시 종친으
로 후대되었다.

정명공주의 필적으로 남아 있는 것이 바로 '화정'
華政이라는 글씨다. 현재 간송미술관에 소장되어 있는
데, 한 글자의 크기가 가로 세로 각 70센티미터로 언
뜻 보아 굵고 힘찬 필세가 마치 남자의 글씨 같다.
이 글씨를 쓴 시기에 대해서는 의견이 분분하다. 필
력과 결구의 세련도로 미루어 환갑을 전후한 시기로
보기도 하고, 구체적으로 1663년(현종 4)에 썼다고 추
정하는 이도 있으며, 심지어 송시열을 위해 썼다는
주장까지 제기되었다. 그러나 이 글씨는 정명공주가
어머니 인목왕후와 함께 서궁에 유폐되어 있을 당시
어머니를 위로하기 위해 쓴 것이다.

공주의 막내아들인 홍만회洪萬恢가 '화정' 두 글자
를 보여주며 발문을 부탁하자 남구만南九萬이 1701년
에 쓴 〈정명공주필적발〉貞明公主筆蹟跋[14]에 당시 정황이
잘 나타나 있다. 이 기록에 따르면 공주가 인목왕후
와 함께 서궁에 유폐된 것이 1618년이니, 이때 공주의 나이 16세였
다. 어머니를 좌우에서 모시며 슬프고 분하고 두렵고 조심하는 가
운데 붓을 잡고 큰 글씨와 작은 글씨를 써서 어머니를 위로하였다.
1623년 인조반정으로 다시 광명을 찾은 이후로는 특별히 글씨를
남기지 않아 세상에 알려지지 않았다고 하였다. 발문을 부탁한 이
가 바로 정명공주의 막내아들인 홍만회이고, 글을 써준 이가 남구
만이라는 점을 감안한다면, 현재 전하는 '화정'이란 글씨의 작가는
정명공주임이 분명하다. '화정'의 뜻이 빛나는 정치이니, 서궁에 갇
힌 채 밝은 세상을 고대하는 공주의 마음이 고스란히 담겨 있다고
하겠다. 이에 대해 남구만 역시 다음과 같이 찬탄하였다.

실로 그 규모가 우리 선조대왕의 필법에서 나와 필세가 웅건雄建하고 혼후渾厚하여 규중閨中의 기상과 전혀 같지 않다. 아, 그 필법에 있어 심획心畫을 얻은 것이 이와 같다면 그 성정性情에 있어 보고 감동하는 교화에서 얻은 것을 또 알 수 있으니, 가문이 엄숙하고 화목한 아름다움이 어찌 유래한 바가 없이 그러하겠는가.

實規模我宣祖大王之法, 雄健渾厚, 殊不類閨閣中氣象, 嗚呼 其於筆得之心畫者如此, 則其於性情得之觀感之化者, 又可知, 肅雝之美, 夫豈無所自而然哉

『한중록』에 나타난 궁중의 고단한 삶

왕실의 여성은 조정의 변동과 국내외의 혼란에 따라 남성들 못지않은 굴곡의 역사를 겪을 수밖에 없었다. 정치적 격변기를 산 왕실 여성이 남긴 글들에는 왕실 여성들의 심리와 소회가 소상하게 드러나 있다.

『한중록』은 『계축일기』, 『인현왕후전』과 함께 대표적인 궁중문학으로 거론되어왔다. 그것은 이 작품들이 조선의 역사적 사건을 배경으로 하고 있으며, 궁궐이라는 특수한 공간에서 지어졌다는 공통점을 지니고 있기 때문이다. 저자가 환갑 해에 시작하여 10년에 걸쳐 남긴 세 편의 글은 처음부터 세 편을 쓰겠다고 의도했던 것은 아니다. 각 글의 창작 동기가 다르고, 같은 내용이 여러 편에 거듭 다루어졌다. 자신이 직접 경험한 일을 간결하고 사실적인 수법으로 표현했다. 각 편마다 서두에 창작 의도를 분명하게 밝혔고, 표현과 서술 기법이 수필의 특성과 부합되어 궁중수필[15]로 정의할 수 있다.

『한중록』은 크게 보아 각각 다른 시기에 저술한 세 편의 글로 이루어졌다. 첫째는 1795년에 지은 회고回顧 성격의 글로, 차분하고 담담하게 인생을 회고하고 있다. 둘째는 1802년 및 1806년에 지은 친정신원親庭伸寃에 대한 내용의 글로, 좌절과 분노가 드러나 있다. 셋째는 1805년에 저술한 글로 사도세자에 대한 이야기로 집중된다.[16] 이 세 편은 한데 묶이기도 했지만 각각의 서문이 있고 서로 다른 동기와 성격을 지닌다.

15_ 정은임, 「조선조 궁중문학의 특질」, 『문명연지』 제4권 3호, 한국문명학회, 2003, 165~166쪽.

16_ 『한중록』의 구성 및 성격에 대해서는 정병설의 『『한중록』 신고찰」(『고전문학연구』 34집, 한국고전문학회, 2008)에서 기존의 설을 비판적으로 검토하여 정리하였다.

17_ 일반적으로 혜경궁 홍씨로 지
칭되지만, 혜경궁은 궁호이고, 경
의왕후는 돌아가신 뒤에 추존된
것이므로 생전에 받은 혜빈을 사
용하여 혜빈 홍씨惠嬪洪氏로 지칭
하는 것이 타당할 것이다.

이 수필의 저자는 사도세자의 세자빈이며, 정조의 어머니로 잘
알려진 혜빈 홍씨다. 1744년에 세자빈으로 책봉되고, 1762년 사도
세자가 죽은 뒤 혜빈惠嬪에 봉해졌다. 1776년 아들 정조가 즉위하자
혜경惠慶이라는 궁호를 올려 혜경궁 홍씨로 알려졌다. 1899년 사도
세자가 장조로 추존됨에 따라 경의왕후에 추존되었다.[17]

정조는 즉위하자 아버지 사도세자를 죽게 한 노론을 척결했는데
그 화가 혜빈 홍씨의 친정에까지 미쳐 작은아버지는 사사되고 동생
은 아들 정조에게 국문을 당하는 아픔을 겪었다. 장년에 이르러 정
조는 외가의 억울함을 서서히 풀어주기 시작하였는데, 이때 친정
조카 홍수영의 권유로 『한중록』을 쓰게 되었다. 아마 사도세자의
죽음과 반복되는 친정의 화에 대해 정리할 필요를 느꼈을 것이다.
많은 사람들이 세상을 떠남으로써 그 일들을 혜빈 홍씨만큼 잘 아
는 사람도 없고, 손자인 순조가 궁금해하는데도 전해줄 사람이 없
자 직접 글로 남기기에 이른 것이다.

『한중록』은 여러 가지 이름으로 불렸다. 그동안 '한중록'恨中錄으
로 불렸으며, 『고종실록』에는 '한중만록'閒中漫錄 또는 '읍혈록'泣血錄
으로 적고 있다. 남편인 사도세자를 잃은 아픔이 크지만 당시 책
제목에 '한'恨을 직접 노출하는 것은 적절하지 못한 방식이었을 것
이다. 따라서 '한중만록'閒中漫錄, 줄여서 '한중록'閒中錄 또는 '읍혈
록'泣血錄이 타당할 것이다.

『한중록』은 세밀한 표현과 심리분석으로 조선시대 여성문학의
독보적 지위를 차지하였는데, 혜빈 홍씨가 이러한 문학적 수준을
갖추게 된 것은 친정의 문학적 전통에서 영향을 받았다고 할 수 있
다. 혜빈 홍씨의 친정인 풍산 홍씨는 조선 후기 야담 서사의 전개
에서 문학적 전통이 강한 가문이었다. 혜빈 홍씨 또한 한글로 번역
된 조선의 역대 야사를 많이 읽었다고 회고하였고, 이복일에게 출
가한 여동생도 한글 장편소설인 『유씨삼대록』을 읽고 비감에 젖었
다고 하였다. 이처럼 집안의 문학적 전통과 혜빈 홍씨의 독서, 섬

세한 성격이 어우러져 『한중록』이 탄생했다고 하겠다.

세자 섬길 제 부드러이 섬기고 목소리나 얼굴빛을 가벼이 말고 눈이 넓어 무슨 말을 봐도 궁중에서는 예삿일로 여겨야 하니 네 모르는 체 하여 먼저 아는 빛을 보이지 말라. 여편네 속옷 바람으로 남편네를 뵐 것이 아니니 네 세자 보는 데 옷을 마음대로 헤쳐 보이지 말고, 여편네 수건에 연지 묻은 것이 비록 연지라도 아름답지 아니하니 묻히지 말라.

시아버지인 영조에게 처음으로 들었던 훈계 내용이다. 50년 전의 일임에도 영조의 훈계를 사소한 것 하나까지도 그대로 기억하고 있다. 연지 묻은 수건처럼 자잘한 일에까지 신경을 쓰는 영조의 성격이 잘 나타나 있다. 사소한 것에 대한 관심은 여성문학의 가장 큰 특징인데, 『한중록』에서는 이러한 섬세한 묘사를 통해 대상의 이미지를 형상화하였다. 섬세한 묘사와 이미지의 구현은 작가의 감정 표현과 연결되는데, 『한중록』에서는 남편과 부모 형제를 죽음으로 몰고 간 적대세력에 대한 증오와 슬픔, 분노와 울분이 복잡하게 얽혀 있다.

조선이 500년을 지속하는 동안 크고 작은 국가적·정치적 위기가 언제나 있어왔고, 그 위기의 과정에서 많은 희생이 뒤따랐다. 왕실 여성의 운명은 기본적으로 친정 또는 하가한 시댁의 정치적 운명과 궤를 같이하였다. 왕실의 여성은 가장 상층의 집단이었지만 조정과 가문의 영향력 안에서 언제나 긴장한 채 모든 감각을 예민하게 유지할 수밖에 없었다. 『한중록』의 섬세한 표현과 내용을 통해 표출되는 증오, 울분, 분노, 희망과 같은 감정은 왕실 여성의 고단한 삶을 대변한다. 물질적 풍요와 영예에도 불구하고 늘 고단했던 왕실 여성들의 삶은 희망과 절망의 편차가 클수록 더욱 비극적이었다고 할 수 있다.

조선 왕조의 왕실 가족생활에서 자주 등장하던 인물들은 왕위 계승자들과 그 반려자인 왕
비의 외척이었다. 왕실혼에서 무엇보다 기준이 되었던 것은 언제나 당시 정치적인 고려였
다. 왕실 세력의 확충이라는 정치적 목적이 우선적으로 기능하였다. 혼인을 통하여 고위
관료 집단과 혈연관계를 유지함으로써 정치세력을 효율적으로 통제하고 통치권자로서
의 지위를 강화하려는 목적이 컸다고 해석할 수 있다. 왕실과 맺어진 왕비의 집안에 대
해서는 부정적인 인식이 주를 이룬다. 왕과 외척의 인간관계로 인해 국가정책이 바뀌거나 왜곡되는 경우가
종종 발생하였기 때문이다. 그런데 외척이 부정적 인식만을 주는 것은 아니었다. 왕에게 종친은 왕실 가족이면서 왕
위 계승의 경쟁자로 반정과 역모의 온상이었기에 늘 경계의 대상이었던 반면에 왕비 가문인 외척은 국정과 왕실의
운영에 관여는 했지만 왕위를 찬탈할 집단은 아니었으므로 모종의 연합전선을 맺을 협력 대상이었다. 이런 정치역학
적 관계는 조선 왕조뿐만 아니라 고대 왕조로부터 모계혈통이 우선시되었던 왕조 국가의 보편적인 모습이었다.

왕비와 왕실의 외척

王妃日常

1 왕실 외척의 위상과 존재

왕실 외척의 등장　　외척은 척리戚里 폐부지친肺腑至親으로 불리
　　　　　　　　　　던 왕실의 모계 친척을 말한다. 조선시대
외척은 왕실을 보호하고 종통을 이어주는 왕실로서는 없어서는 안
되는 존재였다. 그럼에도 오늘날 외척이라고 하면 긍정적인 이미지
보다 권력을 남용하고 왕권을 위협하며 재물을 탐하는 부정적인 인
상이 강하게 남아 있다. 조선시대 왕실에서도 외척을 부정적으로
보는 편이었다.

　조선 후기 성군으로 불리는 정조도 외척에 대해서는 엄한 시각
으로 대했다. 정조는 즉위하면서부터 외척의 발호를 차단하는 말을
대내외에 선포하였다. 다음의 인용문이 조선 후기 왕실과 외척의
관계에 대한 일반적인 모습일 것이다.

1_ 한나라 문제의 황후 동생으로
어질고 겸손했다는 『사기』의 내용
에 따라 조선시대 왕실에서 훌륭
한 외척을 거론할 때마다 비교하
던 인물이다.

2_ 『일성록』 권1, 정조 즉위년 9월
12일.

"아! 외척이 나라의 해가 된 것은 옛날부터 모두 그러했다. 나는 어릴
적부터 그 폐단을 깊이 알고 외척에 대해서는 두광국竇廣國[1]처럼 어질
고 음직陰職과 같은 재능이 있다 하더라도 조정의 정사에 참여하지 못
하게 하였다." [2]

당시 정조가 지적한 외척은 영조의 계비인 정순왕후의 오빠 김 귀주金龜柱로 정조의 즉위를 방해하고 생명까지 위협하던 노론 벽 파의 거두였다. 그는 정조가 왕세손일 때부터 안위를 위협하였으 며, 사도세자의 죽음에 직접적인 원인을 제공한 인물이었다. 이처 럼 종통을 위협하는 인물이었음에도 정조가 보위에 오르기 이전까 지 세력을 유지할 수 있었던 것은 그가 왕실의 외척이었기 때문이 다. 김귀주는 영조의 계비인 정순왕후의 오빠로 당대 외척의 거두 였다. 따라서 정조가 보위에 오르더라도 단기간에 제거할 수 있는 상대가 아니었다. 결국 김귀주는 흑산도에 유배되어 의문사를 당하 지만, 그것은 정조 재위 10여 년이 지난 후의 일이다. 그만큼 정조 가 즉위 초에 제거하지 못할 정도의 존재였던 것이다.

외척을 왕실의 위협적인 존재로 보는 것이 정조 개인적인 혹은 당대의 시각만은 아니다. 조선시대 국왕의 권위에 도전하던 세력으 로 늘 왕실의 종친과 함께 외척이 거론되었다. 조선 개국 초기부터 두 차례의 왕자의 난, 태종과 세조의 즉위, 중종반정과 인조반정, 정희왕후·문정왕후·정순왕후·신정왕후의 수렴청정, 임오화변과 정 조의 즉위, 안동 김씨와 세도정권, 흥선대원군과 명성황후 민씨가 의 대결에 이르는 조선 말기까지 왕을 둘러싼 종친과 외척의 협력 혹은 대립 관계는 끊임없이 이어졌다.

그중에서 종친보다는 외척이 왕실 세력 판도의 변화는 물론 사 왕의 선정 및 생사까지도 관여하는 존재로 자리매김하였다. 이에 따라 조선 왕조에서 외척은 왕조의 안녕을 해치는 경계 대상으로 인식되기도 하였다. 특히 관료들이 주자학을 국정에 도입, 실천하면 서 외척을 왕실에서 멀리해야 할 제일 해로운 것으로 보았다.

"외척이 왕실과 화복禍福을 함께해야 하는 고귀한 존재임에도 부귀가 가득 차면 재앙을 일으켜 패망하지 않은 집안이 드물고, 그 여파가 국가에까지 미쳐서 조정의 근본을 무너뜨리는" 존재라고 주 장하거나,[3] "외척이 어진 것은 나라의 복이 되지만 만약 어질지 못

3_『영조실록』권126, 영조 51년 12월 21일.

4_ 『순조실록』 권16, 순조 12년 11
월 7일.

하면 나라의 화가 되는 것을 알 만하다"[4]며 혐오감을 드러내기도
하였다.

이 같은 외척 기피 현상이 순전히 편협한 시각에서 나온 것은
아니었다. 실제로 왕과 외척의 인간관계로 인해 국가정책이 바뀌거
나 왜곡되는 경우가 종종 발생하였기 때문이다. 외척으로 인한 폐
해 가운데 대표적인 것이 문정왕후 윤씨 수렴청정 시기였다. 문정
왕후는 9년을 수렴청정하였다. 문정왕후와 그의 외척들이 세력을
떨치던 인종과 명종 시기에는 조선 왕조가 개국 초부터 표방해온
유교를 숭상하고 불교를 억압하던 지배사상의 근간이 흔들릴 정도
로 국정이 혼란에 빠졌다. 문정왕후는 숭유억불崇儒抑佛의 국시를
무시하고 불교를 옹호하는 정책을 펼쳤다. 더불어 윤씨 외척은 권
력 갈등으로 대윤과 소윤으로 분화되었으며, 이는 을사사화로까지
비화되었다.

5_ 『명종실록』 권4, 명종 1년 7월
9일.

물론 문정왕후가 사림들로부터 불교를 숭상한다는 비난을 받았
지만 그보다 신료들의 반대를 무릅쓰고 선왕의 능침인 정릉靖陵을
능행陵幸한 사실도 주목해야 할 것이다.[5] 능행은 제왕이 하는 의례
로 왕비가 하는 것은 예외적인 일이었다. 문정왕후의 능행은 자신
의 권위와 위엄을 밝히려는 의도였을 것이다. 능행은 왕족과 관료
의 차서差序가 시각적으로 분명하게 드러나는 행사로서 왕조 국가
의 백성들에게 이를 각인시키는 의례이기 때문이다.[6] 문정왕후는

6_ 이왕무, 「조선후기 국왕의 능
행 연구」, 한국학중앙연구원 한국
학대학원 박사논문, 2008.

1546년 8월 대왕대비를 대동하고 정릉과 효릉孝陵으로 능행하여
치제致祭(제사를 지냄)하고 능상陵上(능침을 모신 곳)을 봉심奉審(능침의 이
상 여부를 확인)한 뒤 횃불을 밝힌 야간에 창덕궁으로 돌아왔다.[7]

7_ 『명종실록』 권4, 명종 1년 8월
26일.

이처럼 정치적 감각이 뛰어난 문정왕후는 9년간 수렴청정을 하
였다. 그녀는 수렴청정을 거두면서 이렇게 말했다.

중묘조中廟朝의 젊은 사람들이 나랏일을 그르쳐 화를 만들어내어서 조
정의 사람들이 많이 상하였는데(기묘사화) (중략) 지난날의 일을 경계

제5부 왕비와 왕실의 외척

삼아 충성을 다하여 성상을 보필하고 인도해야 할 것이다. (중략) 지금
의 재변은 무슨 일 때문에 생겼는지는 알 수 없으나, 『중용』中庸에 '나
의 기氣가 순順하면 천지의 기도 순하게 된다'고 하였다.[8]

8_『명종실록』 권15, 명종 8년 7월 12일.

문정왕후에 대한 사관들의 실록 기록과 사림들의 기록에 의해
그녀의 평판이 나빠진 것이지 왕실의 입장에서 보면 종사를 보존하
고 안정시킨 인물이었다고 하겠다.

그런데 외척이 부정적 인식만을 주는 것은 아니었다. 조선 왕조
의 왕실 가족생활에서 자주 등장하던 인물들은 왕위 계승자들과 그
반려자인 왕비의 외척이었다. 왕의 종친은 왕실 가족이면서 왕위
계승의 경쟁자로 반정과 역모의 온상이었기에 늘 경계의 대상이었
던 반면에 왕비 가문인 외척은 국정과 왕실의 운영에 관여는 했지
만 왕위를 찬탈할 집단은 아니었으므로 모종의 연합전선을 맺을 협
력 대상이었다. 예컨대 세조와 안평대군, 광해군과 임해군, 광해군
과 인조, 영친왕과 의친왕의 관계에서 종친들이 왕위를 두고 경쟁
했던 것을 볼 수 있다. 이런 정치역학적 관계는 조선 왕조뿐만 아
니라 고대 왕조로부터 모계혈통이 우선시되었던 왕조 국가의 보편
적인 모습이었다.

특히 외척은 왕실 여성과 긴밀한 관계를 맺는 것이 일반적이었
다. 왕이 왕실의 대표라고는 하지만 정치적인 역할에 국한되었다고
봐야 할 것이다. 왕실이라고 하면 대부분 내명부에 속한 사람들과
궁궐의 일상을 의미한다고 하겠다. 따라서 내명부를 좌우하던 왕비
와 왕대비, 대왕대비의 입김이 왕보다 더 크게 작용하였다. 법제적
으로도 왕비는 내명부에 속한 왕의 후궁에서 궁녀에 이르는 인물들
을 총괄했으며, 궁궐 내의 기강과 풍기를 단속하는 지위에 있었다.
왕비는 왕처럼 국정에 직접 참여하지는 않았으나 왕조 국가의 핵심
인 왕실의 유지와 운영을 책임졌으므로 국모라는 호칭에 걸맞은 지
위를 가지고 있었다. 더욱이 왕비는 왕조의 종통을 이을 사왕을 생

산하는 것은 물론 양육과 보양을 담당했기 때문에 그 지위와 책임
이 막중하였다.

그런데 왕실 외척의 우두머리라고 할 수 있는 왕비가 조선 초기
부터 외척세력을 구축한 것은 아니었다. 태조를 비롯한 건국 세력
에 포함되었던 왕비들은 왕실보다는 정치세력의 판도에 따라 자신
의 운명이 바뀌는 정치적 상황으로 인해 태종 때까지 외척의 세력
화는 물론 왕비 가문을 형성하지도 못했다. 더욱이 왕실의 외척은
성장 초기인 태종대에 큰 퇴락을 겪는다. 태종은 강력한 왕권을 세
우기 위해 방해가 될 만한 조직과 인물은 친소에 관계없이 가차 없
이 제거하였다. 왕비 가문도 예외는 아니었다. 태종은 보위에 오르
기까지 생사고락을 함께했던 원경왕후 민씨(1365~1420)의 형제들을
죽였고, 소헌왕후 심씨의 가문이 멸문의 화를 입게 하였다.

그럼에도 불구하고 왕비 가문은 수렴청정이 시작되는 세조대를
거쳐 성종과 중종대 이후 왕실 외척으로 그 지위를 확보했으며, 이
후 왕통王統의 계승을 좌우하는 핵심 세력으로 성장하였다. 태종과
세조처럼 강력한 왕권을 지향한 왕도 있었지만, 그 뒤를 이어 즉위
한 사왕에게는 선왕의 위훈도 중요하나 모친인 왕대비의 요구를 거
절하기에는 쉽지 않았기 때문이다. 더욱이 조선은 유교를 국시로
삼았고, 그중에서도 효를 강조하였으므로 왕이 대비의 의사를 거역
하는 것은 도덕적으로 큰 오점이 될 수 있었다. 광해군처럼 인목왕
후를 폐위시켰다가 패륜이라는 공격을 받아 왕위를 찬탈당할 수 있
는 빌미가 될 수도 있었다.

왕실 외척의 형성　　조선시대 왕비 가문으로 외척세력을 처음
　　　　　　　　　형성한 것은 태조비 신의왕후 한씨와 신덕
왕후 강씨가 아니라 태종비인 원경왕후 민씨라고 보아야 할 것이
다. 신의왕후는 이성계가 왕이 되기 전에 죽었으므로 왕비에 오르
지 못했다. 신덕왕후는 고려의 권문세족 출신이지만 원나라를 지지

한 가문이었으므로 개국 초기 왕실의 외척으로 성장할 명분이 취약했다. 반면 원경왕후의 친정인 여흥 민씨 가문은 고려 말 권문세족으로 두 차례의 왕자의 난을 통해 태종이 보위에 오르는 데 큰 역할을 하였다. 원경왕후의 형제들도 정계에 진출하여 외척으로 성장하기에 아무런 제약이 없었다. 물론 태종은 왕권 강화를 위해 민무구, 민무질, 민무휼, 민무회 네 형제를 모두 죽여서 멸문의 지경에 이르게 하였다. 그러나 원경왕후의 민씨 가문은 조선 초기 왕비 가문의 전형적인 모습과 왕실 외척으로서의 존재감을 보여준 대표적인 경우로서 조선 말기까지 여흥 민씨 가문이 지속적으로 왕비를 배출한 사실에서도 왕실과 불가분의 관계에 있었던 중요한 외척임을 확인할 수 있다.

왕비 가문이 외척으로서 왕실 내에서 세력을 구축하고 정치적인 입지를 확대하는 것은 동서고금을 막론한 일반적인 현상이었다. 반면 조선시대 국왕별 왕비 가문의 정치적 성향 또는 왕실 내 활동은 다양한 양상을 보인다. 추존왕들의 배우자를 제외하고 연산군과 광해군의 왕비까지 합하면 조선의 왕비는 모두 41명이었다. 이 왕비들은 재위에 오른 지 7일 만에 폐위된 중종의 단경왕후 신씨부터 50여 년을 재위한 문정왕후에 이르기까지 그 패턴이 다양하다. 청주 한씨와 여흥 민씨 가문과 같이 네 번 이상 왕비를 배출한 경우나, 조선 전기에는 청주 한씨와 거창 신씨, 파평 윤씨 가문처럼 한 가문에서 연속해서 왕비를 배출했던 것에 반해 조선 후기에는 세도정치기 외에는 왕비가 동일한 가문에서 배출되지 않는데, 이러한 현상은 왕비 가문의 다양성과 특수성을 보여주는 사례일 것이다.[9] 다음 쪽의 〈표1〉은 왕비의 재위 기간과 배출 가문을 시대별로 보여주고 있다.

〈표1〉에서 보듯이 다수의 왕비 가문이 외척으로 등장하여 성장하는 과정에는 여러 경로가 있다. 왕비 후보가 왕세자와 혼인하여 책봉을 받으면서 왕실 구성원이 되는 것을 시작으로 왕세자가 적장

9_ 『선원계보기략』, 장서각 K2-1023.

229

왕대	왕비명		생몰	재위	본관	소생
태조	신의왕후	神懿王后	1337~1391		안변 한씨	6남 2녀
	신덕왕후	神德王后	1356~1396	1392~1396	곡산 강씨	2남 1녀
정종	정안왕후	定安王后	1355~1412	1398~1400	경주 김씨	
태종	원경왕후	元敬王后	1365~1420	1400~1418	여흥 민씨	4남 4녀
세종	소헌왕후	昭憲王后	1395~1446	1418~1446	청송 심씨	8남 2녀
문종	현덕왕후	顯德王后	1418~1441	1436~1441	안동 권씨	1남 1녀
단종	정순왕후	定順王后	1440~1521	1454~1457	여산 송씨	
세조	정희왕후	貞熹王后	1418~1483	1455~1483	파평 윤씨	2남 1녀
예종	장순왕후	章順王后	1445~1461	1460~1461	청주 한씨	1남
	안순왕후	安順王后	1446~1498	1462~1498	청주 한씨	1남 1녀
성종	공혜왕후	恭惠王后	1456~1474	1469~1474	청주 한씨	
	폐비 윤씨	廢妃 尹氏	1445~1482	1476~1479	함안 윤씨	1남
	정현왕후	貞顯王后	1462~1530	1480~1530	파평 윤씨	1남 1녀
연산군	폐비 신씨	廢妃 愼氏	1472~1537	1488~1506	거창 신씨	3남 1녀
중종	단경왕후	端敬王后	1487~1557	1506~1506	거창 신씨	
	장경왕후	章敬王后	1491~1515	1507~1515	파평 윤씨	1남 1녀
	문정왕후	文定王后	1501~1565	1517~1565	파평 윤씨	1남 4녀
인종	인성왕후	仁聖王后	1514~1577	1524~1577	반남 박씨	
명종	인순왕후	仁順王后	1532~1575	1545~1575	청송 심씨	1남
선조	의인왕후	懿仁王后	1555~1600	1569~1600	반남 박씨	
	인목왕후	仁穆王后	1584~1632	1602~1632	연안 김씨	1남 1녀
광해군	폐비 유씨	廢妃 柳氏	1576~1623	1592~1623	문화 유씨	3남
인조	인열왕후	仁烈王后	1594~1635	1623~1635	청주 한씨	4남
	장렬왕후	莊烈王后	1624~1688	1638~1688	양주 조씨	
효종	인선왕후	仁宣王后	1618~1674	1645~1674	덕수 장씨	1남 6녀
현종	명성왕후	明聖王后	1642~1683	1651~1683	청풍 김씨	1남 3녀
숙종	인경왕후	仁敬王后	1661~1680	1671~1680	광산 김씨	2녀
	인현왕후	仁顯王后	1667~1701	1681~1701	여흥 민씨	
	인원왕후	仁元王后	1687~1757	1702~1757	경주 김씨	
경종	단의왕후	端懿王后	1686~1718	1696~1718	청송 심씨	
	선의왕후	宣懿王后	1705~1730	1718~1730	함종 어씨	
영조	정성왕후	貞聖王后	1694~1776	1721~1757	달성 서씨	
	정순왕후	貞純王后	1745~1805	1759~1805	경주 김씨	
정조	효의왕후	孝懿王后	1753~1821	1762~1821	청풍 김씨	
순조	순원왕후	純元王后	1789~1857	1802~1857	안동 김씨	2남 3녀
헌종	효현왕후	孝顯王后	1828~1843	1837~1843	안동 김씨	
	효정왕후	孝定王后	1831~1903	1844~1903	남양 홍씨	
철종	철인왕후	哲仁王后	1837~1878	1851~1878	안동 김씨	1남
고종	명성황후	明成皇后	1851~1895	1866~1895	여흥 민씨	4남 1녀
순종	순명효황후	純明孝皇后	1872~1904	1882~1904	여흥 민씨	
	순정효황후	純貞孝皇后	1894~1964	1906~1964	해평 윤씨	

〈표1〉 조선 왕비의 가문별 분포

자이거나 차자, 혹은 서자나 방계로서 왕위를 계승하느냐에 따라 다양한 정치적 논란이 야기되었기 때문이다. 광해군처럼 왕세자로 책봉되었음에도 인목왕후가 적장자인 영창대군을 낳으면서 선조는 물론 왕실 구성원 사이에 왕권 경쟁이 발생한 것을 보면 정치적 경쟁구도에 따라 외척의 향방이 좌우되었음을 알 수 있다.

　조선시대에는 혼맥을 이룬 가문들이 대를 이어 혼인하는 풍습이 왕조 말기까지 이어졌다. 왕실도 동일하였다. 왕실과 혼인하는 가문은 대부분 명문이면서 고위 관료를 배출하던 세력가였다. 왕실이 관료 가문을 대상으로 통혼권을 넓히려 했다는 것은 왕실 세력의 기반을 확대한다는 목적과 혼인 대상이 몇몇 특정한 가문에 집중됨으로써 발생할 수 있는 권력 집중 등의 폐단을 막기 위한 것으로 해석할 수 있다. 다만 일부 가문 외에는 대부분 혼인관계를 한 번만 맺는 것으로 그치고 있다. 지속적으로 왕실과 통혼했던 가문은 계속 공신을 배출하면서 정치적 기반을 강화하였거나, 지속적으로 고위 관료를 배출하여 가세를 번창시켰거나, 왕위 찬탈에 가담하였던 왕실 지원 세력이었다.[10]

10_ 정재훈, 「조선 초기 왕실혼과 왕실 세력의 형성」, 『한국사연구』 95, 1996, 77쪽.

　결국 왕실의 입장에서 합리적이거나 로맨스이거나 이성적이거나를 막론하고 왕실혼에서 무엇보다 기준이 되었던 것은 언제나 정치적인 고려였다. 신흥 가문이 왕실과 혼인하는 배경에는 가문 기반보다는 그 가문의 특정 인물이 당대 왕이나 왕실과 정치적 이해관계를 같이하는 것이 중요한 계기가 되었다. 예컨대 세조대 한명회가 두 딸을 장순왕후와 공혜왕후로 만든 데는 그의 가문인 청주 한씨의 입지보다는 한명회와 왕실, 무엇보다 세조와의 친밀한 관계가 작용하였다.

　그러므로 왕실혼에는 혼인 본래의 목적인 자녀 생산 이상으로 왕실 세력의 확충이라는 정치적 목적이 우선적으로 기능하였다. 조선 왕실의 외척 가문이 고려시대보다 많았다는 것은 그만큼 혼인을 통하여 고위 관료 집단과 혈연관계를 맺음으로써 정치세력을 효율

도1 **종친부사연도**宗親府賜宴圖에 그려진 **종친부** 함세위·노시빈, 1744년, 비단에 채색, 134.5×64cm, 서울대학교 박물관 소장.

1744년 영조는 기로소耆老所(늙은 왕과 신하들의 모임)에 들어간 것을 축하하는 진연례進宴禮를 마친 뒤 종친부에 연회를 베풀었는데, 이를 기념하기 위해 종친부에서 만든 그림이다. 그림 위쪽의 제목 아래에 종친을 돈독히 하는 것이 우선이라는 왕의 전교를 기록하였다. 현존하는 종친부 관련 자료에서 종친부의 규모를 보여주는 유일한 자료라고 본다.

도2 **종친부** ⓒ유남해
왕의 현손玄孫 이내의 남자 후손들, 즉 종친들이 소속되었던 관서다. 서울시 종로구 화동 소재.

적으로 통제하고 통치권자로서의 지위를 강화하는 데 주안점을 두었다고 해석할 수 있다. 왕실과 혼인을 맺은 가문이라고 해서 반드시 제도적으로 지위를 보장받는 것은 아니었지만 봉작封爵을 받으면서 왕실의 안위를 책임진다는 상징적이고 명예로운 지위를 가지는 계기가 될 수 있었다. 그 상징과 명예는 곧 사회적인 명망과 함께 고위직에 진출할 수 있는 명분이 되기도 하였다.

이와 함께 왕의 즉위와 안위에 기여한 공신이 많은 가문은 왕실혼의 빈도가 높았다. 또한 이 공신 가문은 주요 외척 가문이 되었다. 다만 왕실과 공신, 두 세력의 이해관계가 균형과 조화를 이루고 있을 때는 큰 문제가 없었지만 그렇지 못할 때는 왕실과 관료집단 사이에 갈등을 일으킬 소지가 있었다. 그래서 왕실은 세력 기반을 확대하기 위해 왕실혼을 활용하면서도 이것이 거꾸로 특정 정치세력의 지위와 정치적 영향력을 강화하는 결과가 될 때는 이를 견제하려고 했다. 문벌 가문과의 혼인이 오히려 왕권을 제약할 수도 있었기 때문이다.[11]

한편 외척은 왕실혼 외에 제도적으로도 자리 잡을 수 있었다. 제도적인 기능을 담당하던 관서가 돈녕부敦寧府였다. 1414년 세워진 돈녕부는 왕실의 인척 중에서도 외척과 밀접한 관계를 가진 관

11_ 정재훈, 「조선 초기 왕실혼과 왕실 세력의 형성」, 『한국사연구』 95, 95~98쪽.

12_ 박진, 「조선초기 돈녕부의 성 립」, 『한국사학보』 18, 2004, 325 ~328쪽.

서였다. 돈녕부의 수장인 정1품의 영돈녕부사領敦寧府事는 주로 왕의 장인이 맡았다. 특히 종실을 관리하는 종친부보다 돈녕부가 앞서 세워졌다는 사실은 외척에 대한 관심이 컸음을 보여준다. 그런데 세조가 즉위하면서 돈녕부는 혁파되었다. 종친을 요직에 등용하는 등 파격적인 인사행정을 펼쳤던 세조는 종친과 외척을 우대하기 위해 따로 돈녕부를 계속 유지할 필요가 없었다.

그럼에도 세조와 예종의 뒤를 이어 성종이 왕위에 오를 무렵에는 왕대비, 대왕대비와 그 집안인 파평 윤씨, 청주 한씨 가문이 국정에 큰 영향을 행사하고 있었다. 성종은 조정의 실권을 쥐고 있었던 세조의 공신과 대왕대비(정희왕후)의 지지로 왕위에 오를 수 있었다. 이때 돈녕부가 다시 부활한다. 1457년 성종 즉위 초 돈녕부 당상관은 모두 외척 가문 출신이었다. 돈녕부는 외척뿐만 아니라 종친도 대우하는 기관이었으나 시간이 흐를수록 외척을 중심으로 운영되었다. 왕의 8촌까지는 종친부에서 관리했으므로 돈녕부에 소속되는 종친은 그 수가 적었다. 세종대의 돈녕부는 왕실의 연장자에게 관직을 수여하는 방향으로 운영되었으나 성종대에는 가문의 배경이 뒷받침되고 정치적 능력이 있는 외척들이 돈녕관을 역임하였다.[12] 따라서 왕실 외척은 성종대에 정치적 토대를 구축하고 왕실은 물론 정관계로 확대되는 성장 과정을 보이게 된다.

왕실 외척의 성장   태조가 개국하기 이전부터 왕실과 외척은 긴밀한 관계를 맺었다. 태조는 보위에 오르기 전 두 차례 혼례를 치렀다. 먼저 정종과 태종의 생모인 신의왕후 한씨와 혼인하여 6남 2녀를 낳았다. 신의왕후는 조선이 건국되기 1년 전인 1391년에 55세를 일기로 생을 마감했다. 신의왕후는 함경도 안변 사람인 한경의 소생이다. 안변은 태조의 증조부인 익조 이행리가 두만강 지역에서 이주하여 정착한 곳으로 태조가 성장한 지역이기도 하다. 그렇지만 태조가 중앙세력으로 성장하기 위한 배경으로는 충분하지 못했다. 그래서 태조는 신의왕후 생전에 신덕왕후 강씨와 혼인을 치르고 대부분 강씨와 함께 생활했다.[13]

태조의 계비 신덕왕후는 고려 공민왕대 고위직을 역임한 강윤성康允成의 딸이다. 강윤성의 아버지 강서康庶는 충혜왕의 폐신이면서 부원세력이었으며, 동생인 강윤충康允忠은 충혜왕대 일등공신이었고, 동생 강윤휘康允暉는 공민왕대 판관으로 활동하였다.[14] 따라서 태조가 신의왕후 생존 시에 신덕왕후를 후처로 들인 것은 강씨 가문의 배경이 크게 작용했으며, 조선 건국 이후 강씨 집안이 외척으로 성장하리란 사실을 알 수 있다. 바로 이 점을 우려하여 태종은 왕자의 난을 일으켜 강씨들을 제거하게 된다.

그런데 외척의 제거라는 명분하에 권력을 장악한 태종도 아이러니하게 권력을 장악하는 과정에서 처가의 도움을 크게 받았다. 태종은 태조의 8남 가운데 유일하게 우왕 9년(1383) 과거에 급제할 정도로 학식을 지녔으며, 아버지를 따라 왜구를 토벌하는 전쟁터를 누벼서 문무를 갖춘 인물이었다.

태종이 뛰어난 공덕을 지녔음에도 왕자의 난을 성공시키고 권력을 장악할 수 있었던 것은 원경왕후와 민씨 가문의 후원이 있었기 때문이다. 원경왕후는 정치의 흐름과 대세의 변화를 보는 안목을 가지고 있었다. 원경왕후는 군사와 무기들을 장만하여 사병이 혁파되는 상황에서도 태종이 군사력을 유지하도록 했다. 원경왕후의 부친인 민제는 태종을 하륜과 연결시켜 정도전 세력을 제거하는 데 도움을 주었는데, 하륜은 왕자의 난 동안 선봉에서 활약한 이숙번을 태종에게 소개해주기도 했다.

원경왕후의 여흥 민씨 가문은 고려 말 권문세족으로 재상지종宰相之宗이라는 말을 들었던 개경의 세력가였다. 여흥 민씨 가문은 이성계의 넷째 아들인

13_ 『고려사』 「열전」.

14_ 『고려사』 「열전」.

도4 **신덕왕후 정릉비** ⓒ이왕무
태조의 계비인 신덕왕후의 정릉에 세워진 묘비다. 고종이 대한제국을 선포하고 황제국의 의절을 갖추고 선조를 추존하면서 신덕왕후의 묘비도 황후로 올렸다. 정릉은 원래 도성 내 경운궁 인근에 있었으나 태종이 즉위한 뒤 도성 밖으로 옮겨졌으며, 기존의 석물들은 광통교 등의 석재로 활용되었다. 현종대까지 능역의 개수가 제대로 이루어지지 않았다. 신덕왕후는 명나라의 고명을 받은 정통적인 왕후였음에도 1669년(현종 10)에 종묘의 부묘祔廟가 이루어질 정도로 홀대를 받았다.

방간에게 민선閔璿의 딸을, 다섯째 아들인 태종에게 원경왕후를 출가시켜 왕실과 겹사돈을 맺었다. 이후 두 차례 왕자의 난과 태종의 즉위를 통해 여흥 민씨가 왕실의 외척으로 성장하게 되는 것은 필연적인 귀결이었다.

그럼에도 불구하고 여흥 민씨 가문은 태종대 주요 외척 가문으로 성장하지 못하고 몰락하고 만다. 태종은 외척이 왕실에 영향력을 끼치고 왕권을 제약하는 것을 용납하지 않았기 때문이다. 태종은 왕자의 난을 성공시키고 보위에 오르는 데 큰 역할을 한 원경왕후의 형제들을 사사하거나 자진하게 하여 가문을 멸문지경으로 만들었다. 원경왕후는 태종의 처사에 반기를 들었으나 오히려 폐위될 위험에 놓였고, 결국 태종의 기세를 누르지 못했다. 반면 태종은 1413년(태종 13) 경회루에 승려 100명을 모아 원경왕후의 병을 낫게 하기 위한 불경을 읽으며 기도하게 하는 따뜻한 면도 보여주었다.[15] 조선 왕조 어느 왕보다 숭유억불 정책을 실천한 왕임에도 왕후의 병 구완을 위해 승려들을 궁궐로 불러들인 것이다. 태종은 여흥 민씨라는 외척을 미워했다기보다는 외척이 정치권력화하는 것을 막으려 했던 것임을 보여준다.

태종은 제도적으로도 외척이 권력을 잡는 것을 금하였다. 1409년 민씨 형제들을 제거한 후 왕비의 친척들을 봉군封君하는 일의 가부를 의논하게 하면서, 외척으로 봉군된 자들을 모두 철폐하도록 하였다. 태종의 뜻은 다음과 같이 정리된다.

"'왕비의 외척을 군으로 봉하는 일은, 우리나라에서는 태조 때 상산군 象山君 강계康繼로부터 시작되어 권씨, 민씨도 모두 군을 봉하였으나, 이것은 옛법이 아니다' (중략) 또 예조판서 이응李膺에게 이르기를, '후비后妃의 친족으로 군을 봉하는 것은 옛날의 제도가 아니니, 경은 마땅히 역대의 제도를 상고하여 바치도록 하라.' 그리하여 외척으로 군을 봉한 자를 모두 파하였다."[16]

15_ 『태종실록』 권25, 태종 13년 5월 6일.

16_ 『태종실록』 권18, 태종 9년 8월 27일; 『연려실기술』 별집, 권1, 「국조전고」, 외척.

제5부 왕비와 왕실의 외척

그렇지만 태종이 원경왕후 민씨와의 관계를 최악으로 몰아가면서까지 막으려 한 외척의 정치권력화는 세조의 계유정난을 기점으로 무너지게 된다. 세조는 태종과 유사하게 폭력적인 수단을 동원하여 보위에 올랐지만, 외척에 대해서는 과감하게 제어하지 못했다. 오히려 왕실의 외척들은 세조의 즉위와 함께 활개를 쳤다. 세조대는 청주 한씨가 왕실 외척의 중심이었다. 청주 한씨

가문이 비약적으로 성장하게 된 것은 한확과 한명회가 앞장서 세조의 즉위를 주도하면서부터다. 세조의 사돈인 한확을 중심으로 청주 한씨들이 대거 공신에 책봉되면서 가문이 성장하게 된 것이다. 한명회와 한백윤도 세조와 사돈을 맺음으로써 왕실의 외척으로 성장하였다. 한명회와 한확은 9촌, 한확과 한백윤은 7촌, 한명회와 한백윤은 10촌으로 모두 고려 말 명신인 한악韓渥의 후손이다.[17]

단종대에 세조를 도운 한확, 한명회, 한명진, 한서귀가 정난공신에 책봉된 이후 청주 한씨들은 세조의 왕권 강화와 집권에 적극적으로 참여하였다. 세조의 즉위와 관련하여 한확·한명회·한종순·한계미가 좌익공신에 책봉되었으며, 이시애의 난을 진압한 공으로 한계미가 적계공신, 예종의 즉위에 따라 한명회·한계순·한백윤·한계희가 익대공신, 성종의 즉위에 따라 한명회·한계미·한계순·한백윤·한계희·한치형·한치인·한치의·한보·한치례·한의 등이 좌리공신에 책봉되었다.[18] 한명회와 한백윤은 세조와 사돈이 되어 관계를 더욱 돈독히 하였다.

청주 한씨 가문이 왕실의 외척으로 성장하면서 네 명의 왕비를 배출하였다. 덕종비 소혜왕후는 한확의 딸, 예종비 장순왕후와 성종비 공혜왕후는 한명회의 딸, 예종의 계비 안순왕후는 한백윤의 딸이었다. 이와 함께 한확은 명 황실과도 사돈을 맺어 외척의 범위

도5 **원경왕후인장** 고려대학교 박물관 소장.

원경왕후의 본관은 여흥驪興, 성은 민閔이다. 1365년 여흥부원군 민제의 딸로 태어났다. 1382년(고려 우왕 8) 두 살 아래인 이방원에게 출가하였으며 조선 개국 후인 1392년(태조 1) 정녕옹주에 책봉되었다. 1400년(정종 2) 2월 세자의 정빈貞嬪, 11월 왕비가 되어 정비靜妃에 진봉되었다. 태종이 왕위에 오르는 데 결정적인 도움을 주었던 것으로 전해진다. 그러나 태종 즉위 이후 남동생인 민무질, 민무구 형제가 사사되는 등의 불행을 겪었다. 양녕·효령·충녕(세종)·성녕의 네 대군과 정순 등 네 공주를 낳았다. 1420년 56세를 일기로 사망하였고, 능은 헌릉獻陵이다.

조선시대 국왕과 왕비의 인장은 그 지위를 상징하는 것으로 책봉을 받으면서 수여되었다. 왕과 왕비의 가례나 종묘 부묘 행차에는 인장이 가마에 실려 포함될 정도로 상징성이 높았다.

17_ 한희숙, 「조선 초기 소혜왕후의 생애와 『내훈』」, 『한국사상과 문화』 27, 2005, 89쪽.

18_ 『성종실록』 권9, 성종 2년 3월 26일.

	정난靖難	좌익左翼	적개敵愾	익대翼戴	좌리佐理	비고
한확 韓確	1등	1등				누이가 명나라 태종과 의종의 후궁, 소혜왕후의 아버지
한명회 韓明澮	1등	1등		1등	1등	장순왕후와 공혜왕후의 아버지
한명진 韓明溍	3등					한명회의 동생
한서구 韓瑞龜	3등					한명회와 9촌간
한종손 韓從孫		3등				한서구의 조카
한계미 韓繼美		3등	3등		2등	한명회의 6촌
한계순 韓界純				1등	3등	한계미의 동생
한백윤 韓伯倫				3등	2등	안순왕후의 아버지
한계희 韓界禧				3등	2등	한계미의 동생
한치형 韓致亨					3등	한확의 조카
한치인 韓致仁					4등	한확의 아들
한치의 韓致義					4등	한확의 아들
한보 韓堡					4등	한명회의 아들
한치례 韓致禮					4등	한확의 아들
한의 韓嶬					4등	한계미의 아들

〈표2〉 조선 초기 공신에 책봉된 청주 한씨

를 넓혔다. 한확은 두 명의 누이들을 명나라 황제에게 시집보냈다. 첫 번째 누이는 공녀貢女로 명나라에 뽑혀 들어가 성조成祖의 후궁인 여비麗妃가 되었다.[19] 그런데 성조가 1424년 북정北征에서 죽자 여비는 자살을 하였다. 성조에 이어 즉위한 인종이 10개월 만에 죽자 선종宣宗이 즉위했는데, 그는 재차 한확의 여동생을 후궁으로 삼고자 하였다. 이에 한확의 여동생은 선종의 후궁 공신부인恭愼夫人이 되었다. 소혜왕후의 고모이기도 한 공신부인은 왕실과 자주 서신을 교환하는 후원자이면서 여러 가지 특산물을 요구하는 부담자이기도 했다.[20]

한확이 두 차례에 걸쳐 누이들을 명나라 황제의 후궁으로 보낸 것은 개인적으로 부와 권력을 잡는 기회였던 반면 육친을 팔아 치부한다는 비난을 받는 계기가 되기도 했다.[21] 한확은 북경에 있을 때 황제와 궁중에서 식사도 함께하는 등 친밀한 관계를 유지했기 때문에 조선 조정에서도 무시할 수 없는 인물이었다. 특히 조선과

19_ 『태종실록』 권34, 태종 17년 8월 6일.

20_ 『성종실록』 권106, 성종 10년 7월 4일.

21_ 『세종실록』 권36, 세종 9년 5월 1일; 『세종실록』 권42, 세종 10년 10월 4일.

명 사이에 외교 사안이 발생하면 한확이 사은사로 파견되어 해결하면서 그의 입지가 더욱 커졌다. 한확은 둘째 딸은 세종의 후궁 소생인 계양군桂陽君 이증李璔에게, 여섯 번째 딸은 세조의 아들인 도원군桃源君에게 시집보내 왕실과도 두터운 사돈관계를 맺었다. 여섯 번째 딸이 훗날 성종을 낳은 소혜왕후다.

한확은 1456년(세조 2) 세조의 즉위를 허락받는 고명사은사誥命謝恩使로 명나라에 파견되었다가 만주의 칠가령七家嶺에 이르러 갑자기 병이 나더니 사하포沙河鋪에서 죽었다. 이에 세조는 압록강가에 예관을 보내 호송하게 했다.[22] 한확이 죽은 후에도 그 자손을 통해 왕실과의 관계는 지속된다.

22_『세조실록』 권5, 세조 2년 9월 13일.

한확은 개국공신인 남양군南陽君 홍길민洪吉旼의 아들인 홍여방洪汝方의 딸과 결혼하여 한치인, 한치의, 한치례의 세 아들과 여섯 명의 딸을 두었다. 한치인은 1444년(세종 26) 문음으로 세자우세마世子右洗馬에 제수되었다가 누이의 아들인 성종이 즉위하자 좌리공신이 되었고, 지돈녕부사에 오르면서 외척의 핵심이 되었다. 더욱이 고모가 명나라 선종의 후궁이었다. 한치의는 16세인 1455년 음보로 사정겸상서원녹사司正兼尚瑞院錄事에 임용된 것을 시작으로 안동대도호부사, 호조참판을 거쳤다. 한치례는 1466년(세조 12) 무과에 급제하여 훈련도정이 된 것을 시작으로 병조참판과 육조의 판서를 두루거쳤다. 이들 삼형제는 성종이 즉위하자 모두 좌리공신이 되었으며 사촌들과 자주 북경에 성절사聖節使로 다녀왔다. 이때 황제의 칙지로 금대와 서대를 두르고 다녔으며 재물을 취하는 일로 논란을 빚기도 했다.[23]

23_『성종실록』 권106, 성종 10년 7월 4일.

한확의 아들들은 왕실 및 당대 최고의 명문가와 혼인하였다. 한치인은 개국공신인 조반趙胖의 손녀, 한치의는 이항전李恒全의 딸, 한치례는 세종의 사위인 안맹담安孟聃의 딸을 아내로 맞았다.

결국 태종대에 약화되었던 외척은 세조 이후로 왕실의 중심 세력이 되면서 왕을 옹위하는 것은 물론 왕위 계승의 과정에도 깊이 관여하는 권력 핵심 집단으로 성장하였다. 성종대 이후 왕에 의한 외척 견제가 없었던 것은 아니지만, 외척이 왕실 세력에서 배제되는 일은 더 이상 나타나지 않았다. 이 점은 조선 후기까지 왕의 즉위에서 그 배경을 찾을 수 있으며, 특히 사왕이 될 가능성이 높았던 종친 세력과의 관계에서 찾을 수 있을 것이다.

예컨대 조선 후기에 외척의 중심이었던 서인계 노론들도 권력의 주도권을 장악하는 데 왕실의 외척이 되는 것만큼 중요한 것이 없다고 보고 적극적으로 왕실과 혼인관계를 맺고자 하였다. 특히 이건창이 『당의통략』黨議通略에서 언급했듯이 서인은 '무실국혼'無失國婚을 자신들의 정치적 생명을 연장하는 수단으로 사용하면서 조선 말기까지 외척이 득세할 수밖에 없는 운명이었다.

2 왕비와 외척의 관계

국정을 좌우한
왕비와 외척

1469년 11월 예종이 경복궁 자미당에서 서거하였다. 왕위는 당연히 장자상속제에 의해 예종의 원자인 제안대군이나, 예종의 형으로 이미 사망한 의경세자의 큰아들인 월산군이 계승하는 것이 수순이었다. 그런데 제안대군은 나이가 어리고, 월산군은 병약하다는 이유로 의경세자의 둘째 아들인 성종(자을산군)이 13세의 나이로 보위에 올랐다. 이것은 전적으로 세조의 정비였던 정희왕후의 의사가 반영되니 것이다. 정희왕후는 신숙주와 권람 등의 입회 아래 월산군이 병약하여 왕위를 잇기에 부적합한 반면 그 동생인 자을산군은 세조가 평소 태조에 비견할 정도의 국량이 있다고 칭찬했다면서, 왕위에 오를 것을 명했다.[24]

정희왕후의 결정에는 신숙주와 한명회의 의사가 반영되었다고 본다. 성종비인 공혜왕후는 한명회의 딸이었으며, 한명회는 세조 집권에 결정적인 역할을 한 신숙주와 사돈 간이었다. 신숙주는 한명회와 동모하여 세조의 즉위를 도운 공신이면서 종실을 견제하던 인물이다. 신숙주는 왕실과 혼맥을 맺은 외척이면서 공정대왕恭靖大王(정종)의 칭종稱宗을 간접적으로 거부했던 인물이었다.[25] 따라서 신

24_ 『성종실록』 권1, 성종 즉위년, 11월 28일.

25_ 『예종실록』 권7, 예종 1년 9월 25일.

숙주와 한명회가 정희왕후와 함께 성종의 즉위에 영향을 미쳤음은 충분히 짐작할 수 있다. 예종이 갑작스럽게 죽은 상황에서 왕위 계승 우선자인 원자도 아니었던 자을산군이 보위를 잇는 데 왕실의 외척이 왕후를 통해 간접적으로 영향을 미친 것이다.

이런 정치적 배경에서 성종의 즉위는 세종대 정착되었던 장자상속제가 왕후와 외척에 의해 왜곡된 정치적 사건이라고 봐야 할 것이다. 왕위 계승이 왕의 혈육인 종친의 의사보다는 왕실의 실세인 왕후와 외척에 의해 좌우된 것이다. 또한 사왕이 선왕의 삼년상을 치르는 동안 대비의 수렴청정이 실시된다. 수렴청정기는 왕후(대비)가 국정의 전반을 결정할 수 있기 때문에 외척이 실세로 성장할 수 있는 시기다. 정희왕후는 성종이 즉위한 지 8년 동안 수렴청정을 하였다.

그런데 왕위 계승의 과정에서 외척은 왕권을 약화시키는 존재라고도 할 수 있지만, 정작 이들이 역성혁명을 일으킨 경우는 없으며, 그럴 수도 없었음을 인지할 필요가 있다. 외척은 왕권이 관료들에 의해 추락하거나 제약될 경우 동시에 타격을 입는 동반자적인 권력 구도에 있었다고 보아야 한다. 외척의 최대 지원 세력인 왕후들의 건재 여부가 권력 구조에 참여할 수 있는 기반이기 때문이다.

그렇기 때문에 왕후들은 오히려 종친이야말로 왕권을 위협하는 제일 요소라고 보았다. 역대 왕후들은 종친을 유난히 차갑게 대했다. 예컨대 숙종의 어머니 명성왕후 김씨는 외척을 이용하여 인평대군의 아들이자 인조의 손자들인 삼복형제(복창군 이정, 복평군 이연, 복선군 이남)를 제거하여 종친의 힘을 약화시키려고 했다. 인평대군은 네 명의 아들을 두었으나 장자인 이욱李㮏이 죽어 삼형제로 불렸다. 명성왕후는 김우명의 딸로 1642년 서울에서 태어났다. 숙종이 14세에 즉위했을 때 그의 나이 33세였다. 김우명은 대동법으로 유명한 김육의 아들이다. 김우명은 집안의 학맥상 서인이었지만 송시열과 사이가 멀었고 남인인 허적과 가까웠으며, 삼복형제와 친밀

했다.[26]

삼복형제는 숙종이 즉위하기 전인 효종과 현종대부터 왕과 왕실 사람들로부터 사랑을 받았다. 효종은 인평대군이 죽자 이들을 궁중에서 기르며 자식처럼 여겼고 장성한 후에도 궁중 출입을 자유롭게 하도록 했다. 현종은 궁궐에서 이들과 함께 자랐고 형제가 없었으므로 자연히 이들과 가까운 사이가 되었다. 현종이 승하하던 날에도 이들 삼형제는 숙종과 함께 자리를 지켰을 정도다.

하지만 숙종은 집권 초기에 삼복형제를 더 이상 옹호하지 않고 견제하는 입장으로 돌아섰다. 이때 종친과 결탁하였던 남인세력까지 몰락했는데, 이 사건이 숙종대 일어난 서인과 남인의 치열한 정치 정쟁으로 비화되기까지 했다. 희빈 장씨 사건도 이때 일어났다. 반면 외척은 숙종의 비호 아래 서인과 연합하여 병권까지 장악해나갔다.[27]

삼복형제에 대한 견제는 김우명이 시작하였다. 김우명은 삼복형제가 궁녀 김상업金常業, 귀례貴禮와 간통을 해서 아이까지 낳았다고 고변하였다. 김상업은 현종의 승은을 입은 궁녀였다.[28] 이 일로 숙종과 대신들이 야대청夜對廳에 모여 삼복형제의 죄를 논했는데, 이 자리에 명성왕후가 행차했다. 명성왕후는 숙종이 궁궐 내부의 일은 잘 모르기 때문에 자신이 삼복형제와 궁녀들의 죄상을 알리고자 행차했다고 말하고는, 그들의 간통 사실에 대해 상세하게 설명했다. 명성왕후는 그들의 죄상이 궁궐을 문란하게 하므로 친정아버지인 김우명에게 고변하도록 했다면서 삼복형제를 처벌할 것을 강력하게 주장했다.[29]

그런데 김우명은 삼복형제의 한 명인 복창군과 혼인관계로 맺어져 있었다. 김우명의 여동생의 딸이 복창군과 혼인하였고, 김우명의 아들인 김석달金錫達은 복령군 이욱李栯의 딸과 혼인하였다. 또한 삼복은 외가인 동복 오씨들과 연합했다. 삼복의 외숙인 오정일吳挺一, 오정위吳挺緯, 오정창吳挺昌, 그리고 내종인 오시수 등이 등용되었는데, 이들은 삼복의 기세에 힘입어 송시열 세력과 반대편에

26_ 『숙종실록』 권4, 숙종 1년 6월 18일.

27_ 김수경, 「17세기 후반 종친의 정치적 활동과 위상」, 『이대사원』 30, 1997, 51~57쪽.

28_ 『숙종실록』 권3, 숙종 1년 3월 12일.

29_ 『숙종실록』 권3, 숙종 1년 3월 14일.

도6 **명성왕후인장** 고려대학교 박물관 소장.

현종비 명성왕후 김씨의 본관은 청풍淸風이며 성은 김씨다. 아버지 영돈녕부사 청풍부원군 청풍 김씨 김우명과 어머니 송씨 사이에서 태어났다. 1651년 11월 10세에 현종과 혼인하여 세자빈으로 책봉되었으며, 1659년 5월에는 왕비로 책봉되었다. 1661년 8월에 원자인 숙종을 낳았다. 이후 명선, 명혜, 명안의 세 공주를 낳았다. 1683년 12월 창경궁에서 42세로 죽었으며, 경기도 구리시 인창동의 동구릉 묘역 숭릉崇陵에 현종과 함께 묻혔다.

30_ 『숙종실록』 권10, 숙종 6년 윤8월 4일.

있으면서 요직에 진출하였다. 삼복형제는 인평대군과 김육의 관계를 이어 청풍 김씨와도 지속적인 관계를 맺었다. 더욱이 삼복의 큰형이었던 이욱의 딸이 훈련대장 유혁연의 손부孫婦가 되어 위협적인 정치세력으로 자리 잡는 형국이었다.[30] 김우명이 삼복형제와 연결되어 있었다는 점은 명성왕후도 그들과 연관되어 있었다고 유추할 수 있는 부분이다.

그렇다면 명성왕후가 김우명을 통해 삼복형제를 견제하게 된 이유가 무엇인지 궁금해진다. 왕실과 외척의 관계에서 볼 때 삼복형제가 왕권을 위협할 정도로 성장하였기 때문에 그것을 억제 또는 제거하는 차원에서 이루어졌다고 해석할 수 있다. 예컨대 궁내에서 작은 자리라도 얻은 자들치고 복창군과 복선군의 비단옷을 입지 아니한 자가 없었으며, 뇌물을 써서 염탐해주는 자가 많아 왕의 일동일정一動一靜을 보고해주지 않는 것이 없었다고 한다. 특히 명성왕후에 대해서는 "자성慈聖의 성이 김金이니 쇠는 나무를 이긴다(金克木). 그러므로 자성이 임금과 함께 한 궁에 사는 것은 길하지 못하다"라는 말이 돌 정도로 위협적이었다.[31] 명성왕후로서는 자신의 안위는 물론 왕실의 안정을 위해서도 이들을 제거할 필요가 있었다.[32]

의금부에 끌려간 삼복형제는 죄를 부인했다. 그러자 숙종은 고

31_ 『숙종실록』 권3, 숙종 1년 4월 1일.

32_ 명성왕후의 역할에 대해서는 한지희, 「숙종초 홍수의 변과 명성왕후 김씨의 역할」, 『한국사학보』 31, 2008 참조.

제5부 왕비와 왕실의 외척

변만으로는 잡아둘 수 없다며 이들을 풀어주었다. 그러자 명성왕후는 부친인 김우명이 무고죄로 남인들에게 공격당할 것을 염려하여 창덕궁 선정전에서 숙종과 대신들이 있는 자리에 예고 없이 나타나 대성통곡을 하기 시작했다. 명성왕후는 숙종이 궐내 사정을 잘 모른다는 식으로 압박하며 삼복형제의 간통을 낱낱이 설명하여 대신들이 이들을 제거하도록 부추겼다. 결국 숙종은 복창군 형제와 궁녀들을 유배 보냈다.[33]

33_『숙종실록』 권9, 숙종 1년 3월 13일; 3월 14일.

명성왕후의 예기치 않은 대전 출입에 윤휴와 홍우원 등이 그 부당함을 상소했다. 반면 좌의정 김수항을 비롯한 서인들은 숙종의 미숙한 일처리가 대비의 등장을 야기했다는 식으로 명성왕후를 감쌌다. 이 와중에 박헌이 송시열과 서인을 공박한 상소로 인해 김우명이 술로 건강을 해치더니 결국 화병으로 죽고 말았다. 명성왕후는 밤새 부친의 죽음을 슬퍼하다가 자결하겠다는 언문까지 내렸다.[34] 결국 삼복형제를 둘러싸고 남인과 서인들은 서로 공격을 일삼았으며, 이는 숙종대에 몇 차례의 환국으로 발전하였다.

34_『숙종실록』 권3, 숙종 1년 4월 1일; 6월 18일; 6월 21일.

이러한 갈등의 배경에는 누가 숙종의 뒤를 이으며, 종친과 외척에서 어느 가문이 주도권을 잡느냐는 문제가 도사리고 있었다. 종친과 외척은 상대를 배척하거나 제거해야만 권력을 차지하는 집단이면서도 상대방을 포용하거나 회유하여 연합체제로 권력을 유지할 수 있는 속성을 지닌 집단이었기 때문이다. 특히 명성왕후의 종친 견제는 외척의 정치적 위상을 지키기 위한 수단이라고 할 수 있지만, 무엇보다 왕권을 위협할 정도로 성장한 종친은 제거해야 한다는 것을 보여준 사례라고 하겠다. 따라서 숙종대 명성왕후 세력과 삼복형제 사이의 갈등은 언제든지 불거질 수 있는 문제였다.

종친과 외척 간의 반목이 극단으로 치달은 대표적인 예는 흥선대원군과 안동 김씨 외척들과의 관계일 것이다. 순조대 왕비 가문으로 선택된 안동 김씨는 외척으로 성장하여 관료의 선발을 독점하는 것에서부터 종친들이 정계는 물론 왕실과 연결되는 것까지 차단하려고 했다. 그런데 종친과 외척의 경쟁 구도는 탕평정치를 구현하여 왕실과 외척 간의 반목이 적었던 것으로 보이는 정조대에도 제기되었다.

정조대 종친과 외척의 반목은 왕실의 대표라고 할 수 있는 왕과 대비의 대결로 표출된다. 외척으로 대표되는 영조의 계비 정순왕후와 종친의 대표인 정조의 대결이었다. 정조는 왕세손 시절은 물론 즉위한 뒤에도 정순왕후의 세력으로부터 위협을 받았다. 정순왕후의 오빠인 김귀주를 중심으로 한 세력들은 경희궁과 창덕궁에 자객을 침입시켜 정조를 암살하려는 극단적인 방법까지 행사했다.[35] 정조는 재위 중에 종친의 처우 개선과 안위를 위해 노력했는데, 그때마다 정순왕후 측은 매번 갈등을 일으켰다. 대표적인 사건이 정조의 은언군에 대한 우애를 차단시키는 것과 동시에 은언군을 제거하려던 것이다.

35_ 『정조실록』 권4, 정조 1년 7월 28일.

은언군은 정조의 이복동생으로 동생인 은신군恩信君과 함께 사도세자와 숙빈 임씨의 소생이다. 정조의 형제는 일찍 죽은 의소태자懿昭太子와 은언군, 은신군이 전부였다. 정조의 은언군 형제에 대한 사랑과 우애는 남달랐다. 일찍이 정적들에 의해 생부를 잃고 생명의 위협 속에 보위에 오른 정조에게 은언군 형제들은 이복형제이지만 유일한 혈육이었기에 그 정이 각별할 수밖에 없었다. 특히 은신군이 1771년(영조 47) 김귀주 일파의 무고로 제주도에서 병사한 후 은언군은 유일하게 남은 남자 혈육이었다.

정순왕후를 비롯한 왕실 외척은 정조를 공격하는 수단으로 은언군을 제거하는 데 초점을 맞추었고 이러한 공격은 정조 사후에도 계속되었다. 정순왕후 일파는 정조가 서거하자마자 은언군이 아들 상계군常溪君 이담의 역모에 가담했다고 주장하여 그를 제거한다. 정조의 재위 시에는 은언군을 죽이지 못했지만, 순조의 즉위와 함께 정순왕후가 수렴청정을 하면서 은언군의 부인 송씨와 며느리 신씨가 천주교도인 것을 빌미로 함께 사사賜死하였다.[36] 정순왕후가

36_ 『순조실록』 권2, 순조 1년 3월 16일; 5월 29일.

죽은 후 은언군은 신원되었으며, 1849년 은언군의 손자인 덕완군德完君이 철종으로 즉위하여 왕실의 종통을 이으면서 은언군의 지위는 격상된다.

정조가 은언군을 대한 것을 보면 정순왕후가 얼마나 끈질기게 종친을 견제했는지 알 수 있다. 정조는 조정의 여론에 밀려 은언군을 강화도에 귀양 보낸 후에도 은언군이 강화도에서 살기 편하도록 집을 마련해주고 그의 처자들을 방문하게 하는 혜택을 주었다. 정조의 조치에 대신들의 끊임없는 비난이 있었음에도 귀양 간 은언군에 대한 보살핌은 계속되었다.[37]

정순왕후는 매일 올리던 탕제를 거부하면서 다음과 같은 언서諺書로 대신들에게 하교하여 정조를 압박하였다.

도7 **은언군 묘비** ⓒ이왕무

이 묘비는 은언군이 사사되고, 손자 원범元範이 즉위한 이후 1851년(철종 2)에 다시 세워진 것이다. 은언군의 묘소는 서울시 진관외동에 소재하였으나, 해체되어 개인이 소유하고 있으며, 묘비는 서울 진관내동의 사찰 경내로 옮겨졌다. 사진의 비면碑面 앞쪽은 사찰에서 사용한 내용이며, 뒤쪽에 은언군의 사적이 기록되어 있는데 접착물로 가려져 있다. 서울 은평구 진관동 931 흥창사 경내 소재.

37_ 『정조실록』 권22, 정조 10년 12월 28일.

"미망인이 오늘날까지 목숨을 끊지 않고 살아 있는 이유는 종묘사직과 성궁聖躬을 위해서다. 아낙네가 어찌 조정에 대해 간섭을 하고자 하겠는가. 그러나 병오년 겨울의 역변逆變 때 나라의 형세가 위급함을 목격하고서 어쩔 수 없이 조정에 언문 교서를 내렸었다. 그러나 국법을 적용한 자는 오직 역적 구선복具善復 한 사람뿐이었다. 궁녀 연애連愛가 포도청에서 한 공초供招에서, 독약을 마시고 죽은 이담李湛과 담의 집에 왕래한 수상한 사람뿐만 아니라 그해 5월과 9월에 있었던 일 또한 그 자초지종을 밝혀낼 수가 있었다. 그러나 주상이 깊은 우애심으로 기어코 보존해주고자 하여 그 일을 덮어두고 따지지 않는 바람에, 연애가 지레 죽기에 이르렀다. 이때 나는 드러내 말하고자 하였으나 주상께서 애써 만류한 까닭에 그만두고 말았는데, 필경에는 왕법王法이 엄하지 못하여 이인李裀(은언군)은 그 목숨을 보전하게 되었다. 그런데 이제 또 서울에 올라와 마치 아무렇지 않은 듯이 그의 집에 있도록 놔두고 있다. 경들은 이 나라의 신하이고 또한 선대왕을 모신 사람도 있을 것인데, 진실로 사람의 마음이 있다면 어찌 주상으로 하여금 이런 일을 하

도록 할 수 있단 말인가. 나의 모진 목숨 때문에 이런 일을 차마 보게
되었으니, 종묘사직의 죄인이고 선대왕의 죄인인 것이다. 이 일을 생각
하면 차라리 죽는 것만 못하다는 생각이다."[38]

38_『정조실록』 권28, 정조 13년
9월 26일.

정순왕후의 협박에도 정조는 무응답으로 일관하고 지속적으로
은언군에 대한 형제애를 드러냈다. 결국 1790년 겨울에 정조와 정
순왕후의 정면대결이 벌어졌다. 당시 정조는 강화도의 은언군을 서
울에 오게 하여 만나고자 하였다. 그런데 정조가 융복戎服 차림에
승지 등의 시신侍臣도 없이 나가려 하자 신하들이 길을 막아서는 일
이 벌어졌다. 정조는 신료들의 관직을 삭탈하고 내쫓을 것을 명하
면서 숭례문을 나갔다. 정조는 한편으로 강화도에 밀지를 보내 은
언군을 데려오려 했는데, 강화도의 성장城將이 3일 동안이나 문을
열어주지 않았다. 성장은 전지傳旨를 보였음에도 진짜 선전관의 신
표를 봐야 한다고 주장하면서 문을 열지 않았다. 이에 정조는 선전
관을 세 번이나 보내고서야 성문이 열리자 유수와 중군 이하의 제
장을 잡아 문초했다. 유수는 문을 열지 않은 것은 전례라는 이유를
대며 극구 변명하였다. 특히 정조의 명령을 전하는 과정에서 정순
왕후의 내시가 어명의 수행을 방해하며 은언군을 도성으로 데리고
오는 것을 막으려 했다. 결국 정조는 자정을 전후하여 장용영과 훈
련도감의 지구관知穀官에게 야간 훈련을 실시한다고 명령하고 군사
훈련 중에 은언군의 가족을 데려와서 함께 만나도록 하였다.[39]

39_『정조실록』 권31, 정조 14년
11월 18일.

정순왕후는 정조에게 자신이 강화도에서 은언군이 나오지 못하
도록 지시했다면서 시급히 강화도로 돌려보낼 것을 언문으로 하교
하였다. 그러자 100여 명이 넘는 신료들이 정조에게 환궁을 요청하
는 상소를 올렸다. 정조는 그들의 상소를 물리치며, 자신의 행동은
전혀 문제가 없다고 말했다. 그는 "주공周公이 다시 태어난다 한들
어찌 다른 말이 있겠는가. 임금을 바른 길로 인도하는 것이 경들의
직책인데, 아쉽게도 경들은 여러 사람들을 따라 밀려다니기만 한

다"면서 신료들이 정순왕후의 눈치를 보고 있다고 질책하였다.[40] 이
때 대부분의 신료들은 정순왕후의 하교를 옳다고 여기면서 정조에
게 은언군을 강화도로 돌려보내고 궁궐로 돌아올 것을 주장하였다.
그래도 정조가 환궁하지 않자 정순왕후는 연달아 환궁을 지시하는
하교를 내리다가, 나중에는 대비의 소임을 버리고 사가로 돌아가겠
다며 돈화문까지 행차하는 소동을 벌였다. 결국 정조는 창덕궁으로
환궁할 수밖에 없었다. 이때 은언군은 정순왕후가 보낸 내시들에
의해 강화도로 보내졌다.[41]

정조가 죽자 정순왕후는 은언군을 죽여 외척이 종친을 능가하는
모습을 보여주었다. 하지만 정순왕후가 오로지 외척을 위해서만 움
직인 것은 아니었다. 수렴청정을 하면서 정조의 시책들을 되돌리고
종친들을 억압하기는 했지만, 심환지를 비롯한 벽파들의 과도한 시
파 억압은 정치 보복으로 이어져 조정이 텅 비게 된다는 우려를 내
비치며 왕실을 안정시키려는 권력자의 모습을 보이기도 했다.[42]

1822년 순조의 왕권이 안정을 찾은 시기에 은언군의 가족은 죄
인의 신분에서 벗어날 수 있었다. 순조는 즉위 초기에 은언군을 지
켜주지 못했으며, 그 가족이 억울하게 천주교도로 몰려 죽었다고
자책하며 정순왕후 일파의 조치를 비난하였다. 정조의 유지를 받든
순조의 조치는 훗날 은언군의 손자인 철종이 왕위를 잇는 결과를
가져오게 되어 종사를 보존하는 계기를 마련하였다.[43]

도8 **정순왕후 생가** ⓒ이왕무
충남 아산에 소재한 정순왕후의
생가를 정면에서 바라본 모습이
다. 근대에 새롭게 개축하여 정순
왕후가 생활한 흔적은 찾기 어렵
다. 충청남도 서산시 음암면 유계
리 소재.

도9 **정순왕후릉** ⓒ박상준
정순왕후의 묘소는 동구릉 영내의
원릉元陵이다. 원릉은 영조와 정
순왕후가 함께 모셔진 쌍릉이다.
영조의 능침은 사진의 왼편으로
원래 정비인 정성왕후의 홍릉이
있는 서오릉으로 정해져 있었으나
정조대 동구릉으로 변경되었다.
경기도 구리시 인창동 산8-2번지
동구릉 내 소재.

40_ 『정조실록』 권31, 정조 14년
11월 18일.

41_ 『정조실록』 권31, 정조 14년
11월 19일.

42_ 『순조실록』 권1, 순조 1년 5월
25일.

43_ 『순조실록』 권25, 순조 22년
2월 28일.

모범적인
왕비와 외척

정조의 정비인 효의왕후 김씨는 왕실이 생각할 수 있는 전형적이고 우호적인 외척관계를 유지한 인물이다. 그럼 왕실이 생각하는 전형적인 외척의 모습이란 무엇인가? 먼저 왕위를 계승할 왕자를 잘 생산하고, 그 왕자를 반대 세력으로부터 보호하고 보위에 오르게 하며, 둘째 왕에게 정치적 공방이나 경색된 정국을 돌파할 일이 발생하면 앞서서 여론을 이끌고 주도해야 하고, 셋째 왕권을 위협하는 세력은 당색에 관계없이 공박하여 제거하며, 넷째 왕의 요청이 아니면 정계에 나서지 않으면서 시비를 제공하지 않는 것이 왕실에서 원하는 외척의 모습일 것이다.

외척으로서 왕실을 적극적으로 보좌하는 세력이 되는 데는 외척의 중심인물인 왕비의 정치 성향이 중요하게 작용했다. 문정왕후, 명성왕후, 정순왕후, 명성황후와 같이 정치에 적극적으로 관여하는 경우에는 그것이 왕실과 국가에 도움이 되는가의 여부를 떠나서 정치적 긴장관계를 가져올 가능성이 매우 높았다. 특히 종친이 연루된 사건을 처리하는 과정에 개입할 경우에는 파란을 야기하는 경우가 많았다. 사도세자와 은언군의 죽음이 대표적이다.

반면 왕비가 조선시대 여자들의 교훈서라고 하는 『내훈』을 생활 속에서 실천하며 정사에는 일절 가담하지 않는 경우에는 왕실과 국가로부터 칭송을 받을 수밖에 없었다. 대표적인 인물이 정조의 비 효의왕후 김씨다. 효의왕후는 청풍 김씨로 1762년 10세의 나이에 세손빈이 되었다. 사도세자를 섬긴 지 채 반년도 못 되어 임오화변을 겪었다. 효의왕후는 항상 그 일을 애통해하면서 "내가 인자하신 은혜를 가장 많이 입었는데 어찌 오래 섬기고 잠깐 섬기는 것으로 더 슬퍼하고 덜 슬퍼하겠는가?"라고 말했다. 그리고 비록 부모를 개인적으로 접견하더라도 세상의 일과 조정의 기상氣象, 인물의 시비를 언급한 적이 없으며, 평소 사가에 은택을 주는 것을 경계하여 수진궁과 어의궁 두 궁에서 남은 음식이 있더라도 규정 이외에는 사사롭게 주지 않으면서 "궁중의 재물은 즉 공물公物이니, 사가의 부모에게 줄 수 없다"고 하였다. 특히 친척 중에 벼슬길에 나온 자가 있더라도 반드시 그를 경계하여 겸손하게 하여 사람들이 왕실의 외척인 줄을 몰랐다고 할 정도였다. 또한 혜경궁 홍씨가 노쇠하여 병석에서 일어나지 못할 때, 효의왕후는 60세가 넘은 나이에도 불구하고 약시중과 반찬 맛보는 일을 직접 하면서 잠시도 곁을 떠나지 않았다. 영조의 딸인 화완옹주和緩翁主가 세손빈일 때부터 괴롭혀 편안히 살 수 없었으나, 끝까지 개의치 않고 오히려 정조의 암살에 연루되어 궁중에 유폐되었을 때에도 불쌍하게 여겨 예전처럼 잘 대해주었으며, 그가 죽었을 때는 수의襚衣를 부조하여 도와주기까지 하였다.[44]

44_『순조실록』권24, 순조 21년 8월 7일.

효의왕후에 대해서는 실록을 비롯한 모든 연대기 자료에서 부덕婦德을 칭송하고 왕실의 어른으로 모범이 되었다고 평가하고 있다. 효의왕후가 명군인 정조의 정비이기 때문에 모범을 보였다고 할 수도 있으나, 명군이라고 칭송받는 성종의 폐비 윤씨와 영조의 정순왕후는 후대의 평가가 전혀 다르다는 점에서 왕과는 다른 왕비 자신의 자질과 관련 있음을 보여준다.

불행히도 효의왕후는 왕자는 물론 공주조차 생산하지 못하고 오히려 상상 임신만을 한 번 하고는 끝내 자녀를 낳지 못했다. 왕비가 보위를 이을 태자나 왕자, 공주 들이 없으면 왕실 내에서의 입지가 좁을 수밖에 없다. 아들이 보위에 올라야 왕대비로서 왕실의 실권을 좌우할 수 있는 것이다. 희빈 장씨가 왕자를 낳지 못한 인현왕후를 몰아내고 곤전의 자리를 차지했듯이 그런 불행한 사태를 야기할 수도 있었다. 효의왕후는 후궁인 수빈 박씨의 아들인 순조를 양아들로 삼았음에도, 순조에게 왕실의 어머니로서 극진한 대접을 받았으며 자신의 지위에 대한 도전자를 만들지 않았다.

정조 때 외척인 청풍 김씨 일족에 의한 탐오나 정치적 갈등이 없었던 것을 보면 효의왕후에 대한 좋은 평가는 사실에 근거한 것임을 알 수 있다. 특히 효의왕후에 대한 평가에서 평소 정치적인 일에 관여하지 않아서 일족들조차도 효의왕후가 한 집안임을 몰랐다는 것은 왕비가 어떻게 처신하느냐에 따라 외척이 발호할 수도 있고 그렇지 않을 수도 있다는 것을 보여준다.

예컨대 외척이 정치에 관여하지 않더라도 왕실을 빙자하여 재물을 모으는 것은 손쉬운 일이기 때문이다. 외척이 세도를 부리지 않더라도 가옥이나 누대를 화려하게 꾸미고 사치스러운 생활을 하는 경우가 많았다. 외척들의 집은 도성 안의 경치 좋은 곳에 자리 잡았고 산림과 천택川澤의 공한지空閑地를 불법으로 점탈하는 일도 있었다.[45] 따라서 효의왕후의 외척이 정치적으로나 경제적으로 문제를 일으키지 않은 것은 효의왕후가 아예 그런 빌미를 주지 않았다고 봐야 한다. 그 결과 효의왕후는 정조가 죽은 뒤에도 정순왕후와 혜경궁 홍씨 사이에서 화목한 분위기를 이어줄 수 있는 왕실의 어른으로 대우받을 수 있었다.

조선 전기에도 왕실을 보좌한 외척이 있었다. 1565년(명종 20) 문정왕후의 죽음은 윤원형을 비롯한 외척세력의 몰락을 의미하였다. 문정왕후가 죽은 후 명종의 병세도 위급해지자 왕실은 명종의 후사를 서둘러야 했다. 명종비 인순왕후 심씨는 중종의 서자인 덕흥군德興君의 셋째 아들 하성군河城君(선조)을 추대하였다. 이때 인순왕후를 보필한 사람이 심의겸沈義謙이다.

인순왕후는 심강沈鋼의 딸로 경원대군인 명종과 1542년(중종 37)에 결혼하였다. 인순왕후가 살던 16세기는 훈구와 사림 간의 정쟁이 심하던 척신정치기戚臣政治期였다. 인순왕후는 정국의 소용돌이 속에서 시어머니인 문정왕후가 여주女主라고 불릴 정도로 정국을 농단하며 남편인 명종을 억압하는 것을 지켜보았다. 인순왕후는 인사권을 제외한 모든 국사를 처리하였다. 을사사화로 피해를 입었던 사람들을 신원하고 복용하였다. 인순왕후가 을사사화의 피해자들을 사면한 것은 명종의 유지를 받든 것으로 해석할 수 있다. 선조도

45_ 『효종실록』 권13, 효종 11년 11월 18일.

확실한 세력 기반이 없는 상황에서 자신을 보위에 오르게 해준 인순왕후의 처사를 무시할 수 없었을 것이다.[46]

물론 인순왕후도 자신의 족친, 즉 외척이 중용되도록 힘썼다. 조부인 심연원沈連源, 부친인 심강은 청요직을 두루 거쳤다. 인순왕후의 동생은 이황의 문인이었던 심의겸이다. 심의겸은 김효원과 대립각을 세워 중종대부터 등용되어 선조대 정계를 장악한 사림파를 동인과 서인으로 나뉘게 했던 장본인이기도 하다.[47] 그래서 선조의 즉위는 인순왕후와 사림파의 암묵하에 이루어졌다고 볼 수 있다. 어린 왕의 즉위와 그 어머니의 영향력이 작용하여 나타난 척신정치의 폐해를 경험한 사림파의 입장에서 고아이면서 상중喪中이었고 정치적으로 고립무원인 선조는 외척의 발호를 막을 수 있는 존재였다. 따라서 인순왕후의 심씨 세력과 종친, 조정의 관료들은 문정왕후 때와 같은 정국이 재발되는 것을 막기 위해 모종의 타협을 해서 선조를 추대했다고 추측할 수 있다.

인순왕후는 외척을 이용하여 정국을 안정시키는 노력과 더불어 왕실 가족의 안위도 지켜주려고 하였다. 순회세자의 부인인 덕빈德嬪 윤씨는 10세에 간택되어 책봉되었는데, 이듬해에 세자가 죽었다. 그러나 인순왕후의 유명遺命으로 궁궐에서 계속 생활하였다. 또한 선조가 왕세자를 세우지 않았으므로 그대로 동궁에 거처하였다. 덕빈도 친척들의 궁궐 출입을 허용하지 않았으며, 세자의 영혼을 기원하는 뜻에서 불공만 올렸을 정도로 왕실의 안위를 먼저 생각했다.[48] 이런 사례는 왕실 여인들의 규범인 『내훈』에 따라 살아가는 모습으로 인순왕후의 부덕婦德이 낳은 결과라고 해야 할 것이다.

효의왕후나 인순왕후와는 조금 다른 사례이지만, 인조의 계비인 장렬왕후 조씨도 왕실 내에서 외척을 세력화하지 않고 부덕을 보이며 평생을 무난하게 보낸 인물이다. 장렬왕후는 인열왕후가 1635년(인조 13) 산후병으로 죽자 1638년 43세인 인조의 계비로 입궁했다. 15세에 입궁하여 11년간 인조의 왕비로 있었으나 자녀는 낳지

46_ 김우기, 「16세기 중엽 인순왕후의 정치참여와 수렴청정」, 『역사교육』 88, 2003, 156~165쪽.

47_ 『명종실록』 권34, 명종 22년, 1월 20일; 『선조실록』 권11, 선조 10년 5월 27일.

48_ 『선조수정실록』 권26, 선조 25년 3월 3일.

못했다. 그러나 인조의 정비로서, 효종대 왕대비로 15년, 현종과 숙종대 대왕대비로 24년을 보내어 도합 50여 년간을 왕실의 최고 어른으로 살았다.

장렬왕후는 인천부사를 지낸 한원부원군漢原府院君 조창원趙昌遠과 완산부부인完山府夫人 최씨의 딸로 태어났다. 왕실과의 혼인을 기피하는 분위기에서 어렵게 간택에 참가하여 왕비가 되었다. 병자호란이 끝나고 2년여가 지난 1638년은 왕과 왕실의 권위가 땅에 떨어져 민심이 이반하던 때였다. 간택을 위해 금혼령을 내린 지 3개월이 지나도록 각 지방에서는 처녀들의 명단 제출을 기피하였다. 심지어 강원도에서는 한 장의 처녀단자도 올리지 않았다. 인조는 사대부들의 왕실혼 기피 현상에 대해 "대궐에서 나온 처녀들에게 모두 혼인을 허가한다"라고 알려 간택에서 탈락한 처녀들이 일정 기간 혼인하지 못하게 한 관례를 없애도록 했다. 그리고 처녀단자를 올리지 못한 관원들을 추궁하였다. 이런 과정을 거쳐 궁에 들어온 여성이 장렬왕후였다.[49]

인조는 가례를 매우 검소하게 치를 것을 강조하였다. 귀금속은 물론 복식까지 제한하였다. 인조의 가례는 정치적인 결정이었다고

49_『승정원일기』, 인조 16년 5월 28일; 『인조실록』 권37, 인조 16년 11월 1일.

보아야 할 것이다. 인조가 병자호란에서 패전하고 청나라 황제에게 머리를 숙인 삼전도의 굴욕은 왕실의 권위는 물론 왕의 권력까지 위태롭게 한 사건이었다. 이에 대해 인조는 실추된 왕권과 흩어진 백성들의 민심과 왕실에 대한 존경심을 장렬왕후의 가례를 통해 회복하고자 했던 것이다.[50]

50_ 김인숙, 「인조의 계비 장렬왕후 별궁 유폐고」, 『한국인물사연구』 5, 2006, 137~138쪽.

그런데 인조는 장렬왕후와 가례를 치르는 것으로 권위 회복을 꾀하였음에도 임종 시까지 장렬왕후를 대면하지 않았다. 장렬왕후에게 질병이 있다는 빌미로 경덕궁에 유폐시켰고, 창덕궁에서 임종할 때야 장렬왕후가 오는 것을 허락하였다. 그런데도 인조대 어떤 연대기 자료나 개인의 문적에서 장렬왕후를 유폐한 인조를 공박하는 내용을 찾아볼 수 없다. 장렬왕후의 친정인 조씨 가문에서도 이렇다 할 반응을 보이지 않았다. 권력의 그늘에 있던 여인에 대해 참담하다고 평가할 만한 이야기다.

조선시대 왕의 부부생활과 가정생활은 중전과 후궁을 무대로 이루어졌다. 궁궐에는 왕비와 후궁 외에도 상주하는 여성들이 있었다. 대비, 세자빈, 궁녀 등이 그들이었다. 이 여성들은 크게 둘로 나뉘었다. 우선 왕비, 후궁, 대비, 세자빈 등은 왕과 혼인이나 혈연을 통해 친족관계를 이루는 여성들이었다. 즉 왕족 여성이었다. 왕비와 왕족 여성들의 관계는 기본적으로 가족관계였다. 그리고 궁녀가 있다. 궁녀는 왕족 여성들의 일상생활에 필요한 노동력을 제공하는 여성들이었다. 궁녀는 다시 원래부터 궐에 소속된 이들과 왕비가 데리고 온 이들로 나뉜다. 조선시대의 왕비는 궁궐 안의 다른 여성들과 숱한 관계를 맺어야 했다. 대왕대비, 왕대비 등 많은 왕실 어른들을 모시며 동시에 후궁, 세자빈, 궁녀 등 아랫사람들도 거느려야 했다. 왕비가 이들 궁중 여성들과 맺는 관계는 왕비의 궁중생활에서 매우 중요했다. 이들 궁중 여성들과 어떤 관계를 맺느냐에 따라 성공적인 궁중생활이 될 수도 있고 그렇지 못할 수도 있기 때문이었다.

제 6부

왕비와 궁중 여성들

王妃日常

1 왕비와 궁중 여성들의 관계

**궁중 여성의
신분과 차별**

사서오경四書五經은 조선시대 유교 지식인들
이 읽어야 하는 필독 도서였다. 사서오경은
과거시험에서 반드시 출제되는 시험과목이었을 뿐만 아니라 유교
의 핵심 경전이기도 했다. 그러므로 조선시대 유교 지식인들은 과
거시험을 위해서도 또 유교 교양을 위해서도 반드시 사서오경을 읽
어야만 했다.

사서는 『논어』, 『맹자』, 『중용』, 『대학』을 지칭하고, 오경은 『시
경』, 『서경』, 『주역』, 『예기』, 『춘추』를 지칭한다. 그중 『예기』는 예
절 또는 의례에 관한 책으로서, 조선시대의 유교 예악문화와 유교
생활 문화에 큰 영향을 끼쳤다. 예컨대 조선시대 사람들의 관혼상
제冠婚喪祭에 절대적인 영향력을 행사한 『주자가례』는 많은 부분에
서 『예기』를 참조하거나 어떤 부분은 통째로 전재하기도 하였다.
그래서 『예기』는 조선시대 사람들의 개인생활 또는 가정생활에 크
나큰 영향을 미쳤다. 예컨대 『예기』의 다음과 같은 내용은 조선시
대 왕과 왕비의 일상생활과 가정생활에 큰 영향을 미쳤다.

천자의 황후는 6궁六宮, 3부인三夫人, 9빈九嬪, 27세부二十七世婦, 81어

처八十一御妻를 세워 천하의 내치內治를 들음으로써 부순婦順을 밝힌다. 그러므로 천하가 내화內和하고 가정이 다스려진다.

천자는 6관六官, 3공三公, 9경九卿, 81원사八十一元士를 세워 천하의 외치外治를 들음으로써 남교男敎를 밝힌다. 그러므로 외화外和하고 나라가 다스려진다.[1]

1_ 『예기』권 29, 혼의.

위의 내용은 언뜻 보면 천자와 황후를 대등한 입장에 놓고 서술한 것 같지만 사실은 전혀 그렇지 않았다. 다음과 같은 이유에서였다. 먼저 천자가 세운다고 하는 6관, 3공, 9경, 81원사는 관료들이었다. 이들은 궁궐에서 천자를 도와 나라 일을 처리하지만 그렇다고 해서 궁궐에 살지는 않았다. 이들은 궁궐 밖에 자신들의 가정을 가지고 있었다.

반면 황후가 세운다고 하는 3부인, 9빈, 27세부, 81어처는 관료가 아니라 천자의 후궁들이었다. 그래서 이들은 궁궐에서 살았고 별도로 가정을 갖지도 않았다. 이들에게는 궁궐이 곧 가정이었고 천자가 남편이었다. 황후는 이른바 정궁인 6궁에서 살았고 나머지 3부인, 9빈, 27세부, 81어처는 후궁에서 살았다. 황후와 후궁의 거처가 정궁과 후궁으로 차별된 이유는 물론 황후는 본부인이고 후궁은 첩이기 때문이다. 요컨대 『예기』에서는 천자의 처첩과 후궁을 당연시하였던 것이다.

조선시대의 왕 역시 정실부인인 왕비 외에 많은 후궁을 두었다. 조선시대의 왕비와 후궁 역시 같은 궁궐 안에서 살았다. 왕비는 중전에서, 후궁은 후궁에서 살았던 것이다. 조선시대 왕의 부부생활 그리고 가정생활은 바로 중전과 후궁을 무대로 이루어졌다. 왕비와 후궁은 궁궐에 상주하는 안주인이었다. 물론 중전과 후궁 중에서도 왕의 정실부인인 중전이 공식적인 안주인이고, 후궁은 첩으로 간주되었다. 조선 왕실에서는 『예기』 등을 근거로 왕의 처첩과 후궁을 당연시하였던 것이다.

도1 **숙신공주증직교지淑愼公主贈職敎** **旨** 1675년(숙종 1), 필사, 118.4× 96.3cm, 한국학중앙연구원 장서각 소장.
조선 왕조 제17대 임금인 효종과 효종의 비 인선왕후 사이에서 태어난 둘째 공주 숙신공주의 증직 교지다. 숙신공주가 미성년에 사망하자 숙신공주의 증직을 내린 교지다.

2_『경국대전』이전, 외명부.

3_『경국대전』이전, 의빈부.

4_ 조선시대 문무 관료들의 직무 수행에 대한 반대급부로 지급하던 봉급으로서 1년에 춘하추동의 계절별로 첫째 달에 지급하였다.

5_ 조선시대 문무 관료들이 사적으로 세금을 거두어 사용할 수 있는 특정 토지다. 1결結은 100부負의 토지 면적인데, 부는 소출이 등에 지는 지게로 한 지게가 나오는 규모다. 현재의 도량형으로 환산하면 1부는 대략 58평으로서 1결은 5800평이 된다(이영훈, 「고문서를 통해 본 조선 전기 노비의 경제적 성격」, 『한국사학』 9, 1987).

그런데 조선시대에는 왕비와 후궁 외에도 궁중에 상주하는 여성들이 또 있었다. 대비, 세자빈, 궁녀 등이 그들이었다. 이 여성들은 크게 두 가지로 구분되었다. 왕비, 후궁, 대비, 세자빈은 왕과 혼인이나 혈연을 통해 친족관계를 이루는 여성들이었다. 즉 왕족 여성이었다. 반면 궁녀는 왕족 여성들의 일상생활에 필요한 노동력을 제공하는 여성들이었다. 왕비, 후궁, 대비, 세자빈, 궁녀 등은 비록 같은 궁궐 안에서 살기는 하지만 한 건물에서 살지는 않았다. 그들은 각각의 처소에서 따로 살았다.

왕비는 궁중의 중심부인 중전에서 생활하였는데, 이곳은 구중궁궐의 핵심 공간이었다. 반면 후궁은 왕비가 거처하는 중전 뒤편에 소재하는 독립 건물에서 살았다. 대비는 보통 중전의 왼쪽에 자리 잡은 대비전에서 살았다. 세자빈은 궁중의 동쪽 구역에 위치한 동궁에서 세자와 함께 생활하였다.

왕비, 후궁, 대비, 세자빈이 각각 다른 거처에서 산 이유는 이들이 처첩妻妾과 고부姑婦 등으로 구분되었기 때문이다. 왕비와 후궁은 처첩으로 구분되었고, 왕비와 세자빈 또는 왕비와 대비는 고부로 구분되었다. 처첩과 고부라는 구분은 이들의 거처, 명칭, 신분, 자녀 등 모든 것을 차별하는 기준이었다. 예컨대 왕비의 딸은 공주라고 불렀고, 후궁의 소생은 옹주, 세자빈의 소생은 군주郡主, 세자의 후궁 소생은 현주縣主라고 하였다.[2] 공주, 옹주, 군주, 현주는 이름뿐만 아니라 실제 예우에서도 차이가 있었다.

예컨대 공주와 혼인한 부마는 종1품의 위尉에 봉작되었지만, 옹주와 혼인한 부마는 종2품의 위에, 군주와 혼인한 부마는 정3품의 부위副尉에, 현주와 혼인한 부마는 종3품의 첨위僉尉에 봉작되었다.[3] 아울러 공주에게 장가든 종1품의 위는 녹과祿科[4]로서 곡식 88석과 포 20필, 저화楮貨 10장을 받았으며 이에 더하여 과전科田[5]으로서

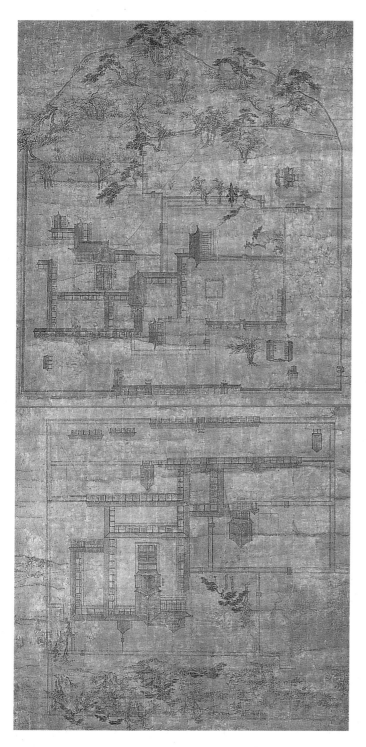

261

대상자	품계	녹과			과전
		곡식(석)	포(주, 정포)	저화	
위(왕비의 딸인 공주와 혼인)	종1품	88석	20필	10장	105결
위(후궁의 딸인 옹주와 혼인)	종2품	76석	19필	8장	85결
부위(세자빈의 딸인 군주와 혼인)	정3품 (당상관)	67석	17필	8장	65결
첨위(세자 후궁의 딸인 현주와 혼인)	종3품	60석	16필	6장	55결

〈표1〉 왕비와 후궁의 사위에 대한 차별

105결의 토지를 받았는데, 옹주에게 장가든 종2품의 위는 녹과로서 곡식 76석과 포 19필, 저화 8장을 받았고 과전으로는 85결을 받았을 뿐이다. 그리고 군주에게 장가든 부위는 그보다 적은 곡식 67석, 포 17필, 저화 8장의 녹과와 65결의 과전을 받았고, 현주에게 장가든 종3품 첨위는 곡식 60석, 포 16필, 저화 6장의 녹과와 55결의 과전을 받았다.

아들도 딸의 경우와 비슷했다. 왕비가 낳은 아들은 대군大君에 봉작되었는데 봉작 연한은 따로 없었다. 반면 후궁이 낳은 아들은 군君에 봉작되었으며 7세가 되었을 때 봉작했다.[6] 대군과 군 그리고 공주와 옹주는 혼인 후 출합出閣해서 사는 집의 규모에서도 차별이 있었다. 예컨대 집터의 규모가 대군·공주는 30부負였고, 군·옹주는 25부였다.[7]

조선의 왕비는 대왕대비, 왕대비 등 수많은 왕실 어른들을 모시며 동시에 후궁, 세자빈, 궁녀 등 아랫사람들도 거느려야 했다. 왕비가 이들 궁중 여성들과 맺는 관계는 왕비의 궁중생활에서 매우 중요했다. 왕비가 이들 궁중 여성들과 어떤 관계를 맺느냐에 따라 성공적인 궁중생활이 될 수도 있었고 그렇지 못할 수도 있었기 때문이다.

6_ 『경국대전』 이전, 종친부.

7_ 『경국대전』 호전, 급조가지給造家地.

왕비와
왕족 여성들의 관계

조선시대 궁중에서 함께 살던 왕비와 왕족 여성들은 넓게 보면 왕실 가족이었다. 즉 왕비와 왕족 여성들의 관계는 근본적으로 가족관계였다. 예컨대 왕비의 입장에서 볼 때 세자빈은 며느리였고, 대비는 시어머니 또는 시할머니였으며, 후궁들은 남편의 첩이었다. 따라서 왕비가 왕족 여성들과 좋은 관계를 맺는다는 것은 세자빈에게 좋은 시어머니가 되고, 대비에게는 좋은 며느리가 되며, 후궁에게는 좋은 본부인이 된다는 의미였다.

조선시대 사람들은 가족 간에 좋은 관계를 맺기 위한 기준을 『주자가례』의 '사마씨 거가잡의'司馬氏居家雜儀라는 부분에서 찾았다. '사마씨 거가잡의'란 '사마광이 지은 가정생활에서의 각종 예절'이라는 뜻이다. 주자는 사마광이 지은 '거가잡의'가 가족 간의 예절 또는 가족 간의 친화를 위해 유용하다는 판단에서 『주자가례』에 실었다. 조선시대 사람들은 주자를 존숭하였으므로 『주자가례』에 실린 '사마씨 거가잡의'도 가정생활의 예의범절로서 존중하였다. '사마씨 거가잡의'는 가족 간의 예의범절을 이렇게 말하였다.

자식이 부모를 섬기고, 며느리가 시부모를 섬김에 날이 밝으려고 할 때는 모두 일어나서 세수하고 양치질하고 머리를 빗어 묶으며 관대冠帶를 갖춘다. 어두운 새벽에 부모(시부모)의 처소에 나아가 아침 문안을 드린다. 부모(시부모)가 일어나시면 자식은 약물을 올리고 며느리는 새벽에 아침 음식을 차린다. 차린 것을 바치고 나면 곧 물러나서 각각 맡은 일을 한다.

장차 식사할 때면 며느리는 가장에게 드시고 싶은 것을 묻고 물러나 음식을 차려서 올린다. 존장이 수저를 들면 아들과 며느리는 이에 각각 물러나 식사를 한다. 장부와 부인은 각각 다른 장소에 음식을 차려놓고, 장유의 순서대로 앉아 식사하되 그 음식은 반드시 균일해야 한다. 어린아이들도 또한 다른 곳에서 식사를 하는데, 역시 장유의 순서대로 땅에 자리를 깔고서 앉는다. 남자는 왼쪽에 앉고 여자는 오른쪽에 앉는다.

저녁 식사를 할 때도 역시 이와 같다. 밤이 되어 부모(시부모)가 잠자리에 드시면 편안히 주무시라고 하고 물러난다. 한가하여 일이 없으면 부모(시부모)의 처소에서 시중을 들되 용모는 반드시 공손해야 하고, 일을 처리함에는 반드시 삼가야 하며, 말을 하고 응대함에는 반드시 기운을 가라앉히고 목소리를 온화하게 해야 한다. 출입기거에 반드시 삼가 부축하고 호위해야 한다. 부모(시부모)의 곁에서는 감히 코를 풀거나 시끄럽게 떠들거나 큰 소리로 부르지 않는다. 부모(시부모)가 앉으라고 하지 않으면 감히 앉지 못하며, 물러가라고 하지 않으면 감히 물러가지 못한다.[8]

8_ 주희 지음. 임민혁 옮김, 『주자가례』, 권1, 통례通禮, '사마씨 거가잡의, 예문서원, 1999.

왕비의 입장에서 위의 내용을 보면, 세자빈에게는 시어머니의 입장에서 섬김을 받는 것이고, 대비에게는 며느리의 입장에서 섬기는 것이 된다. 실제로 조선시대 왕비들은 시어머니의 자격으로 세자빈의 아침 문안을 받았다. 혜경궁 홍씨는 세자빈 시절의 아침 문안 경험을 다음과 같이 회상하였다.

내 들어오며 문안하기를 감히 게으르게 못하며 인원, 정성 양 성모聖母께는 5일에 한 번씩 하고, 선희궁께는 3일에 한 번씩 하나 날마다 모실 때가 많았다. 그때는 궁중의 법도가 지엄하여 예복을 아니하면 감히 뵙지 못하고 날이 늦어도 뵙지 못하기 때문에, 새벽의 문안 때를 어기지 않기 위해 잠을 편히 자지 못하는지라. 내 들어올 적 유모로 아지와 몸종 하나를 데리고 들어오니, 시비 이름은 복례니 친정아버지가 소과에 합격하신 후 증조할머니께서 특별히 주신 몸종이었다. 내 어려서 저를 데리고 놀음놀이하며 떠나지 아니하니 총명하고 민첩하며 충성됨이 미천한 인물 같지 아니하고, 유모 아지도 성품이 순실충근하여 아지와 복례를 신신당부하여 일찍 깨우기를 큰일같이 하여 감히 태만치 못하게 하니, 한겨울의 추위와 한여름의 더위는 물론 바람 불고 눈 오는 날에도 문안 갈 날이면 하루도 날이 늦지 않은 것은 이 두 사람의 공이라 할 것이다.[9]

위의 인원, 정성 양 성모는 숙종의 비인 인원왕후 김씨와 영조의 비인 정성왕후 서씨를 지칭한다. 즉 세자빈 혜경궁 홍씨에게 인원왕후는 시할머니였고, 정성왕후는 시어머니였다. 당시 왕비였던 정성왕후는 시어머니의 자격으로 며느리인 세자빈 혜경궁 홍씨로부터 공식적으로 5일에 한 번씩 아침 문안을 받았던 것이다. 또한 사도세자의 생모인 선희궁은 비록 왕비가 아닌 후궁의 신분이었지만, 사도세자의 생모로서 사실상 세자빈 혜경궁 홍씨의 시어머니였기에 3일에 한 번씩 아침 문안을 받았다.

왕비는 며느리인 세자빈뿐만 아니라 후궁들로부터도 문안을 받았다. 다만 후궁들은 세자빈처럼 매일 아침 문안을 드리지 않고 일이 있을 경우에 문안을 드렸던 것으로 보인다. 예컨대 『인현왕후전』에는 폐비되었다가 복위된 인현왕후가 입궁하자 희빈 장씨가 "내 오히려 곤위坤位에 있거늘 폐비 민씨 어찌 문안을 아니하리요. 크게 실례하여 방자함이 심하도다"라고 말하는 내용이 나온다. 폐비 민씨는 입궁한 날로 왕비인 자신에게 문안해야 한다는 것이다. 당시 후궁들은 특별한 일이 있을 때 왕비에게 문안 인사를 하는 게 관행이었음을 알 수 있다.

이렇게 왕비는 아랫사람인 세자빈과 후궁들로부터 문안 인사를 받았지만 거꾸로 윗사람인 대비들에게는 문안을 드려야 했다. 명성황후는 왕비로 간택되어 입궁한 후 당시 대왕대비였던 신정왕후의 나이가 많아지자 "아침저녁으로 문안하는 것 외에도 일상생활과 접대하는 절차를 반드시 적절하게 하였다"[10]고 한다. 명성황후가 대왕대비에게 아침저녁으로 문안 인사를 올린 것은 물론 '사마씨 거가

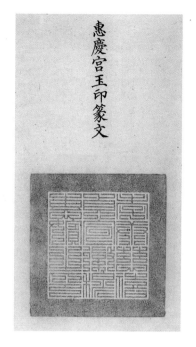

惠慶宮玉印篆文

도3 혜경궁옥인전문惠慶宮玉印篆文
조선시대, 1795년(정조 9), 인면印面 9.5×9.5cm. 한국학중앙연구원 장서각 소장.
정조 19년(1795) 1월 17일에 정조가 왕대비였던 혜경궁 홍씨의 회갑을 맞이하여 존호尊號를 올렸을 때의 옥인을 찍은 것이다. 인문印文은 '효강자희정선휘목혜빈지인' 孝康慈嬉貞宣徽穆惠嬪之印이다.

9_ 혜경궁 홍씨, 『한중록』.

10_ '어제대행황후지문행록' 御製大行皇后誌文行錄.

잡의'의 가르침을 따른 것이었다. 이처럼 조선시대 왕비들은 대비에게 아침저녁으로 문안 인사를 올려야 했다. 하지만 그것은 어디까지나 원론적인 것이었고 실제는 많이 달랐다. 이와 관련하여 『계축일기』의 다음 내용은 중요한 시사점을 준다.

1-1 : 내전은 상사喪事 때에도 문안을 드리러 오지 않아서 소상小祥 때에 상복을 벗은 뒤에나 올까 여겼더니 벗고도 오지 않을 뿐만 아니라 그림자조차 얼씬도 않으며 내란만 조작하고 있더라.

1-2 : 궁중을 좁게 하여 겨우 다닐 수 있게 만들고 차비문에다 첩을 박고 자비로 하루 두 번씩 출입하되 아침에도 삼전三殿에서 문안이 오되 간신히 엎드렸다가 '문안 알고 싶으오이다'라는 말도 않고 그냥 일어나 나가더라.[11]

11_ 『계축일기』.

1-1은 선조가 승하한 후 광해군의 비 유씨가 인목왕후에게 문안하러 오지 않았다는 내용으로, 왕비 유씨를 비난하는 뜻이 들어 있다. 뒤집어 말하면 조선시대 왕비는 마땅히 대비에게 문안 인사를 올려야 한다는 인식이 있었던 것이다.

1-2는 대비가 받는 아침 문안의 내용을 좀 더 구체적으로 알려주고 있다. 원칙적으로 대비는 아들과 며느리인 왕과 왕비의 아침 문안을 매일 받아야 하지만, 실제로는 왕과 왕비가 직접 아침 문안을 가지 않고 대신 다른 사람을 보냈다. 1-2의 내용이 바로 그것이었다. 여기서 삼전이란 광해군, 광해군의 비, 광해군의 세자를 가리킨다. 원래는 이들 세 사람이 인목왕후에게 직접 아침 문안을 드려야 하지만, 이들은 그렇게 하지 않고 다른 사람, 즉 자비를 보내 아침 문안을 드렸던 것이다.

왕비가 아랫사람인 세자빈이나 후궁들로부터는 문안 인사를 받지만, 윗사람인 대비에게는 문안 인사를 올리는 이유는 당시의 유교윤리가 철저하게 상하를 구별했기 때문이다. '사마씨 거가잡의'

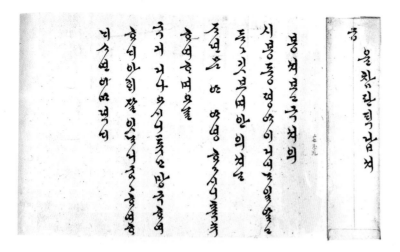

도4 **윤참판댁답서**尹參判宅答書 조선시대, 연대 미상, 필사, 22.6× 38.3cm(피봉皮封 22.7×5.65cm), 한국학중앙연구원 장서각 소장. 궁중의 한 여성이 윤참판 댁에 문안을 올리면서 자신의 근황을 알린 답장이다. 지은이의 신분은 세자빈 이상으로 보인다. 계절은 더운 여름이었고 대비께서 편안하시다는 내용이며, 작성일은 어느 국기일國忌日이었다.

의 주요 내용도 아랫사람이 윗사람을 섬기는 것이었다. 상하관계를 중시하는 유교윤리에서는 윗사람이 아랫사람에게 절대적인 권한을 가졌다. 그 권한은 다음의 내용에서 보듯이, 객관적인 기준이라기보다는 다분히 주관적인 기준으로도 행사될 수 있었다.

> 아들과 며느리가 공경하거나 효도하지 않는다 해도 성급하게 미워할 수 없는 것이니, 시어머니가 가르쳐야 한다. 가르칠 수 없을 것 같은 연후에 성을 내며, 성을 내도 안 될 것 같은 연후에 매질한다. 여러 번 매질해도 끝내 고치지 않으면 그 후에야 아들과 며느리를 내쫓는다.[12]

12_ 임민혁 옮김, 『주자가례』권1, 통례, '사마씨 거가잡의.

위의 내용은 '며느리가 시어머니를 공경하거나 효도하지 않을 때' 시어머니가 며느리를 쫓아낼 수 있다는 뜻이다. 그런데 공경이나 효도는 대단히 주관적이다. 며느리 입장에서는 공경하고 효도한다고 하지만, 시어머니 입장에서 그렇게 생각하지 않으면 불공과 불효가 될 수 있다. 게다가 조선시대에는 '칠거지악'七去之惡이 있었는데, 그것 또한 매우 주관적인 판단이 들어갈 수 있었다.

칠거지악은 '남편이 아내를 쫓아낼 수 있는 일곱 가지 죄악'으로서, 시부모에게 순종하지 않을 때(不順父母), 아들을 낳지 못할 때(無

子), 정조를 지키지 않을 때(不貞), 질투할 때(嫉妬), 나쁜 질병이 있을 때(惡疾), 말이 많을 때(多言), 도둑질할 때(竊盜)였다. 이중에서 시부모에게 순종하지 않는다거나 질투한다거나 말이 많다는 것은 시부모나 남편이 주관적으로 판단할 여지가 충분했다.

위와 같은 이유로 조선시대의 대비는 개인적인 판단이나 감정으로도 왕비를 쫓아낼 수 있었다. 그러므로 왕비의 입장에서는 아랫사람인 세자빈 또는 후궁과의 관계보다도 윗사람인 대비와의 관계가 훨씬 중요했다. 혹 세자빈이나 후궁과는 관계가 악화된다고 해도 윗사람인 왕비가 주도권을 가질 수 있었다. 그러나 대비와의 관계에서는 그렇지 못했다. 만약 대비와의 관계가 악화되면 왕비 자리에서 쫓겨날 수도 있었기 때문이다. 연산군의 생모 폐비 윤씨가 그런 경우였다.

폐비 윤씨는 성종 4년(1473) 3월 19일에 숙의로 입궁했다가 3년 후인 성종 7년(1476) 8월 9일에 왕비로 책봉되었다. 이 결정은 당시 대왕대비 윤씨(정희왕후)와 왕대비 한씨(인수대비, 소혜왕후)가 내렸다. 폐비 윤씨가 숙의로 입궁한 후 성종은 물론 대왕대비와 왕대비의 마음에 꼭 들도록 언행을 잘한 결과였다.

그런데 숙의 윤씨는 왕비가 되어 훗날에 연산군이 되는 첫아들을 낳은 후 돌변했다. 후궁 때에는 대왕대비와 왕대비에게 고분고분하며 착한 며느리의 모습을 보여주었는데, 더 이상 그렇게 하지 않았던 것이다. 대왕대비 윤씨와 왕대비 한씨는 점점 폐비 윤씨를 미워했으며, 급기야는 쫓아낼 마음까지 먹게 되었다. 폐비 윤씨가 연산군을 낳은 지 4개월쯤 지났을 때, 대왕대비 윤씨는 조정 중신들을 소집하여 윤씨의 폐위 문제를 논의하게 하였다. 그 이유를 대왕대비 윤씨는 이렇게 설명하였다.

"오래 살다 보니 별일을 다 보게 된다. 이달 20일에 궁녀가 보냈다고 하는 자가 권숙의의 집에 언문諺文을 투서하였다. 권숙의가 그것을 바

첬는데, 살펴보니 정소용과 엄숙의가 서로 소식을 주고받으며 중궁과 원자를 해치려 한다는 내용이었다. 중궁과 원자를 해치려는 것은 정소용의 짓일 수도 있으리라 여겨지지만, 지금 임신 중이라 해산 후에 국문하려 하였다. 그런데 어느 날인가 주상이 보니 중궁이 쥐구멍을 종이로 막았는데, 쥐가 지난 후에 종이가 드러났다. 또 보니 중궁의 침실에 작은 상자가 있기에 열어보고자 하니 중궁이 막으면서 감추려고 해서 급기야 열어보았는데, 그 안에는 비상을 넣은 작은 주머니와 저주 방법을 적은 방양서책方禳書册이 있었다. 이에 쥐구멍에서 나온 종이를 가져다가 맞추어보니 꼭 맞았으니, 이 종이는 책에서 잘라낸 것이었다. 놀라서 물으니 중궁은 시비 삼월이가 친잠親蠶 때 바친 것이라고 대답하였다. 삼월에게 물으니 모두 자백하여 실정을 다 알았다. 중궁이 그때 바로 알렸으면 현명했을 텐데 그렇지 못하였다.

중궁이 예전 숙의였을 때는 잘못하는 일이 없어 주상이 애지중지하였고, 우리 대비들도 또한 애지중지하였다. 그때 중궁이 여러 후궁 중에서 우두머리였으므로 책봉하여 중궁으로 삼았는데, 중궁이 된 후에는 잘못하는 일이 많았다. 그러나 이미 중궁이 되었으니 어찌 사사건건 책망할 수 있겠는가? 이제 생각해보니 예전에 잘못을 저지르지 않았던 것은 주상에게 왕비가 없어 자기 이름을 드러내고자 하였기 때문이었다." [13]

13_ 『성종실록』 권78, 성종 8년 3월 29일.

폐비 윤씨가 왕비가 되기 전에는 잘했는데 왕비가 된 후 돌변했다는 말이다. 이것은 대왕대비 윤씨와 왕대비 한씨가 폐비 윤씨에게 속았다는 감정을 품고 있었음을 보여준다. 하지만 이때 대왕대비가 윤씨를 폐위시키려 했던 시도는 성공하지 못했다. 신하들이 원자의 생모라는 이유로 반대했기 때문이다. 게다가 성종도 폐비 윤씨를 총애해 폐위하는 데는 주저했다. 대신 폐비 윤씨를 수빈으로 강등시키는 선에서 마무리했다. 하지만 나중에는 그것도 취소하고 없던 일로 하고 말았다.

이런 상황에서 폐비 윤씨가 대왕대비 윤씨, 왕대비 한씨와의 관계를 호전시켰다면 전화위복이 되었을지도 모른다. 하지만 폐비 윤씨는 대비들과의 관계를 전혀 호전시키지 못했다. 호전은커녕 악화일로였다. 대왕대비와 왕대비 한씨는 폐비 윤씨에게 속았다는 감정과 배신당했다는 감정을 갖고 있었다. 반면 폐비 윤씨는 대비들이 자기만 미워한다는 피해의식에 사로잡혔다. 관계가 악화되면서 대왕대비 윤씨와 왕대비 한씨는 마음속으로 폐비 윤씨를 포기해버렸다. 그것은 곧 폐비 윤씨로부터 원자를 떼어놓는 행동으로 나타났다. 대왕대비 윤씨와 왕대비 한씨는 피접이라는 명목으로 원자를 궐 밖으로 내보내 기르게 했던 것이다. 그때가 성종 8년(1477) 11월 27일이었다. 대왕대비 윤씨가 폐비 윤씨를 폐위하려 했던 3월에서 여덟 달 정도 지난 시점이었다. 그사이 관계가 이 정도로 악화되던 것이다.

그로부터 2년이 채 안 된 성종 10년(1479) 6월 2일, 윤씨는 마침내 폐위되었다. 폐위되기 하루 전날인 6월 1일은 폐비 윤씨의 생일이었다. 이날 저녁에 성종과 윤씨는 크게 싸웠다. 성종은 생일잔치를 열지 않고 간소하게 지내려 했는데, 폐비 윤씨는 그런 성종에게 몹시 실망했다. 급기야 성종과 다투던 중 성종의 얼굴에 손톱자국을 내고 말았다. 설상가상으로 왕대비 한씨가 이 사실을 알아버렸다.

실록에 따르면 6월 1일 밤에 성종이 승지들을 입시하도록 했다가 취소하고 다음 날 아침 일찍 조정의 중신들에게 입시하라고 명령했다. 그리고 6월 2일 새벽 회의에서 폐비 윤씨의 폐위가 결정되었다. 그간의 사정은 이런 것이었다. 6월 1일 폐비 윤씨의 생일날 밤, 성종은 폐비 윤씨와 다투다가 화가 치밀어 왕대비 한씨에게 가서 자초지종을 알렸다. 왕대비 한씨 또한 화가 나서 폐비 윤씨를 폐위할 결심을 하고 곧바로 승지들을 불러 이 사실을 알리려 하다가 다음 날 새벽 중신들을 불러 결정하게 했던 것이다. 폐위의 명분은 바로 칠거지악 중에서도 '말이 많으면 쫓아낸다', '순종하지 않으면 쫓아낸다', '질투하면 쫓아낸다'의 세 가지였다.

왕비와 궁녀의 관계 　　　왕비는 혼인을 통해 궁중으로 들어와 사는 여성이다. 조선시대 왕비들은 보통 10대 초반의 어린 나이에 혼인하고 입궁하였다. 입궁할 때에는 유모와 몸종을 데리고 들어오는 것이 관행이었다. 예컨대 열 살의 어린 나이에 사도세자와 혼인한 혜경궁 홍씨는 입궁할 때 '유모 아지와 몸종 복례'를 데리고 들어왔다. 이렇게 왕비와 함께 입궁하는 여성을 본방나인이라고 하였다.

　왕비가 입궁할 때 데리고 들어오는 유모나 몸종은 근본적으로 왕비의 개인 종이었다. 즉 왕비는 주인이고, 유모나 몸종은 노비였던 것이다. 조선시대 주인과 노비의 인간관계 및 역할도 기본적으로 '사마씨 거가잡의'의 다음과 같은 내용에 근거하였다.

내외의 모든 남자 종과 여자 종은 첫닭이 울면 다 일어나 머리를 빗어 묶고 세수하고 양치질하고 옷을 입는다. 남자 종은 청사와 뜰을 청소하고, 문지기나 노복은 가운데의 뜰을 청소한다. 여자 종은 당과 실을 청소하고 의자와 탁자를 설치하며 세수하고 양치질하고 빗질할 도구를 진설한다. 주부主父와 주모主母가 이미 일어났으면 침상을 털고 이불을 개며 좌우에 모시고 서서 사령에 대비한다. 물러나서는 음식을 장만한다. 틈이 나면 세탁하고 바느질하되 공적인 것을 먼저 하고 사적인 것을 나중에 한다. 밤이 되면 다시 침상을 털고 이불을 편다. 낮에 내외의 종과 첩은 오직 주인의 명에 따라 각각 그 일에 종사하며 온갖 일을 받든다. 여종이 동배의 장자를 '형'이라 하고 후배의 전배를 '아주머니'라고 하는데, 서로 화목하기를 힘쓴다. 싸우는 자가 있으면 주부와 주모는 듣는 즉시 꾸짖어 금하게 한다. 그만두지 않으면 곧 매질한다. 이유가 바르지 않은 자는 많이 매질한다. 한 사람은 그만두었는데 한 사람이 그만두지 않으면 그만두지 않은 자만 매질한다.(중략)
여종으로서 나이가 차서 머물기를 원하지 않는 자는 놓아 보낸다. 부지런하여 지난날 허물이 적은 자는 재물을 주어 시집보낸다. 두 얼굴과

두 혀로 거짓을 꾸미며 참소하고 골육을 이간질하는 자는 내쫓는다. 자주 도적질하는 자도 내쫓는다. 방탕하고 부지런하지 않은 자도 내쫓고 배반할 뜻이 있는 자도 내쫓는다.[14]

14_ 임민혁 옮김, 『주자가례』권1, 통례, '사마씨 거가잡의'.

그런데 본방나인은 왕비에게만 있는 것이 아니라 세자빈, 후궁, 대비에게도 모두 있었다. 세자빈, 후궁, 대비 역시 대부분 양반 출신으로 유모와 몸종을 두고 있다. 조선시대의 양반이나 왕실에서 태어나는 아이들은 비슷한 유아 시절을 보냈다. 부모 이외에도 유모와 보모 또는 몸종들이 길렀던 것이다. 태어난 지 한 달쯤 되면 유모의 젖을 먹고 자라고, 양육에 필요한 각종 노동은 보모나 몸종들이 대신해주었다. 그래서 유모와 보모 또는 몸종은 제2의 어머니처럼 친근하면서도 흉허물이 없는 존재가 되었다. 이런 이유에서 혼인을 통해 입궁하는 왕비, 세자빈, 후궁 등은 으레 유모와 몸종을 데리고 입궁했던 것이다.

비록 왕비에게 유모와 몸종은 종이기는 했지만 궁중에서 가장 믿을 수 있는 존재였다. 다른 사람에게 하기 어려운 부탁도 이들에게는 허물없이 할 수 있었다. 이들 본방나인은 어려서부터 함께 살았기 때문이다.

그런데 본방나인은 다른 궁녀들과는 성격이 달랐다. 궁녀는 기본적으로 내수사나 각사 소속의 공노비를 선발하여 궁중에 들인 여자 종들이었는데, 본방나인은 공노비가 아닌 사노비였다. 즉 본방나인은 왕비를 비롯하여 세자빈, 후궁, 대비 등이 개인적으로 소유한 궁녀였다.

당연히 궁중에서 왕비는 자신이 친정에서 데리고 들어온 본방나인과 가장 가깝게 지냈다. 왕비가 내밀한 속마음을 털어놓거나 어려운 부탁을 하는 상대는 누구보다도 본방나인이었다. 예컨대 어린 처녀로 궁중에 들어가는 왕비나 세자빈의 속옷을 빨아주는 사람도 본방나인이었으며, 아이를 낳을 때 옆에서 시중을 들어주는 사람도 본방나인이었다. 이런 상황을 혜경궁 홍씨는 다음과 같이 증언하였다.

> 유모 아지가 내 여러 차례 해산 때 시중을 들어 유공이 적잖은 고로 제
> 자손이 후한 재물을 대대 먹고 팔십을 넘어 누리고, 복례는 나를 지극
> 히 좇아서 섬기어 수족같이 내 심중의 슬픔과 기쁨, 괴로움과 즐거움을
> 제 알아 50년 허다 경력을 나와 같이하고……[15]

15_ 혜경궁 홍씨, 『한중록』.

이처럼 본방나인은 다른 궁녀들보다 더 긴밀하게 왕비와 유대관계를 맺기 때문에 본방나인의 운명은 왕비의 운명에 더 깊이 연루되었다. 왕비의 즐거움은 그대로 본방나인의 즐거움이었고 슬픔 또한 본방나인의 슬픔이었다. 나아가 왕비의 인생에 굴곡이 닥치면 그 굴곡은 그대로 본방나인의 인생을 뒤흔들었다.

조선의 왕비 가운데 가장 극적인 인생의 굴곡을 겪었던 왕비 중한 명이 인현왕후였다. 숙종의 두 번째 왕비로 입궁하였다가 희빈장씨에게 밀려 친정으로 쫓겨 나오고, 다시 왕비로 입궁한 파란만장한 인생의 굴곡은 조선의 어느 왕비보다도 더 극적이다. 인현왕후가 이렇게 인생의 굴곡을 겪을 때, 이름도 없이 소리도 없이 그 굴곡을 함께 겪어야 했던 사람이 다름 아닌 왕후의 본방나인들이었다.

> 왕후, 친정으로 나오시니 부부인府夫人(인현왕후의 친정어머니) 마주 나
> 오시어 붙들고 통곡하시니, 왕후도 부원군의 옛 자취를 느끼어 애원 통
> 곡하시고 이윽고 부부인께 고하여 이르시되 "죄인의 몸으로 친족을 보
> 니 편안치 못할 것이니 나가소서" 하시니 부부인과 다른 부인네들도
> 통곡하여 마지못해 애오개로 나가신 후 당일 명하사 안팎 문들은 모두
> 봉쇄하고 친정 비복婢僕들은 한 사람도 두지 않으시고 다만 궁녀만 두
> 시고, 정당을 폐하시고 하당下堂에 거처하시니, 궁녀들은 친정에서 들

어간 궁인과 3인은 궐내의 궁인으로서 죽기를 무릅쓰고 나온지라. 왕후 가로되 "네 본디 궁중 시녀라. 어찌 외람되이 거느리리오. 들어가라" 하시나, 3인이 머리를 두드려 울면서 대답하여 아뢰기를, "천첩 등이 낭낭의 성은을 갚지 못하리니 어찌 일시인들 슬하를 떠날 수 있겠사오리까? 낭낭을 따라 죽으리로다" 하니, 왕후 그 정성에 감동하시어 그냥 내버려두시니…….[16]

16_ 『인현왕후전』.

위에서 보듯이 인현왕후가 친정으로 쫓겨올 때 왕후를 따라 나온 궁녀 중에는 본방나인과 궐내의 궁녀가 있었다. 그런데 인현왕후는 본방나인에게는 아무런 말도 하지 않으면서 궐내의 궁녀들에게는 얼른 대궐로 돌아가라고 했다. 물론 자신은 더 이상 왕비가 아니므로 궁녀들을 거느릴 수 없다는 의미였다. 엄밀히 따지면 인현왕후는 왕비에서 쫓겨난 이상 개인 신분이므로 궐내의 궁녀를 거느릴 수 없었다. 궐내의 궁녀들은 왕후의 개인 소속이 아니었기 때문이다. 이에 비해 본방나인은 비록 인현왕후가 쫓겨났을지라도 옆에서 모시는 것을 당연하다고 여겼다. 본방나인은 궁녀이면서 동시에 왕후의 개인 종이기에 그랬던 것이다.

본방나인 외에도 왕비가 사는 중전에는 수많은 궁녀가 있었다. 조선시대 중전에 배속된 궁녀의 수는 일정하지 않았지만 시간이 지나면서 점점 많아졌다. 성종이 혼인하기 이전의 경우를 보면, 당시 공식적으로 대전에 49명, 대왕대비전에 29명, 왕대비전에 27명의 궁녀가 있었다.[17] 이로 볼 때 당시 왕비에게는 20여 명의 궁녀가 있었을 것으로 짐작된다. 그러다가 차츰 숫자가 늘어나서 고종대에는 중전의 궁녀가 공식적으로 100명에 이르렀다.[18] 이런 추세로 본다면 왕비가 거처하던 중전의 궁녀는 조선 전기에는 50명 이내, 조선 후기에는 100명 이내였을 듯하다.

왕비의 중궁전에 소속된 궁녀들에 대한 충원, 처벌 등은 왕비가 관장하였다. 하지만 세자빈, 후궁, 대비, 대전, 동궁(세자) 등에 소속

17_ 『성종실록』 권3, 성종 1년 2월 6일.

18_ 『고종실록』 권32, 고종 31년 7월 22일.

도5 신묘년상감마마사순탄일시상하내인상격발기辛卯年上監媽媽四旬誕日時上下内人賞格件記 한국학중앙연구원 장서각 소장.
고종 28년 7월에 고종의 40세 탄생일을 맞아 왕세자가 상하 내인에게 상으로 내린 물품을 한글로 기록한 문서다.

된 궁녀들의 충원이나 처벌에는 관여할 수 없었다. 이것은 왕실의 특수한 거주 형태에서 비롯되었다. 궁궐에 거주하는 왕실 사람들은 성인의 경우 개인별로 독립된 공간에서 살았던 것이다. 왕과 왕비를 비롯하여 후궁, 대비, 세자빈, 동궁 등이 각자의 공간에서 독자적인 생활을 영위하였던 셈이다. 그러다 보니 왕, 왕비, 후궁, 대비, 세자궁 등은 자신들의 생활 영역에서 일하는 궁녀들을 관할하였다. 반면 다른 처소의 궁녀들에 대해서는 서로 침범하지 않는 것이 관행이었다. 아무리 왕비나 왕이라 해도 대비나 후궁, 세자빈의 궁녀를 마음대로 다룰 수 없었다.

따라서 궁녀들이 충성을 바치는 일차 대상도 자신들의 주인이었다. 즉 대전에서 왕을 모시는 궁녀는 명실상부하게 왕에게 충성을 바치고, 후궁을 모시는 궁녀는 후궁에게, 대비를 모시는 궁녀는 대비에게 충성을 바쳤다. 궁녀와 각 처소의 주인들은 공식적, 심정적으로 주인과 종의 관계를 유지했다. 그 결과 궁녀와 각 처소의 주인들은 삶과 죽음까지도 함께하는 운명 공동체의 관계를 맺곤 했다.

상황이 이렇다 보니 왕비는 물론 후궁, 대비, 세자빈, 왕, 동궁 등도 자신에게 진실로 충성을 바칠 사람을 궁녀로 맞이하려고 했다. 예컨대 세자를 책봉하면서 동궁의 궁녀를 배속할 때는 동궁에게 충성할 궁녀를 선발했다. 왕비의 경우에도 다르지 않았다. 다만 왕비는 대궐 밖에서 살다가 혼인하면서 입궁하게 되므로 입궁할 때 유모나 몸종 등 본방나인을 데리고 들어왔고, 입궁한 후에는 믿을

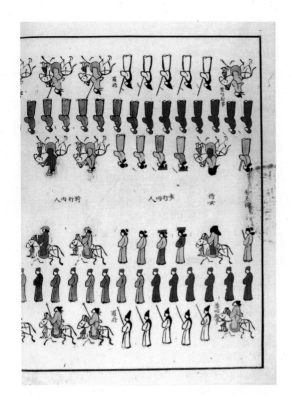

만한 여성을 궁녀로 들이고자 했다. 왕비에 의해 중전의 궁녀로 선발된 여성은 왕비와 평생을 가는 관계를 맺었다. 즉 왕비가 세상을 떠날 때까지 같은 생활 공간에서 동고동락하다가, 왕비가 세상을 떠나면 장례를 치른 후 대궐 밖으로 뿔뿔이 흩어졌다.

왕비와 궁녀, 특히 본방나인은 근본적으로 주인과 노비의 관계였지만 동시에 연적 관계가 될 수도 있었다. 왕의 승은을 입은 궁녀는 후궁이 되었기 때문이다. 따라서 왕비는 자신의 노비인 궁녀를 주인의 자격으로 관리해야 하지만, 동시에 잠재적인 연적으로도 관리해야 했다. 조선시대 왕비의 본방나인이 왕의 승은을 입어 후궁이 되고 그 결과 왕비와 그 후궁이 최악의 관계를 맺는 경우도 적지 않았다. 예컨대 태종의 비인 원경왕후와 효빈 김씨가 그런 경우였다.

원경왕후의 몸종 중에 김씨라는 여자아이가 있었다. 그 여자아이는 원경왕후의 가비家婢, 즉 본방나인으로 얼굴도 곱상하고 성격도 고분고분해서 왕후의 귀여움을 받았다. 그런데 바로 그 본방나인이 태종의 승은을 입고 임신하여 출산까지 하게 되었다. 태종 2년(1402)의 일이다. 훗날 태종이 회고한 내용에 따르면 그 사실을 알게 되었을 때 원경왕후는 이렇게 행동했다고 한다.

임오(태종 2, 1402) 여름 5월에 민씨의 가비 중에 이전부터 입궁하였던 아이가 임신하였는데, 3개월 후에 출궁하여 밖에서 살고 있었다. 그런데 민씨가 그 아이를 잡아다가 친정 행랑방에 가둬두고 계집종 삼덕이와 함께 있게 하였다. 그해 12월 13일 아침에 태동이 시작되면서 배가 아파왔다. 삼덕이가 이 사실을 민씨에게 알리자 민씨는 문밖 다듬잇돌 옆에 내다두게 하였다. 얼어 죽게 하려는 속셈이었다. 그 가비의 언니인 화상이가 불쌍하게 여겨 담에 서까래 두어 개를 걸치고 거적으로 덮어서 겨우 바람과 비를 가리게 하였다. 진시(오전 7~9시)에 아들을 낳았는데 지금의 원윤 이비가 그 아이였다.

그날 민씨가 계집종 소금, 금대 등을 시켜 가비 아이는 부축하여 끌게 하고 아이는 안게 하여 개성 숭교리 궁노宮奴인 벌개의 집 앞 토담집에 다 옮겨두었다. 또 사람을 시켜 화상이 가져온 이불과 요를 빼앗았다. 한상좌라는 종은 모자가 추위 속에서 떨고 있는 것을 불쌍히 여겨 마의馬衣를 주었다. 그 덕에 7일이 지나도록 모자가 얼어 죽지 않았다. 그러자 민씨는 가비의 아버지와 언니 화상에게 모자를 데려가게 하였다. 그들은 모자를 소달구지에 실어 교하의 집으로 갔다. 그래서 가비는 바람과 추위, 그리고 핍박과 옮겨다니는 괴로움 때문에 병을 얻어 유종乳腫까지 났다. 그럼에도 모자가 함께 살아남은 것은 천행이었다.[19]

19_ 『태종실록』 권30, 태종 15년 12월 15일.

그때의 가비가 훗날의 효빈 김씨이고, 아들은 경녕군이다. 즉 원경왕후의 본방나인이었던 김씨가 태종의 승은을 입고 아이를 낳아 후궁으로 공인받았으며 효빈에 봉작되었던 것이다.

王妃日常

2 후궁의 삶

20_ 조선시대 내명부의 정비 과정에 대하여는 김선곤, 「이조초기 비빈고」, 『역사학보』 96, 1982; 이영숙, 「조선초기 내명부에 대하여」, 『역사학보』 96, 1982; 박경, 「조선초기 왕실 가족 질서 정비의 특징」, 『여성과 역사』 창간호, 2004 참조.

21_ 『태조실록』 권11, 태조 6년 3월 5일.

22_ 『태조실록』 권13, 태조 7년 1월 7일.

23_ 『태조실록』 권13, 태조 7년 2월 29일.

24_ 『태조실록』 권13, 태조 7년 1월 5일.

25_ 『태조실록』 권13, 태조 7년 1월 5일.

26_ 『태종실록』 권11, 태종 6년, 5월 2일.

27_ 세종 10년 이전 후궁의 봉작 사례는 박경, 「조선초기 왕실 가족 질서 정비의 특징」, 『여성과 역사』 창간호, 50~51쪽 참조.

조선 건국 후
후궁제도의 정비

조선 건국을 전후한 시기에 신진사대부들 사이에서 일부일처제가 강조되면서 왕도 단 한 명의 왕비만 둘 수 있었고, 나머지 배우자들은 후궁으로 차별받았다. 조선시대의 후궁제도는 세종대에 이르러서야 정비되었으며 그것이 『경국대전』의 내명부 조항에 법제화되었다.[20] 세종 이전에는 일정한 제도에 의한 후궁 봉작이라기보다는 다분히 고려시대의 관행을 따르고 있었다.

예컨대 태조는 신덕왕후가 세상을 떠난 후 김원호의 딸[21]은 물론 유준의 딸[22]과 원상의 딸[23] 그리고 관기 칠점생[24] 등을 후궁으로 들였다. 이들에 대한 후궁 봉작명은 옹주였다. 즉 유준의 딸은 정경옹주貞慶翁主에, 칠점생은 화의옹주和義翁主[25]에 봉해졌다. 정경옹주에 봉해진 유준의 딸은 태종 6년(1406) 5월에 정경궁주貞慶宮主로 승격했다.[26] 조선 건국 직후 왕의 후궁은 옹주 또는 궁주 등에 봉작되었음을 알 수 있다.[27] 하지만 왕의 후궁 중에는 봉작되지 않은 후궁도 있었다. 이는 당시 후궁제도가 정비되지 않았기 때문에 나타난 결과였다.

조선 건국 직후 후궁제도가 정비되지 않은 상태에서 왕들이 후궁을 뽑아 들이게 되자 양반관료들은 후궁제도를 정비하고자 하였다. 이런 노력은 바로 태조 당대부터 있었다. 즉 태조 6년(1397) 3월 5일에 태조가 김원호의 딸을 후궁으로 뽑아 들이자, 그로부터 10일 후에 조준, 정도전 등은 상소문을 올려 내관內官의 칭호를 세울 것을 요청하였다.[28] 당시 조준과 정도전이 제안한 내관의 칭호에는 정1품의 현의賢儀에서부터 종9품의 사식司飾까지 아홉 종류가 있었다. 하지만 이때의 내관 칭호가 곧바로 후궁들에게 적용되지는 않았다. 따라서 당시 조준과 정도전의 건의는 후궁제도를 정비하려는 최초의 노력이라는 데 의미가 있다.

28_『태조실록』 권11, 태조 6년 3월 15일.

태종은 조준과 정도전에 이어 후궁제도를 정비하고자 했다. 계기는 원경왕후와의 갈등이었다. 태종은 왕위에 오른 후 원경왕후의 본방나인이었던 김씨를 가까이하다가 원경왕후에게 발각되었다. 실록에 따르면 "임금이 궁인을 가까이하므로 원경왕후 민씨가 분개하고 노하여 가까이한 궁인을 힐문하니 임금이 노하여 내쳤다"[29]고 한다. 이때 내쳐졌던 궁인이 다시 입궁하여 효빈에 봉작되었던 것이다. 당시 태종은 원경왕후와의 갈등을 후궁제도를 공식화함으로써 극복하려 하였다. 이와 관련하여 실록에는 이런 내용이 있다.

29_『태종실록』 권1, 태종 1년 6월 18일.

예조와 영춘추관사 하륜, 지춘추관사 권근 등에게 명령하여 삼대三代 이하 역대 임금의 비빈 수와 전조前朝 역대의 비빈, 시녀의 수를 상고하여 아뢰게 하였다. 예조에서 아뢰기를, '신 등이 삼가 『혼의』昏義를 상고하건대, 제후는 한 번 장가드는 데 9녀를 얻고, 한 나라에 장가들면 다른 두 나라에서 잉첩媵妾을 보내 모두 조카나 동생으로 따라가게 하며, 경대부는 1처 2첩이며, 사士는 1처 1첩이니, 이것은 후계後繼의 자손을 넓히고 음란함을 막기 위한 까닭이다, 라고 하였습니다. 전조의 제도에는 혼례가 밝지 못하여 처첩의 제한이 없었으므로 많을 때에는 정원수보다 많아 참람함에 이르렀고 적을 때에는 정원수보다 부족해 후사가 끊기는 지경에 이르렀습니다. 이와 같이 선왕의 법을 따르지 않

도7 **경빈 김씨간빈책봉교명**慶嬪金氏
揀嬪册封敎命 1847년(헌종 13), 축
장軸裝 단본묵서 縀本墨書, 36.8×
295cm, 한국학중앙연구원 장서각
소장.

교명이란 후궁, 왕세자, 왕세자빈,
왕세손 등을 책봉할 때 교훈과 경
계의 글을 써서 내려주는 문서다.
이것은 헌종 13년 10월 20일에 김
재청의 딸을 빈으로 책봉하는 교
명이다.

음으로써 커다란 인륜을 어지럽게 하는 것은 작은 연고가 아닙니다. 우
리나라는 모든 일을 시행함에 반드시 성헌成憲을 따라서 합니다. 그럼
에도 혼인의 예절은 아직도 예전 폐단을 따르니 처음을 올바르게 하는
것이 아닙니다. 전하께서는 한결같이 선왕의 제도에 의거하여 궁곤宮閫
의 법을 갖추시고, 경대부 그리고 사에 이르러서도 또한 선왕의 법에
따라 제도를 정하시어 후손이 끊어지지 않게 하시되, 정원을 넘지 못하
게 하여 인륜의 근본을 바르게 하소서. 만약 이를 어기는 자가 있으면
헌사獻司로 하여금 규찰하게 하소서" 하였다. 이를 윤허하였다. 이때
임금이 즉위한 지 얼마 되지 않아 빈첩이 아직 미비되어 평시의 시녀
만이 있을 뿐이었다. 원경왕후 민씨는 천성이 투기가 심해 사랑이 아래
로 이르지 못하여 임금이 빈첩을 갖추고자 하였다.[30]

30_ 『태종실록』 권3, 태종 2년 1월
8일.

이런 상황에서 태종은 공개적으로 후궁을 들이기 시작하였다.
아울러 후궁에 관한 제도를 정비하였다. 태종대에 후궁과 관련된
여관女官 제도는 태종 5년(1405) 1월 15일에 처음 나타나는데, 그에
따르면 여관에는 현의賢儀 1명, 숙의淑儀 1명, 찬덕贊德 1명, 순덕順德
1명, 사의司儀 1명, 사침司寢 1명, 봉의奉衣 1명, 봉선奉膳 1명 등이
있었다. 이때의 여관제도에 나타나는 여덟 가지는 후궁과 궁녀를
망라한 것으로 보이지만 이때까지만 해도 후궁과 궁녀를 명확하게

구분하지 않았다. 후궁과 궁녀를 명확하게 구분한 것은 세종 10년 (1428) 3월 8일에 이르러서였다. 이때의 제도에서는 후궁을 내관이라 하였고 궁녀는 궁관이라고 하였다. 후궁인 내관제도는 다음과 같았다.

이조에서 아뢰기를, '건국 초기에 옛날의 제도를 모방하여 비로소 내관을 두었으나, 그 제도가 미진하였습니다. 태종 때에 이르러 훈척의 후손을 골라 뽑아 3세부三世婦, 5처五妻의 수효를 갖추었으나, 호칭은 아직 갖추지 못했습니다. 궁주는 왕녀의 호칭이 아닌데도 왕녀를 일컬어 궁녀라고 하고, 옹주는 궁인宮人의 호칭이 아닌데도 옹주라 일컬으니, 이것은 실로 고려조의 관행을 그대로 따라 개혁하지 못했던 것입니다. 또 궁관이 없어 궁녀의 직책에 통솔이 없는 듯합니다. 역대 내관과 궁관의 제도를 상고해보니, 오직 당나라가 가장 자세하므로, 삼가 당나라의 제도에 의거하고 아울러 역대의 연혁을 참고해서 상정詳定하여 아룁니다.

내관은 다음과 같습니다. 빈과 귀인은 정1품으로서 비妃의 보좌를 맡고 부례婦禮를 논論합니다 소의와 숙의는 각각 1인이고 정2품으로서 비례妃禮의 찬도贊導를 맡습니다. 소용과 숙용은 각각 1인이고 정3품으로서 제사와 빈객賓客의 일을 맡습니다. 소원과 숙원은 각각 1인이고 정4품

으로서 연침燕寢을 베풀고 사시絲枲를 다스려서 해마다 헌공獻功하게
합니다.[31]

위의 내용을 살펴보면, 내관으로 호칭된 왕의 후궁은 정원이 명
시된 후궁과 그렇지 않은 후궁으로 구분되었음을 알 수 있다. 즉
빈과 귀인은 정1품으로 왕비의 보좌를 맡고 부례를 논한다는 규정
만 있고 정원은 밝혀져 있지 않다. 이에 비해 소의부터 숙원까지는
정원이 명시되어 있다. 빈과 귀인의 수를 정하지 않은 것은 후궁
중에서 왕의 아들과 딸을 낳을 경우 빈이나 귀인에 책봉될 수 있는
여지를 남겨놓은 것이라 생각된다. 궁녀인 궁관제도는 다음과 같이
정비되었다.

궁관은 다음과 같습니다. 상궁인尙宮人은 정5품으로서 중궁中宮의 인도
引導를 맡으며 사기司記와 전언典言을 통솔합니다. 사기는 1인이고 정6
품으로서 궁내宮內의 문부文簿와 출입을 맡습니다. 전언은 1인이고 정7
품으로서 선전宣傳과 계품啓稟을 맡습니다. 상의尙儀는 1인이고 정5품
으로서 예의禮儀와 기거起居를 맡으며 사빈司賓과 전찬典贊을 통솔합니
다. 사빈은 1인이고 정6품으로서 빈객賓客·조현朝見·연회宴會·상사賞
賜를 맡습니다. 전찬은 1인이고 정7품으로서 빈객·조현·연식宴食·찬상
贊相·도전導前을 맡습니다. 상복尙服은 1인이고 정5품으로서 복용服
用·채장采章의 수량의 공급을 맡으며 사의司衣와 전식典飾을 통솔합니
다. 사의는 1인이고 정6품으로서 의복과 수식首飾을 맡습니다. 전식은
1인이고 정7품으로서 고목膏沐과 건즐巾櫛을 맡습니다. 상식尙食은 1
인이고 정5품으로서 선수膳羞와 품제品齊의 공급을 맡으며 사선司膳과
전약典藥을 통솔합니다. 사선은 1인이고 정6품으로서 제팽制烹과 전화
煎和를 맡습니다. 전약은 1인이고 정7품으로서 방약方藥을 맡습니다.
상침尙寢은 1인이고 정5품으로서 연현燕見과 진어進御의 차서次序를 맡
으며 사설司設과 전등典燈을 통솔합니다. 사설은 1인이고 정6품으로서

위장幃帳·인석茵席·쇄소灑掃·장설張設을 맡습니다. 전등은 1인이고 정7품으로서 등촉燈燭을 맡습니다. 상공尙功은 1인이고 정5품으로서 여공女功의 과정課程을 맡으며 사제司製와 전채典綵를 통솔합니다. 사제는 1인이고 정6품으로서 의복과 재봉裁縫을 맡습니다. 전채는 1인이고 정7품으로서 겸백縑帛과 사시絲枲를 맡습니다. 궁정宮正은 1인이고 정5품이며 전정典正은 1인이고 정7품으로서 궁정은 계령戒令·규금糾禁·적벌謫罰의 일을 맡고, 전정은 이를 보좌합니다"하였다.[32]

32_『세종실록』권39, 세종 10년 3월 8일.

위와 같은 제도 정비에 의해 비로소 후궁과 궁녀를 제도적으로 구분하게 되었다. 세종 때에 정해진 위의 제도가 거의 그대로『경국대전』내명부에 실림으로써 조선시대 후궁제도와 궁녀제도의 기본 골격이 되었다. 위의 내용을 이해하기 쉽게 정리하면〈표2〉와 같다.

성종대에 반포된『경국대전』의 내명부 조항은 위의 내용을 기초로 하고 있다. 예컨대 후궁제도의 경우 명칭이 동일하다. 다만 품계와 정원에서 약간의 변화를 보일 뿐이다. 즉『경국대전』내명부 조항에서는 빈 정1품, 귀인 종1품, 소의 정2품, 숙의 종2품, 소용 정3품, 숙용 종3품, 소원 정4품, 숙원 종4품으로 바뀌어[33] 후궁이 정품과 종품으로 차별화되었다. 아울러『경국대전』에서는 후궁의 정원을 고정하지 않았고 직무도 명시하지 않았다. 이는 왕의 첩인

33_『경국대전』이전, 내명부.

구분	명칭	품계	정원	직무
내관內官 (후궁)	빈嬪	정1품	무	좌비논부례佐妃論婦禮
	귀인貴人	정1품	무	좌비논부례佐妃論婦禮
	소의昭儀	정2품	1인	찬도비례贊導妃禮
	숙의淑儀	정2품	1인	찬도비례贊導妃禮
	소용昭容	정3품	1인	수제사빈객지사修祭祀賓客之事
	숙용淑容	정3품	1인	수제사빈객지사修祭祀賓客之事
	소원昭媛	정4품	1인	서연침리사시敍燕寢理絲枲
	숙원淑媛	정4품	1인	서연침리사시敍燕寢理絲枲

구분	명칭	품계	정원	직무
궁관宮官 (궁녀)	상궁尙宮	정5품	1인	도인중궁총사기전언導引中宮總司記典言
	상의尙儀	정5품	1인	예의기거총사빈전찬禮儀起居摠司賓典贊
	상복尙服	정5품	1인	공복용채장지수총사의전식供服用采章之數摠司衣典飾
	상식尙食	정5품	1인	공선수품제총사선전약供膳羞品齊摠司膳典藥
	상침尙寢	정5품	1인	연현진어지차서총사살전등燕見進御之次序摠司設典燈
	상공尙功	정5품	1인	여공지정과총사제전채女功之程課摠司製典綵
	궁정宮正	정5품	1인	장계령규금적벌직사掌戒令糾禁謫罰之事
	사기司記	정6품	1인	궁내문부출입宮內文簿出入
	사빈司賓	정6품	1인	빈객조현연회상사賓客朝見宴會賞賜
	사의司衣	정6품	1인	의복수식衣服首飾
	사선司膳	정6품	1인	제팽전화 制烹煎和
	사설司設	정6품	1인	위장인석쇄소장설幃帳茵席灑掃張設
	사제司製	정6품	1인	의복재봉衣服裁縫
	전언典言	정7품	1인	선전계품宣傳啓稟
	전찬典贊	정7품	1인	빈객조현연식찬상도전賓客朝見宴食贊相導前
	전식典飾	정7품	1인	고목건즐膏沐巾櫛
	전약典藥	정7품	1인	방약方藥
	전등典燈	정7품	1인	등촉燈燭
	전채典綵	정7품	1인	겸백사시縑帛絲枲
	전정典正	정7품	1인	좌궁정佐宮正

〈표2〉 세종대의 내관과 궁관제도

후궁은 왕의 가정생활에 속하는 것으로서 이 부분을 법으로 규정하기 곤란했기 때문이다.

후궁의
종류와 역할

『경국대전』 내명부 조항에서는 왕의 후궁이 품계에 따라 빈, 귀인, 소의, 숙의, 소용, 숙용, 소원, 숙원으로 구분되어 있지만 실제로는 품계가 아닌 신분과 후궁이 되는 방법에 따라 크게 두 가지로 구분되었다. 궁녀나 기녀 중에서 사사로이 왕의 승은을 입고 책봉된 후궁(승은후궁)과 사대부 출신의 여성으로서 간택 절차를 거쳐 책봉된 후궁(간택후궁)으로 나뉘었던 것이다. 승은후궁과 간택후궁은 비록 같은 후궁이라고 해도 출신과 선발 과정에서 큰 차이를 보였고, 그 차이는 궁중에서

의 예우와 역할에서의 차이로 연결되었다.[34]

조선 건국 이후 태조 이성계의 첫 번째 궁인, 즉 후궁이 된 여성은 전 판서 김원호의 딸이었다. 실록의 기록만으로는 김원호의 딸이 어떤 과정을 거쳐 이성계의 후궁이 되었는지 알 수 없다. 다만 김원호가 전 판서로 고위 양반관료의 딸이었다는 점에서 특정한 절차를 거쳐 후궁이 되었을 것으로 판단된다.

이에 비해 태종이 왕위에 오른 후 첫 번째 후궁이 된 효빈 김씨는 왕의 사사로운 승은을 입고 후궁에 책봉되었다. 이런 경우에는 후궁으로 간택되는 공식적인 절차도 없었고 입궁 절차도 따로 없었다. 태종의 사사로운 승은으로 효빈 김씨가 임신하고 출산까지 한 후, 태종은 원경왕후와 극심한 부부 갈등을 빚었다. 그러자 태종은 공식적으로 후궁을 들임으로써 사태를 수습하려 하였다. 이때 공식적으로 태종의 첫 번째 후궁이 된 여성은 성균 악정 권홍의 딸이었다.

실록에 따르면 태종은 권홍의 딸이 현행賢行이 있다 하여 예를 갖추어 맞아들이려 했다고 한다. 그 결과 가례색이라고 하는 임시 기구까지 설치하였다. 실록에 따르면 태종 2년(1402) 1월 17일에 하륜, 김사형, 이무 등이 가례색 제조에 임명되었다. 이로부터 2개월 후인 3월 7일에 권홍의 딸이 후궁으로 선발되어 별궁別宮에 들어왔다.

그런데 권홍의 딸이 후궁으로 입궁할 때에는 원경왕후의 반발과 주변 사람들의 만류로 가례색을 폐지하고 간략한 의식만 치르고 권씨를 맞아들이게 되었다. 실록에 따르면 가례색 제조가 임명된 지 1개월쯤 후인 2월 11일에 당시의 상왕, 즉 정종이 가례색을 폐지할 것을 요구하고 이숙번 등의 측근도 같은 요구를 하자[35] 태종은 결국 가례색을 폐지한 것으로 나타난다. 가례색이 존속하던 1개월 사이에 후궁 간택이 이루어졌을 것으로 생각된다. 태종은 가례색이 폐지된 상태에서 환관과 시녀 몇 명을 시켜 권씨를 별궁으로 맞아

34_ 조선시대 후궁의 종류에 대해서는 이욱, 「조선후기 후궁 가례의 절차와 변천—경빈 김씨 가례를 중심으로—」, 『장서각』 19, 2008; 이미선, 「조선초기의 후궁—태조~성종조 후궁의 신분적 지위를 중심으로」, 『사학연구』 93, 2009 참조.

35_ 『태종실록』 권3, 태종 2년 2월 11일.

36_『태종실록』 권3, 태종 2년 3월
7일.

들였다.[36] 만약 원경왕후와 주변 신하들이 반발하지 않았다면 가례
색에서 공식적인 절차를 거쳐 권씨를 후궁으로 맞아들였을 것이다.

태종 2년에 권홍의 딸을 후궁으로 맞이할 때는 가례색이 중간에
폐지되었지만, 태종 11년(1411)에 김구덕의 딸, 노귀산의 딸 그리고
김점의 딸을 후궁으로 맞이할 때는 공식적으로 가례색을 설치하고
간택 과정을 거쳐 선발하였다. 공식적으로 가례색이 설치된 것은
태종 11년(1411) 9월 6일이었는데, "충신과 의사의 가문에서 내사內
事를 잘 보살필 수 있는 자를 선택하여 아뢰라"[37]는 태종의 명령으
로 설치되었다.

37_『태종실록』 권22, 태종 11년
9월 6일.

가례색에는 영의정 하륜, 좌정승 성석린, 우정승 조영무가 맡은
도제조가 있었고 그외에도 제조와 별감別監 등이 배속되었다. 가례
색이 설치되면서 한양에는 금혼령이 공포되기도 하였다. 가례색에
서는 한양은 물론 개성, 충청도 등지에서 처녀들을 선발하였다. 당
시 얼마나 많은 처녀들이 선발되었고 또 몇 차례의 간택 절차가 있
었는지는 확인되지 않는다. 그렇지만 최종적으로 10월 27일에 판
통례문사 김구덕의 딸이 빈으로 선발되고, 전 제학 노귀산의 딸과
전 지성주사 김점의 딸은 잉滕으로 선발되었다는 사실에서[38] 그 당
시 상당한 수의 처녀들이 후궁으로 선발되었고 그 처녀들을 대상으
로 몇 차례의 간택 과정을 거쳐 최종 세 명의 처녀가 결정되었음을
알 수 있다. 또한 당시의 후궁 선발이 왕비 선발에 준했음을 알 수
있다.

38_『태종실록』 권22, 태종 11년
10월 27일.

이처럼 태종대 후궁은 승은후궁과 간택후궁으로 구별되었다. 승
은후궁은 가비家婢, 즉 노비 출신이었음에 비해 간택후궁은 양반관
료의 딸들이었다. 승은후궁은 철저하게 왕의 사생활에 속하였고 그
역할도 주로 왕의 성생활과 관련되었다.

반면 간택후궁은 비록 상대적이기는 하지만 입궁 과정이나 공식
적인 역할도 왕의 공적 생활, 즉 후사를 넓힌다는 측면과 관련되었
다. 이에 따라 승은후궁과 간택후궁은 출신 성분, 선발 과정, 역할

은 물론 예우에서도 큰 차별을 받았다. 정조에 따르면 조선시대에 승은후궁과 간택후궁 사이에 존재하는 차별이란 다음과 같은 것이었다.

고례에 궁녀를 후궁으로 삼을 경우, 출생한 자식이 비록 동궁이 되어 작위가 올라 빈이 되더라도 사대부 출신 빈의 의장과 호위를 사용할 수 없게 하였으며, 또한 사대부 출신 숙의의 의장과 호위를 사용할 수 없게 하였다. 이것이 우리나라의 법이다. 내가 염려하는 것은 궁녀에서 후궁이 되었다가 빈이 된 자가 출생한 자식을 배경으로 망령되이 요행을 바라는 마음을 갖지 않을까 하는 점이다. 비록 빈의 의장과 호위를 함부로 사용하지 않더라도, 숙의의 의장과 호위는 그것이 간편하다는 이유로 함부로 사용하는 폐단이 없지 않았다. 이와 같이 하면 명분이 문란해지고 예제도 무너질 것이다. 사대부 출신 빈의 의장과 호위는 이 수교受敎가 있으므로 예조나 병조에서 함부로 사용할 우려가 없지만, 사대부 출신 숙의의 의장과 호위는 오늘날 그릇된 관행을 답습하여 통용하는 일이 있다. 국법에 사대부 출신 숙의, 대군의 부인 및 공주가 아니면 교군轎軍으로 사복시의 군인을 쓸 수가 없고, 전도傳導로 충의위忠義衛 부장部將 등의 명색을 쓸 수 없도록 되어 있다. 그런데 최근에 비록 사대부 출신 숙의나 공주가 아닌데도, 대례大禮를 당하기만 하면 모두 이러한 의장과 호위를 사용하니, 법의 뜻에 매우 어긋난다. 이것을 해당 관서에 분부하여 수교受敎에 싣도록 하고, 또 해당 관서로 하여금 알게 하라.[39]

39_ 『일성록』, 정조 2년(1778) 5월 22일.

위에서 보듯이 조선시대 왕의 후궁 중에서 정치적, 사회적으로 물의를 일으키는 후궁들은 주로 승은후궁이었다. 승은후궁들은 대체로 노비나 기생 또는 궁녀 출신이었다. 이렇게 미천한 출신의 후궁이 왕의 총애를 독점하거나 아들을 낳을 경우, 간택후궁들의 의장과 호위를 침범하는 것은 물론 심지어 왕비의 지위를 위협할 수도8 **순비책봉의궤淳妃册封儀軌** 대한제국, 1901년(광무 5), 필사, 43.3×31.7cm, 한국학중앙연구원 장서각 소장.
광무 5년 9월 4일에 경운궁 중화전에서 순빈 엄씨를 황비皇妃로 책봉할 때의 의례를 적은 것이다. 순헌황귀비 고종의 후궁이자 영친왕의 생모로 숙명여학교와 진명여학교를 개설한 근대 여성교육의 선구자이기도 하다.

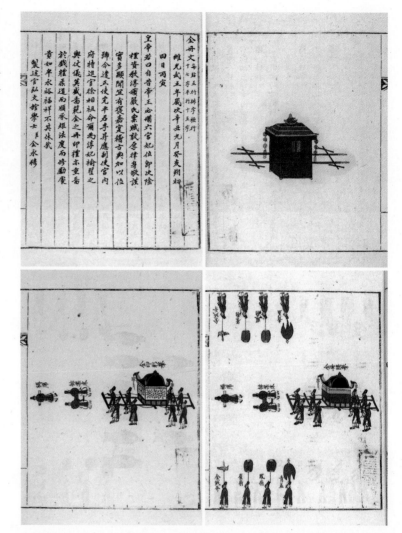

도 있었다. 이럴 경우는 단순하게 왕의 처첩 간의 갈등 또는 궁중 예절의 문란으로 끝나지 않고 신분제 자체 또는 정치판 전체를 동요시킬 수도 있었기 때문에 정치적·사회적 파장이 컸다. 예컨대 연산군대의 장녹수, 광해군대의 김개시, 숙종대의 희빈 장씨와 숙빈 최씨 등이 그런 경우였다.

이에 비해 간택후궁들은 정치적·사회적 물의를 빚는 경우가 드물었다. 간택후궁들은 주로 왕비에게 아들이 없을 경우에 선발되었다. 대상도 양반관료의 딸로 한정되었다. 따라서 간택후궁은 공적인 만큼 왕의 총애를 받는 일이 적었고, 역할도 아들을 낳는 일에 제한되었기에 정치적·사회적 물의도 크지 않았다.

조선시대의 공식적인 후궁은 단순히 왕의 승은을 입었다고 해서 되는 것은 아니었다. 공식적으로 후궁 책봉을 받아야 했다. 후궁에 책봉되어야 궁궐 안에 자신의 거처는 물론 후궁에게 공식적으로 보장된 각종 특전을 받을 수 있었다. 후궁은 국가로부터 토지와 노비는 물론 저택까지 지급받아 궁방을 운영하였다. 예컨대 숙종의 후궁이었던 숙빈 최씨는 이현궁梨峴宮을 받아, 그곳에 숙빈방을 두었다. 이현궁은 본래 광해군이 즉위하기 전에 살던 집이었다. 광해군이 즉위한 후 세자를 혼인시키면서 크게 확장하여 궁궐에 버금가는 대저택이 되었다. 인조반정 후에는 인목왕후의 생모가 잠시 살다가 인조의 친동생 능원군이 살았다. 능원군이 자손 없이 죽자, 다시 국가에서 수용하였는데, 숙종은 이 집을 숙빈 최씨에게 주었던 것이다.

후궁은 생전에 궁방을 운영하여 재산을 증식하였을 뿐만 아니라 사후에는 궁방을 사당으로 삼을 수 있었다.[40] 후궁들에게 궁방을 운영하도록 한 이유는 후궁이 모시는 왕이 세상을 떠났을 때를 대비한 조처였다. 조선 초기에는 왕이 세상을 떠나면 후궁들은 머리를 깎고 여승이 되기도 하였다. 하지만 조선이 유교화될수록 그런 일은 점점 적어졌다. 따라서 후궁이 모시는 왕이 세상을 떠났을 때, 후궁들의 생활 대책을 마련할 필요가 있었다. 만약 후궁 소생이 왕이 된다면 그 후궁은 궁궐에서 계속 살 수 있지만, 그렇지 않은 경우에는 출궁해야 했다. 출궁한 후에 살아갈 대책으로 궁방을 운영하였던 것이다. 출궁한 후궁은 아들이 있으면 아들과 함께 살았다. 후궁은 자기 소생의 자녀가 있으면 궁방 운영으로 모은 재산을 유산으로 물려줄 수도 있었다. 다만 후궁 소생이 왕이 될 경우, 후궁의 사당은 국가에서 공식적으로 접수하여 운영하였다. 예컨대 칠궁

40_ 조선 후기 궁방의 운영에 관하여는 조영준, 「19세기 왕실재정의 운영실태와 변화양상」, 서울대학교 박사논문, 2008 참조.

은 왕을 낳은 후궁들의 사당을 국가에서 접수하여 공식적으로 운영한 것이었다.

후궁의 삶과 죽음　　조선시대 간택후궁의 삶과 죽음을 극적으로 보여주는 사례 중의 하나는 중종의 후궁인 경빈 박씨였다. 경빈 박씨는 중종반정 후 중종의 정실부인 단경왕후 신씨가 연산군의 처가와 관련이 있다고 하여 반정공신들에 의해 왕비 자리에서 쫓겨난 후 공식적인 가례색을 통해 후궁이 되었다. 단경왕후가 출궁한 바로 다음 날인 중종 1년(1506) 9월 10일, 예조에서는 왕비를 간택하여 책봉하자고 요청했다. 중종은 그대로 시행하라고 했다. 그런데 9월 17일에 왕대비 정현왕후가 정승들에게 "왕비의 덕은 얌전하고 착한 것이 제일이다. 지금 왕비를 간택하는 때에 한갓 얼굴만 보아서는 안 된다. 내가 먼저 두세 처녀를 간택하여 후궁에 들여 서서히 그 행실을 보아 결정하는 것이 어떻겠는가?" 하고 제안하였다. 왕대비는 당시 왕비 간택이 박원종의 강압으로 진행되는 상황이라 혹 드센 며느리가 들어오지나 않을까 걱정했다. 그래서 우선 왕비 후보자 몇 명을 선정하여 시간을 두고 살펴보자는 절충안을 제시한 것이다.

　이 절충안이 받아들여짐으로써 중종의 왕비 간택은 일반적인 왕비 간택과는 다르게 진행되었다. 조선시대 왕비는 삼간택을 거쳐 최종적으로 한 명이 선발되었다. 이렇게 간택된 후보자는 몇 달 정도 예비 교육을 받은 뒤 왕비에 책봉되는 것이 관행이었다. 그런데 이번에는 초간택에서 선정된 두세 명의 후보자가 일시에 입궁하여 몇 달 동안 대비의 관찰 심사를 거친 후 그중 한 명이 왕비로 책봉될 수 있었다. 입궁하는 두세 명의 후보자는 자동으로 후궁이 되었으므로 왕비에서 탈락한 후보자들은 그대로 후궁으로 지내야 했다.

　중종 1년 12월 27일에 금혼령이 선포되었다. 금혼 대상은 한양에 거주하는 14세에서 22세의 처녀였다. 당시 중종의 나이가 19세였으므로 이 연령대의 처녀들 가운데 왕비 후보자를 고르겠다는 의미였다. 당시 간택단자를 낸 처녀가 얼마나 되는지는 알 수 없다. 다만 한양에 거주하는 처녀들만이 대상이었으므로 그렇게 많지는 않았을 것이다.

간택에 참여한 처녀들 중에서 중종 2년(1507) 3월 초에 네 명의 후보자가 선발되었다. 윤여필의 딸, 홍경주의 딸, 박수림의 딸, 나숙담의 딸이었다. 윤여필은 반정공신 4등이었고 홍경주는 1등이었다. 반면 박수림과 나숙담은 그 존재조차도 잘 알려지지 않은 한미한 사람이었다. 그러니까 왕비 후보자 네 명 가운데 두 명은 공신의 딸이었고 나머지 두 명은 별 볼일 없는 사람의 딸이었다. 공신의 딸들은 인물보다는 가문 배경에 의해, 별 볼일 없는 사람의 딸들은 가문 배경보다는 인물에 의해 선정되었다. 당연히 인물은 박수림의 딸과 나숙담의 딸이 뛰어났는데, 이중에서도 박수림의 딸이 더 출중했다.

네 명의 왕비 후보자들은 처음에 숙의의 신분으로 입궁했다. 왕대비 정현왕후는 이들 네 명의 후보자를 놓고 관찰하기 시작했다. 관찰이라고 했지만 사실 판단은 가문이냐 인물이냐 둘 중 하나였다. 가문이라면 윤여필의 딸이나 홍경주의 딸 중에서 골라야 했고, 인물이라면 박수림의 딸이나 나숙담의 딸 중에서 골라야 했다. 만약 가문으로 본다면 홍경주보다는 윤여필의 딸이 우선순위에 들었다. 박원종을 외삼촌으로 두고 있는 윤여필의 딸이 아무래도 유리했기 때문이다. 반면 인물로 본다면 박수림의 딸이 최고였다. 결국 윤여필의 딸 아니면 박수림의 딸을 골라야 했는데, 이것이 쉽지 않았다. 당시의 정치적 상황, 중종의 생각 등등이 복잡하게 얽혀 있었기 때문이다.

박수림의 딸은 인물에서 단연 뛰어났다. 실록에 따르면 연산군 11년(1505)에 채홍사가 전국의 미녀들을 조사할 때 이미 박수림의 딸의 미모는 알려졌다고 한다. 박수림은 대대로 경상도 상주에 살던 사람이었다. 그런데 중종의 왕비 후보자를 고를 때 한양에 거주하는 처녀로 제한했으므로 중종반정을 전후한 시점에 박수림의 딸은 상주를 떠나 한양에 있었다고 보아야 한다. 박수림의 딸은 반정 직전에 채홍사에게 이끌려 한양에 올라왔을 가능성이 높다. 박원종은 한양에 머물던 박수림의 딸을 눈여겨보았다가 간택단자를 올리게 했음에 틀림없다. 다시 말해 박원종은 박수림 딸의 후원자였던 셈이다. 일설에는 박원종이 박수림의 딸을 수양딸로 삼았다고도 한다. 박수림의 딸이 왕비 후보자가 되자 당시 검상으로 있던 정붕鄭鵬이 "이것은 화란의 씨앗이다"라고 탄식했는데, 인물이 빼어난 박수림의 딸이 큰 사건을 야기하고야 말 것이라는 예언이었다.

이에 비해 윤여필의 딸은 박원종의 넷째 여동생에게서 태어나 여덟 살부터 박원종의 큰누이인 월산대군 부인의 양육을 받았다. 이런 면에서 윤여필의 딸은 박원종에게 각별한 존재일 수밖에 없었다. 박원종은 중종의 왕비 후보자로 가문을 대표하는 조카딸과 인물을 대표하는 수양딸을 함께 들였던 것이다. 누가 되든 자신의 영향력 아래에 있는 처녀를 중종의 왕비로 만들겠다는 속셈이었다.

이런 상황에서 왕대비 정현왕후는 결단을 내리기가 어려웠다. 윤여필의 딸이나 박수림의 딸이나 어차피 박원종의 영향력 아래에 있는 처녀였고, 일장일단이 있었다. 윤여필의 딸은 좋은 가문에 좋은 교육을 받았다는 장점이 있었다. 하지만 너무 좋은 가문과 그다지 좋지 않은 인물은 문제였다. 반면 박수림의 딸은 뛰어난 인물이 장점이었다. 그러나 좋지 않은 가문과 제대로 교육받지 못했다는 점은 큰 단점이었다. 왕대비 정현왕후는 이러지도 못하고 저러지도 못하고 자꾸 결정을 미뤘다. 박원종을 비롯한 신료들은 속히 결정하라고 재촉했다. 결국 중종 2년(1507) 6월 17일에 윤여필의 딸이 왕비로 결정되었다. 관찰 심사가 시작된 지 약 3개월 만이었다. 이후 중종 2년 8월 4일에 가례가 거행됨으로써 윤여필의 딸이 정식 왕비가 되었다. 훗날의 장경왕후 윤씨다. 왕대비 정현왕후는 결국 가문을 우선시한 셈이었다. 아울러 윤여필이 왕대비 정현왕후의 친척이라는 점도 작용했다. 윤여필은 박원종의 매형이면서 동시에 왕대비 정현왕후와 10촌 간이기도 했다.

박원종의 강압에 의해 이혼하고 또 혼인까지 하게 된 중종은 처음에 장경왕후와 별로 정이 없었다. 억지로 맺어진 부부간이라 애틋한 정이 있을 리 없었다. 게다가 장경왕후는 빼어난 미인도 아니었다. 중종은 장경왕후보다는 후궁이 된 박수림의 딸 박씨에게 관심이 있었다. 실제로 첫째 아들도 박씨에게서 보았다. 중종 4년(1509) 9월 15일에 박씨가 낳은 복성군이 중종의 첫째 아들이었다. 이에 비해 장경왕후는 중종 10년(1515) 2월 25일에야 아들을 낳았다. 이 아들이 훗날의 인종이다. 장경왕후는 아들을 늦게 낳았을 뿐만 아니라 해산 직후 세상을 떠나 앞으로 있을 파란을 예고했다.

경빈 박씨는 비록 출신이 미약했지만 반정공신의 최고 실세였던 박원종의 후원을 받았고, 복성군은 출생 순서상 첫 번째였다. 무엇보다도 경빈 박씨는 중종의 총애를 독차지하였다. 상황이 이러하니 세자의 처지는 위태로울 수밖에 없었다. 사람들은 경빈 박씨가 자신의 아들 복성군을 세자로 만들려 공작할 것이라 추측했다. 게다가 경빈 박씨는 중종의 총애를 믿고 방자하게 행동하였다. 그런 행동은 많은 사람들에게 반감을 불러일으켰다. 결과는 참혹한 비극이었다. 이른바 '작서사건'灼鼠事件에 연루되어 경빈 박씨와 복성군은 죽음을 당했고 딸들과 사위들도 패가망신하고 말았다. 『연려실기술』에서는 작서사건을 다음과 같이 기록하고 있다.

경인년(중종 25, 1530)에 경빈 박씨와 그 아들 복성군이 폐서인되어 함께 상주로 귀양 갔다. 처음 정해년(중종 22, 1527) 2월 26일에 동궁 해방亥方에 작서灼鼠(불태운 쥐) 한 마리를 걸어놓고 물통 나무 조각으로 방서榜書를 만들어 걸어놓은 일이 있었다. 이때 인종이 동궁에 거처하였는데, 인종은 해생이요 2월 29일이 생일인 데다가 해亥는 돼지에 속하고 쥐도 돼지와 비슷하므로 당시 의논들이 동궁을 저주한 것이라 하였다. 궁중에서는 경빈 박씨가 한 짓이라 하여 그 시녀와 사위인 당성위 홍려洪礪의 종들이 많이 매를 맞아 죽었다. 또한 그들은 형벌에 못이겨 거짓 자백한 자가 있었다. 마침내 경빈 박씨를 자진시키기에 이르렀다."[41]

41_ 이긍익, 『연려실기술』, 중종조 고사본말, 박경빈복성군지옥朴敬嬪福城君之獄.

반면 승은후궁의 삶과 죽음을 극적으로 보여주는 사례는 영조의 생모인 숙빈 최씨였다. 숙빈 최씨의 신도비명에 따르면 최씨는 현종 11년(1670) 11월 6일에 한양에서 태어났고 일곱 살 되던 숙종 2년(1676)에 입궁하였다. 숙종의 첫 번째 왕비인 인경왕후의 궁녀들을 충원할 때 숙빈 최씨도 입궁했는데, 훗날 그녀가 무수리였다고 알려진 사실로 보면 좋은 신분은 아니었다. 실제로 숙빈 최씨는 몰락한 무반 가문의 딸이었다. 숙빈 최씨의 본관은 해주다. 아버지는 선략장군 행충무위 부사과 최효원崔孝元이고 어머니는 남양 홍씨로 통정 품계를 받은 계남繼南의 딸이다. 최효원의 신도비명에 따르면 숙빈의 조부 태일泰逸은 학생, 증조부 말정末貞은 통정으로 되어 있으며 고조 최억지崔億之는 관직이 없었다. 그들은 한미한 가문 출신이었다.[42]

42_ 숙빈 최씨에 대하여는 권오영, 「영조와 숙빈최씨」, 『숙빈최씨자료집』1-일기, 원지-, 한국학중앙연구원, 2009; 이영춘, 「『무오점차일기』의 의의」, 『숙빈최씨자료집』1-일기, 원지-, 한국학중앙연구원, 200쪽 참조.

숙빈 최씨는 인경왕후가 세상을 떠나고 인현왕후가 들어온 후 민씨의 궁녀가 되었다. 기사환국으로 인현왕후가 출궁한 후에도 숙빈 최씨는 여전히 궁궐에 있었다. 남인에게 권력을 빼앗긴 서인은 숙빈 최씨를 이용해 희빈 장씨를 견제하고 또 권력도 되찾아오고자 했다. 마침 인경왕후의 조카인 김춘택은 숙종의 유모와 친밀하였다. 김춘택은 숙종의 유모를 시켜 숙빈 최씨와 숙종이 가까워지도록 공작했다. 숙빈 최씨는 숙종보다 아홉 살 어렸고 희빈 장씨보다는 열한 살이나 어렸다. 젊은 숙빈 최씨에게 숙종은 매혹되었고, 그 결과 숙종 18년(1692) 연말에 숙빈 최씨는 임신했다. 기사환국이 있은 지 3년 만이었고, 숙빈 최씨의 나이 23세였다. 희빈 장씨를 총애하던 숙종은 이제 숙빈 최씨를 총애했다. 숙빈 최씨를 이용해 희빈 장씨를 견제하려던 서인의 공작이 성공한 셈이다.

희빈 장씨는 당연히 숙빈 최씨를 질투하고 미워했다. 숙빈 최씨는 거의 목숨이 위태로운 지경이었다. 그 와중에 숙종 19년 10월에 숙빈 최씨는 첫째 아들을 낳았는데, 두 달 후에 요절하고 말았다. 첫째 아들이 죽던 즈음 숙빈 최씨는 둘째 아들을 임신했다. 숙종의 총애가 여전했던 것이다. 숙빈 최씨의 연이은 임신에 희빈 장씨뿐만 아니라 남인들도 긴장하지 않을 수 없었다.

숙종 20년(1694) 3월 29일, 정체불명의 세 사람이 창덕궁으로 들어갔다. 그들은 승정원을 지나쳐 곧바로 숙종이 거처하는 곳으로 들어가려고 했다. 문을 지키는 사람들이 두 번 세 번 쫓아내려고 해도 물러가지 않았다. 그들은 '역모를 직접 고변하기 위해서'라며 숙종을 직접 만나겠다고 고집했다. 결국 사알司謁이 그들의 고변서를 숙종에게 전달했는데, 남인이 서인을 일망타진하고 숙빈 최씨를 독살하려 한다는 내용의 고변이었다. 이 고변서가 발단이 되어 결국 남인이 축출되고 서인이 다시 중앙정계로 복귀했다. 장씨는 왕비에서 쫓겨나 희빈으로 강등되고 다시 인현왕후가 복위되었다. 이 사건이 갑술년에 일어났기에 갑술환국이라고 하였다. 기사환국 후 5년 만의 일이었다.

갑술환국이 일어나던 해, 경종은 일곱 살이었다. 인현왕후가 다시 복위했으므로 이제 경종의 어머니는 장씨가 아니라 인현왕후였다. 소년기에 막 접어들던 경종 앞에 가정의 풍파가 들이닥치기 시작했던 것이다. 이런 일의 배후에는 숙빈 최씨가 있었다. 설상가상 갑술년 9월 13일에 숙빈 최씨는 둘째 아들을 낳았다. 그 아들이 훗

도9 **숙빈 최씨소령묘비淑嬪崔氏昭寧墓碑** 조선시대, 이요李橈 씀, 1744년(영조 20), 축장軸裝·석인拓印· 전면前面 189.7×68.7cm, 농석 114.7×101.1cm, 한국학중앙연구원 장서각 소장.
조선 제19대 임금 숙종의 후궁이며 영조의 생모인 숙빈 최씨의 소령묘 앞에 세운 표석表石과 농석籠石을 탁본한 것이다.

날의 영조다. 경종을 아끼던 숙종은 이제 영조를 총애했다. 경종에게 숙빈 최씨는 어머니를 잃게 만든 원수였고 영조는 아버지의 사랑을 빼앗아간 원수나 마찬가지였다.

갑술년 이후 7년간 경종은 부왕과 희빈 장씨 그리고 인현왕후 사이의 삼각관계 속에서 말 못할 고초를 겪었다. 경종은 새어머니인 인현왕후에게도 사랑받고 싶어했고, 생모인 희빈 장씨에게도 사랑받고 싶어했다. 부왕의 사랑이 이복동생 영조에게로 옮겨간 상황에서 일곱 살 어린 경종은 더더욱 모성애를 갈구했다. 그러나 생모 희빈 장씨도 적모 인현왕후도 경종이 갈구하는 모성애를 채워주지 못했다. 둘 사이에 낀 경종은 이러지도 못하고 저러지도 못하며 눈치꾸러기로 전락해갔다. 이런 상황을 인현왕후의 친정동생인 민진후는 이렇게 증언하였다.

> 인현왕후가 항상 민진후 등에게 말씀하시기를, "세자의 천성이 지극히 효성스러워 아침저녁으로 내 곁을 떠나지 않으며 사모하고 공경하는 것이 친어머니에게 하는 것보다 낫다. 그가 생모에게 갈 때에는 반드시 나에게 고하여 혼자서 마음대로 하지 않는다. 내가 병든 후 또는 병세가 심한 날에는 생모를 만나러 가겠다고 하지도 않는다. 내가 그 이유를 눈치채고 가서 생모를 보라고 한 뒤에야 가서 만난다. 소문에 세자의 생모가 간혹 귀에다 대고 무슨 말인가를 몰래 한다고 하는데, 그럴 때 세자는 묵묵히 듣기만 하고 대답하지 않다가 매를 맞고 눈물을 흘린다고 한다. 그러니 세자가 더욱 사랑스럽기도 하고 가엾기도 하다"고 하셨다.[43]

43_ 민진후, 『단암만록』, 숙종조.

경종이 처한 상황은 숙종 27년(1701) 8월에 인현왕후가 갑자기 세상을 떠나고, 두 달 뒤인 10월에는 희빈 장씨마저 인현왕후를 저주해 죽였다는 혐의로 사사된 이후 더욱 악화되었다. 적모의 돌연한 죽음과 생모의 비참한 사사는 겨우 열네 살밖에 안 된 경종에게

크나큰 충격이었다. 그 충격으로 경종은 자칫 제2의 연산군이 될 가능성이 농후했다. 경종의 성격이 강하다면, 훗날 왕이 되어 생모의 죽음을 복수하겠다고 나설 수 있었기 때문이다.

그러나 경종은 나약했다. 거기에 부왕 숙종의 정신적인 학대는 경종의 마음을 병들게 했다. 숙종은 경종이 조금만 실수해도 "누구 아들인데 그렇지 않겠느냐"고 면박을 주곤 했다. 한창 감수성이 예민할 10대 초반에 부왕의 냉대와 눈치 속에서 경종은 제대로 자랄 수가 없었다. 경종은 시름시름 병을 앓으며 혼자 헛소리를 하거나 실없이 웃는 등 정신이상 증세를 보였다.

경종이 이처럼 처참하게 청소년기를 보내는 동안 영조는 부왕과 생모의 사랑 속에서 무럭무럭 자랐다. 경종보다 여섯 살 아래의 영조는 생모 숙빈 최씨와 함께 살며 정신적으로도 육체적으로도 건강하게 자라났다. 숙종 28년(1702)에 인현왕후의 뒤를 이어 왕비가 된 인원왕후도 경종보다는 영조를 더 사랑했다. 영조가 받는 부왕의 사랑과 주변 사람들의 기대는 본래 경종이 받던 것이었다.

처음에 무수리로 입궁했던 숙빈 최씨는 숙종의 첫아이를 낳은 후 공식적으로 후궁에 책봉되었다. 숙종 19년(1693)에 첫째 아이를 낳은 후에 숙원에 책봉되었던 것이다. 이후 둘째 아이를 낳고 숙의에 책봉되었으며 셋째 아이를 낳고 귀인에 책봉되었다가 마침내 후궁 중에서 가장 높은 빈으로 책봉되었다.

숙빈 최씨는 처음에 이현궁을 궁방으로 받았다. 하지만 자신의 소생인 연잉군이 숙종 38년(1712) 2월 12일에 출합(왕자가 자란 뒤에 따로 나가서 사는 것)하면서 인왕산 아래 순화방의 대저택으로 옮겨가자 그곳을 궁방으로 삼게 되었다. 이에 따라 이현궁은 다시 국가에서 환수하였다. 숙빈 최씨의 소생 연잉군은 복잡한 과정을 거쳐 출합하였다. 연잉군은 17세가 되도록 출합하지 않고 있었다. 관행에 따른다면 혼인하고 곧바로 출합해야 하지만, 연잉군은 11세에 혼인한 후에도 숙빈 최씨와 숙종의 총애로 계속 궁궐에 머물렀던 것이

도10 **육상궁** ⓒ박상준

숙종의 후궁으로 임금의 총애를 받았던 숙빈 최씨는 아들 연잉군으로부터도 지극한 효도를 받았다. 훗날 왕위에 오른 연잉군은 어머니 숙빈 최씨를 위해 수많은 추숭사업을 벌였고, 숙빈 최씨의 사당인 육상궁 역시 아들 영조가 어머니를 위해 마련한 것 중 하나다.

다. 하지만 17세가 되자 더 이상 미루기에는 세상의 시선이 너무 따가웠다. 마침내 숙종 36년(1710) 9월 30일, 숙종은 내년 봄에 연잉군을 출합시키겠다고 공포했다. 이때 연잉군의 출합에 대비하기 위해 정계일이라는 사람의 집을 샀는데, 가격이 은 3934냥 7전 4푼이었다. 대지 3539칸에 건물 266칸의 대저택이었다. 이 집은 인왕산 아래 순화방에 있었는데, 훗날 영조가 왕위에 오른 후 창의궁彰義宮이 되었다.

하지만 집까지 장만해놓고도 숙종은 연잉군의 출합을 계속 미뤘다. 봄이 지나도 출합시키지 않았던 것이다. 게다가 숙종 37년(1711) 9월에 연잉군이 마마를 앓자 연잉군의 출합은 계속 지연되었다. 결국 연잉군은 숙종 38년 2월 12일에야 출합했다. 이때 연잉군의 나이 19세였다. 연잉군이 11세에 혼인했으므로 혼인 후에도 8년이라는 오랜 세월을 궁궐에서 머문 셈이었다.

연잉군이 출합한 후, 순화방의 창의궁은 숙빈 최씨의 궁방이자 연잉군의 궁방이 되었다. 숙빈 최씨는 병이 들거나 아들 연잉군이 보고 싶을 때는 순화방의 창의궁으로 나가곤 했다. 숙빈 최씨는 아들 연잉군으로부터 지극한 효도를 받았다. 숙빈 최씨가 세상을 떠난 곳도 순화방의 창의궁이었다. 연잉군이 경종의 뒤를 이어 왕, 즉 영조가 된 후에 숙빈 최씨는 수많은 추숭을 받았다. 숙빈 최씨의 사당인 육상궁 역시 국가에서 운영하는 칠궁 중 하나가 되었다.

임금께서는 처음에 이현궁을 숙빈 최씨에게 사제私第로 삼았다가, 신묘년(1711, 숙종 37)에 환수하여 내수사에 속하게 하였다. 숙빈 최씨는 임금의 뜻이 절약과 검소에서 나왔음을 알았기에 아까워하는 기색이 없이 잘 찬조하였다. 병신년(1716, 숙종 42) 병에 걸린 이후로 3년에 걸쳐

병이 깊어지자 간간이 임금의 명령을 받들어 사제에 나가 요양했는데,
오랫동안 문안을 올리지 못해 항상 미안한 마음을 품었다. 그래서 혹
조금이라도 차도를 보이면 곧장 대궐로 나갔다. 비록 병중에 있더라도
그 정성과 공경하는 마음이 쇠하지 않음이 이와 같았다. 무술년(1718,
숙종 44) 3월 9일 무오에 창의동 사제에서 별세하였으니 춘추는 49세였
고 숙종대왕 즉위 44년이었다.[44]

44_ 『숙빈최씨자료집』1-일기, 원
지-, 숙빈 최씨 신도비명, 한국학
중앙연구원, 2009, 219~220쪽.

부록

왕비 가계도

왕비를 배출한 가문

왕을 낳은 곳, 낳은 날

참고문헌

도판목록

찾아보기

왕비 가계도

태조

신의왕후神懿王后: 안변安邊 한씨韓氏

자子	진안대군鎭安大君, 영안대군永安大君(정종), 익안대군益安大君, 회안대군懷安大君, 정안대군靖安大君(태종), 덕안대군德安大君		
녀女	경신공주敬愼公主, 경선공주慶善公主		

관계	성명	관직	추증
부父	한경韓卿	밀직사부사密直司副使	증贈 영문하부사領門下府事 안천부원군安川府院君 경민공景敏公
모母	삭녕朔寧 신씨申氏		증贈 삼한국대부인三韓國大夫人
조祖	한규인韓珪仁		증贈 문하부좌정승門下府左政丞 안천부원군安川府院君
조모祖母			
외조外祖	신윤여申允麗		증贈 찬성사
증조曾祖	한유韓裕		증贈 문하시랑찬성사門下侍郞贊成事 안원군安原君
고조高祖			

신덕왕후神德王后: 곡산谷山 강씨康氏

자子	무안대군撫安大君, 의안대군宜安大君		
녀女	경순공주慶順公主		

관계	성명	관직	추증
부父	강윤성康允成	판삼사사判三司事	증贈 상산부원군象山府院君
모母			
조祖	강서康庶	상산백象山伯	
조모祖母			
외조外祖			
증조曾祖			
고조高祖			

정종

정안왕후定安王后: 경주慶州 김씨金氏

자子			
녀女			

관계	성명	관직	추증
부父	김천서金天瑞	판예빈시사判禮賓寺事	증贈 문하좌시중門下左侍中
모母	담양潭陽 이씨李氏		

조祖			
조모祖母			
외조外祖	이예李藝	산원散員	
증조曾祖			
고조高祖			

태종

원경왕후元慶王后: 여흥驪興 민씨閔氏

자子 양녕대군讓寧大君, 효령대군孝寧大君, 충녕대군忠寧大君(세종), 성녕대군誠寧大君

녀女 정순공주貞順公主, 경정공주慶貞公主, 경안공주慶安公主, 정선공주貞善公主

관계	성명	관직	추증
부父	민제閔霽	문하좌정승門下左政丞 여흥부원군驪興府院君 수문전대제학修文殿大提學	증시贈諡 문도공文度公
모母	여산礪山 송씨宋氏	삼한국대부인三韓國大夫人	
조祖	민변閔忭	대광大匡 여흥군驪興君	
조모祖母	양천陽川 허씨許氏	찬성사贊成事 허백許伯의 딸	
외조外祖	송선宋璿	여양군礪良君	
증조曾祖	민적閔頔	판밀직사사判密直司事 진현관대제학進賢館大提學	증시贈諡 문순공文順公
고조高祖	민종유閔宗儒	도첨의시랑찬성사都僉議侍郞贊成事	증시贈諡 충순공忠順公

세종

소헌왕후昭憲王后: 청송靑松 심씨沈氏

자子 문종, 수양대군首陽大君(세조), 안평대군安平大君, 임영대군臨瀛大君, 광평대군廣平大君, 금성대군錦城大君, 평원대군平原大君, 영응대군永膺大君

녀女 정소공주貞昭公主, 정의공주貞懿公主

관계	성명	관직	추증
부父	심온沈溫	영의정부사領議政府使 청천부원군靑天府院君	증시贈諡 안효공安孝公
모母	순흥順興 안씨安氏	삼한국대부인三韓國大夫人	
조祖	심덕부沈德符	의정부좌정승議政府左政丞 청성백靑城伯	증시贈諡 정안공定安公
조모祖母	송씨宋氏	청원군淸原君 송유충宋有忠의 딸	
외조外祖	안천보安天保	영돈녕領敦寧	
증조曾祖	심용沈龍	이조정랑吏曹正郎	추봉追封 문하시중門下侍中 청화부원군靑華府院君
고조高祖	심연沈淵	합문기후閤門祇侯	

문종

현덕왕후顯德王后: 안동安東 권씨權氏

자子 단종

녀女 경혜공주敬惠公主

관계	성명	관직	추증
부父	권전權專	중추원사中樞院使	증증贈 좌의정左議政
모母	해주海州 최씨崔氏		
조祖	권백종權伯宗	검교檢校 한성부윤漢城府尹	증증贈 중추원부사中樞院副使
조모祖母	권씨權氏	진사進士 권어온權呂溫의 딸	증증贈 정부인貞夫人
외조外祖	최용崔鄘	부정副正	
증조曾祖	권정중權正中	봉직랑奉直郎 판도정랑版圖正郎	증증贈 공조참의工曹參議
고조高祖	권휴權休	직수문전直修文殿	

단종

정순왕후定順王后: 여산礪山 송씨宋氏

자子

녀女

관계	성명	관직	추증
부父	송현수宋玹壽	판돈녕부사判敦寧府事 여양군礪良君	증증贈 영돈녕부사領敦寧府事 여양부원군礪良府院君
모母			
조祖	송복원宋復元	지중추知中樞	
조모祖母	순천順天 김씨金氏	좌의정左議政 김승주金承霔의 딸	
외조外祖			
증조曾祖	송계성宋繼性	연산도호부사延山都護府使	증증贈 병조판서兵曹判書
고조高祖	송희宋禧	공조전서工曹典書	증증贈 이조참판吏曹參判

세조

정희왕후貞熹王后: 파평坡平 윤씨尹氏

자子 의경세자懿敬世子(덕종), 해양대군海陽大君(예종)

녀女 의숙공주懿淑公主

관계	성명	관직	추증
부父	윤번尹璠	판중추원사判中樞院事	증증贈 영의정부사領議政府事 파평부원군坡平府院君 시증諡 정정공貞靖公
모母	인천仁川 이씨李氏	흥녕부대부인興寧府大夫人	
조祖	윤승례尹承禮	판도판서版圖判書	증증贈 좌찬성左贊成

조모祖母	창녕昌寧 성씨成氏	경안택주慶安宅主 / 창녕부원군昌寧府院君 성여원成汝院의 딸	
외조外祖	이문화李文和	참찬의정부사參贊議政府事	
증조曾祖	윤척尹陟	중대광重大匡 영평군鈴平君	
고조高祖	윤안숙尹安淑	중대광重大匡 도첨의찬성사都僉議贊成事	증시贈諡 양간공良簡公

추존 덕종

소혜왕후昭惠王后: 청주淸州 한씨韓氏

자子	월산대군月山大君, 자을산군者乙山君(성종)

녀女	명숙공주明淑公主

관계	성명	관직	추증
부父	한확韓確	정난좌익공신靖難佐翼功臣 좌의정左議政 서원부원군西原府院君	증시贈諡 양절공襄節公
모母	남양南陽 홍씨洪氏		증증贈 남양부부인南陽府夫人
조祖	한영정韓永矴	순창군사淳昌郡事	증증贈 영의정부사領議政府事 서성부원군西城府院君
조모祖母	의성義城 김씨金氏	의성군義城君 김영렬金英烈의 딸	증증贈 정경부인貞敬夫人
외조外祖	홍여방洪汝方	이조판서吏曹判書	
증조曾祖	한녕韓寧	신호위녹사神虎錄事	증증贈 자헌대부資憲大夫 병조판서兵曹判書
고조高祖	한방신韓方信	삼중대광三重大匡 첨의부찬성사僉議府贊成事 정당문학政堂文學 수문전태학사修文殿太學士 서원군西原君	

예종

장순왕후章順王后: 청주淸州 한씨韓氏

자子	인성대군仁城大君

녀女	

관계	성명	관직	추증
부父	한명회韓明澮	정난좌익익대좌리공신靖難佐翼翊戴佐理功臣 영의정領議政 도제찰사都體察使 상당부원군上黨府院君	증시贈諡 충성공忠成公
모母	여흥驪興 민씨閔氏	황여부부인黃驪府夫人	
조祖	한기韓起	사헌부감찰司憲府監察	증증贈 영의정領議政 상당부원군上黨府院君
조모祖母	여주驪州 이씨李氏		증증贈 정경부인貞敬夫人
외조外祖	민대생閔大生	판중추判中樞	증증贈 우의정右議政
증조曾祖	한상질韓尚質	도평의사사사都評議使司事 예문춘추관대제학藝文春秋館大提學	증증贈 좌찬성左贊成 시諡 문렬공文烈公
고조高祖	한수韓脩	판후덕부사判厚德府事 우문관대제학右文館大提學 청성군淸城君	증시贈諡 문경공文敬公

안순왕후 安順王后: 청주淸州 한씨韓氏

자子	제안대군齊安大君		
녀女	현숙공주顯肅公主		

관계	성명	관직	추증
부父	한백윤韓伯倫	익대좌리공신翊戴佐理功臣 우의정右議政 청천부원군淸川府院君	증시贈諡 양혜공襄惠公
모母	임씨任氏	서하부부인西河府夫人	
조祖	한창韓昌	강원도관찰사江原道觀察使	증증贈 영의정領議政 청천부원군淸川府院君
조모祖母	전의全義 이씨李氏		증증贈 정경부인貞敬夫人
외조外祖	임유任柔	현감縣監	증증贈 우의정右議政
증조曾祖	한계복韓季復	지고부군사知古阜郡事	증증贈 좌찬성左贊成
고조高祖	한휴韓烋	감문위호군監門衛護軍	증증贈 병조판서兵曹判書

성종

공혜왕후 恭惠王后: 청주淸州 한씨韓氏

자子			
녀女			

관계	성명	관직	추증
부父	한명회韓明澮	정난좌익익대좌리공신靖難佐翼翊戴佐理功臣 영의정領議政 도체찰사都體察使 상당부원군上黨府院君	증시贈諡 충성공忠成公
모母	여흥驪興 민씨閔氏	황려부부인黃驪府夫人	
조祖	한기韓起	사헌부감찰司憲府監察	증증贈 영의정領議政 상당부원군上黨府院君
조모祖母	여주驪州 이씨李氏		증증贈 정경부인貞敬夫人
외조外祖	민대생閔大生	판중추判中樞	증증贈 우의정右議政
증조曾祖	한상질韓尙質	도평의사사사都評議使司事 예문춘추관藝文春秋館 대제학大提學	증증贈 좌찬성左贊成 시증諡 문렬공文烈公
고조高祖	한수韓脩	판후덕부사判厚德府事 우문관대제학右文館大提學 청성군淸城君	증시贈諡 문경공文敬公

폐비廢妃: 함안咸安 윤씨尹氏

자子	연산군燕山君		
녀女			

관계	성명	관직	추증
부父	윤기무尹起畝	판봉상시사判奉常寺事	증증贈 영의정領議政
모母	고령高靈 신씨申氏		
조祖	윤응尹應	교하현감交河縣監	
조모祖母	안동安東 권씨權氏		

관계	성명	관직	추증
외조外祖	신평申枰		
증조曾祖	윤득룡尹得龍		
고조高祖	윤희尹禧		

정현왕후貞顯王后: 파평坡平 윤씨尹氏

자子	진성대군晉城大君(중종)
녀女	신숙공주愼淑公主

관계	성명	관직	추증
부父	윤호尹壕	우의정右議政 영원부원군鈴原府院君	증시贈諡 평정공平靖公
모母	연안延安 전씨田氏	연안부부인延安府夫人	
조祖	윤삼산尹三山	첨지중추부사僉知中樞府事	증증 영의정領議政 영천부원군鈴川府院君
조모祖母	고성固城 이씨李氏	좌의정左議政 이원李原의 딸	증증 정경부인貞敬夫人
외조外祖	전좌명田佐命	부승副丞	증증 우의정右議政
증조曾祖	윤곤尹坤	좌명공신佐命功臣 파평군坡平君	증시贈諡 소정공昭靖公
고조高祖	윤승순尹承順	문하부평리門下府評理 영평군鈴平君	증증 영의정부사領議政府事 시諡 충간공忠簡公

연산군

폐비廢妃: 거창居昌 신씨愼氏

자子	폐세자 이황李顥(폐출), 창녕대군昌寧大君(폐출)
녀女	휘신공주徽愼公主(폐출)

관계	성명	관직	추증
부父	신승선愼承善	좌리공신佐理功臣 영의정領議政 거창부원군居昌府院君	시諡 장성공章成公
모母	이씨李氏	정경부인貞敬夫人 중모현주中牟縣主	
조祖	신전愼詮		증증 영의정領議政 거창부원군居昌府院君 시諡 양간공襄簡公
조모祖母	순흥順興 안씨安氏		증증 정경부인貞敬夫人
외조外祖	이구李璆	임영대군臨瀛大君 정간공貞簡公	
증조曾祖	신이충愼以衷	판이주현사判利州縣事	증증 우찬성右贊成 시諡 양렬공襄烈公
고조高祖	신인도愼仁道	한성부윤漢城府尹	증증 호조판서戶曹判書

중종

단경왕후端敬王后: 거창居昌 신씨愼氏

자子	
녀女	

관계	성명	관직	추증
부父	신수근愼守勤	좌의정左議政 익창부원군益昌府院君	증시贈諡 신도공信度公
모母	안동安東 권씨權氏		증증 영가부부인永嘉府夫人

관계	성명	관직	추증
조祖	신승선愼承善	좌리공신佐理功臣 영의정領議政 거창부원군居昌府院君	시諡 장성공章成公
조모祖母	이씨李氏	정경부인貞敬夫人 중모현주中牟縣主 / 임영대군臨瀛大君 정간공貞簡公의 딸	
외조外祖	권람權擥	좌의정左議政 익평군翼平君	
증조曾祖	신전愼詮		증贈 영의정領議政 거창부원군居昌府院君 시諡 양간공襄簡公
고조高祖	신이충愼以衷	판이주현사判利州縣事	증贈 우찬성右贊成 시諡 양렬공襄烈公

장경왕후章敬王后: 파평坡平 윤씨尹氏

자子	인종
녀女	효혜공주孝惠公主

관계	성명	관직	추증
부父	윤여필尹汝弼	정국공신靖國功臣 영돈녕부사領敦寧府事 파원부원군坡原府院君	
모母	순천順天 박씨朴氏	순천부부인順天府夫人	
조祖	윤보尹甫	공조참판工曹參判 파릉군坡陵君	증贈 영의정領議政 파릉부원군坡陵府院君
조모祖母	전주全州 이씨李氏		증贈 정경부인貞敬夫人
외조外祖	박중선朴仲善	평양군平陽君	
증조曾祖	윤사윤尹士昀	정난좌익공신靖難佐翼功臣 공조판서工曹判書 보문각대제학寶文閣大提學 영평군鈴平君	증贈 좌찬성左贊成 시諡 성안공成安公
고조高祖	윤번尹璠	판중추원사判中樞院事	증贈 영의정부사領議政府事 파평부원군坡平府院君 시諡 정정공貞靖公

문정왕후文定王后: 파평坡平 윤씨尹氏

자子	경원대군慶源大君(명종)
녀女	의혜공주懿惠公主, 효순공주孝順公主, 경순공주敬順公主, 인순공주仁順公主

관계	성명	관직	추증
부父	윤지임尹之任	영돈녕부사領敦寧府事 파산부원군坡山府院君	증시贈諡 정평공靖平公
모母	전의全義 이씨李氏	부부인府夫人	
조祖	윤욱尹頊	내자시판관內資寺判官	증贈 영돈녕부사領敦寧府事
조모祖母	영일迎日 정씨鄭氏	감찰監察 정제鄭濟의 딸	증贈 정경부인貞敬夫人
외조外祖	이덕숭李德崇	관찰사觀察使	
증조曾祖	윤계겸尹繼謙	익대翊戴·좌리공신佐理功臣 공조판서工曹判書 영평군鈴平君	증시贈諡 공양공恭襄公
고조高祖	윤사흔尹士昕	좌리공신佐理功臣 우의정右議政 파천부원군坡川府院君	증시贈諡 양평공襄平公

인성왕후仁聖王后: 반남潘南 박씨朴氏

자子			
녀女			

관계	성명	관직	추증
부父	박용朴墉	절충장군折衝將軍 첨지중추부사僉知中樞府事	증증 영의정領議政 금성부원군錦城府院君
모母	의성義城 김씨金氏	문소부부인聞詔府夫人	
조祖	박치朴緇	사헌부집의司憲府執義	증증 영의정領議政
조모祖母	창녕昌寧 성씨成氏	현감縣監 성효원成孝源의 딸	증증 정경부인貞敬夫人
외조外祖	김익겸金益謙	사재부정司宰副正	
증조曾祖	박강朴薑	좌익공신佐翼功臣 지중추원사知中樞院事 금천군錦川君	증증 좌찬성左贊成 시諡 세양공世襄公
고조高祖	박은朴訔	좌명공신佐命功臣 좌의정左議政 금천부원군錦川府院君	증시贈諡 평도공平度公

인순왕후仁順王后: 청송靑松 심씨沈氏

자子	순회세자順懷世子		
녀女			

관계	성명	관직	추증
부父	심강沈鋼	영돈녕부사領敦寧府事 청릉부원군靑陵府院君	증증 영의정領議政 시諡 익효공翼孝公
모母	전주全州 이씨李氏	완산부부인完山府夫人	
조祖	심연원沈連源	영의정領議政	증시贈諡 충혜공忠惠公
조모祖母	경주慶州 김씨金氏	정경부인貞敬夫人 / 좌찬성左贊成 김당金璫의 딸	
외조外祖		현령縣令	
증조曾祖	심순문沈順門	의정부사인議政府舍人	증증 영의정領議政
고조高祖	심원沈湲	내자시판관內資寺判官	증증 좌찬성左贊成

의인왕후懿仁王后: 반남潘南 박씨朴氏

자子			
녀女			

관계	성명	관직	추증
부父	박응순朴應順	영돈녕부사領敦寧府事 반성부원군潘城府院君	증증 영의정領議政

모모母	전주全州 이씨李氏	완산부부인完山府夫人	
조조祖	박소朴紹	사간司諫	증증贈 영의정領議政
조모祖母	남양南陽 홍씨洪氏	시정寺正 홍사부洪士俯의 딸	증증贈 정경부인貞敬夫人
외조外祖	이수갑李壽甲	종실宗室 문천정文川正	
증조曾祖	박조년朴兆年	사섬시첨정司贍寺僉正	증증贈 좌찬성左贊成
고조高祖	박림종朴林宗	첨지중추부사僉知中樞府事	증증贈 이조판서吏曹判書

인목왕후仁穆王后: 연안延安 김씨金氏

자자子 영창대군永昌大君

녀녀女 정명공주貞明公主

관계	성명	관직	추증
부부父	김제남金悌男	영돈녕부사領敦寧府事 연흥부원군延興府院君	증증贈 영의정領議政 시諡 의민공懿愍公
모모母	광주光州 노씨盧氏	광산부부인光山府夫人	
조조祖	김오金橪	부사정副司正	증증贈 영의정領議政
조모祖母	안동安東 권씨權氏	사과司果 권상權常의 딸	증증贈 정경부인貞敬夫人
외조外祖	노기게盧垍	장사랑將仕郎	
증조曾祖	김안도金安道	함종현령咸從縣令	증증贈 좌찬성左贊成
고조高祖	김전金詮	영의정領議政	증시贈諡 충정공忠貞公

광해군

폐비廢妃 유씨: 문화 유씨柳氏

자자子 세자(폐출)

녀녀女 無

관계	성명	관직	추증
부부父	유자신柳自新	영돈녕부사領敦寧府事	
모모母	동래東萊 정씨鄭氏		
조조祖	유잠柳潛	공조판서工曹判書	
조모祖母	하동河東 정씨鄭氏		
외조外祖	정유길鄭惟吉	좌의정左議政	
증조曾祖	유수천柳壽千		
고조高祖	유제근柳悌根		

추존 원종

인헌왕후仁獻王后: 능성綾城 구씨具氏

자자子 능양대군綾陽大君(인조), 능원대군綾原大君, 능창대군綾昌大君

녀녀女 無

관계	성명	관직	추증
부父	구사맹具思孟	좌찬성左贊成	증증 영의정領議政 능안부원군綾安府院君 시익 문의공文懿公
모母	평산平山 신씨申氏		증증 평산부부인平山府夫人
조祖	구순具淳	사헌부감찰司憲府監察	증증 영의정領議政 능성군綾城君
조모祖母	완산完山 이씨李氏	의신군義新君 이징원李澄源의 딸	증증 정경부인貞敬夫人
외조外祖	신화국申華國	생원生員	증증 영의정領議政
증조曾祖	구희경具希璟	사복시판관司僕寺判官	증증 이조판서吏曹判書 능평군綾平君
고조高祖	구수영具壽永	정국공신靖國功臣 지돈녕부사知敦寧府事 능천군綾川君	증증 좌찬성左贊成

인조

인열왕후仁烈王后: 청주淸州 한씨韓氏

자子 소현세자昭顯世子, 봉림대군鳳林大君(효종), 인평대군麟坪大君, 용성대군龍城大君

녀女 無

관계	성명	관직	추증
부父	한준겸韓浚謙	영돈녕부사領敦寧府事 서평부원군西平府院君	증시贈諡 문익공文翼公
모母	창원昌原 황씨黃氏		증증 회산부부인檜山府夫人
조祖	한효윤韓孝胤	경성도호부관관鏡城都護府判官	증증 영의정領議政
조모祖母	평산平山 신씨申氏	예빈시정禮賓寺正 신건申健의 딸	증증 정경부인貞敬夫人
외조外祖	황성黃珹	예조좌랑禮曹佐郎	
증조曾祖	한여필韓汝弼	행문천군수行文川郡守	증증 영의정領議政
고조高祖	한승원韓承元	여선군수旅善郡守	증증 좌찬성左贊成

장렬왕후莊烈王后: 양주楊州 조씨趙氏

자子 無

녀女 無

관계	성명	관직	추증
부父	조창원趙昌遠	영돈녕부사領敦寧府事 한원부원군漢原府院君	증시贈諡 혜목공惠穆公
모母	전주全州 최씨崔氏	완산부부인完山府夫人	
조祖	조존성趙存性	지돈녕부사知敦寧府事	증증 영의정領議政 시익 소민공昭敏公
조모祖母	용인龍仁 이씨李氏	도사都事 이신충李藎忠의 딸	증증 정경부인貞敬夫人
외조外祖	최철견崔鐵堅	대사간大司諫	
증조曾祖	조람趙擥		증증 의정부좌찬성議政府左贊成
고조高祖	조연손趙連孫		증증 이조판서吏曹判書

효종

인선왕후仁宣王后: 덕수德水 장씨張氏

자子	현종

녀女	숙신공주淑愼公主, 숙안공주淑安公主, 숙명공주淑明公主, 숙휘공주淑徽公主, 숙정공주淑靜公主, 숙경공주淑敬公主

관계	성명	관직	추증
부父	장유張維	정사공신靖社功臣 우의정右議政 신풍부원군新風府院君	증증 영의정領議政 시호 문충공文忠公
모母	안동安東 김씨金氏	영가부부인永嘉府夫人	
조祖	장운익張雲翼	형조판서刑曹判書	증증 영의정領議政 덕수부원군德水府院君
조모祖母	밀양密陽 박씨朴氏		증증 정경부인貞敬夫人
외조外祖	김상용金尙容	우의정右議政	
증조曾祖	장일張逸	목천현감木川縣監	증증 영의정領議政
고조高祖	장자중張自重	종사랑從仕郎	증증 이조판서吏曹判書

현종

명성왕후明聖王后: 청풍淸風 김씨金氏

자子	숙종

녀女	명선공주明善公主, 명혜공주明惠公主, 명안공주明安公主

관계	성명	관직	추증
부父	김우명金佑明	영돈녕부사領敦寧府事 청풍부원군清風府院君	
모母	은진恩津 송씨宋氏	덕은부부인德恩府夫人	
조祖	김지金址		증증 영의정領議政
조모祖母	영일迎日 정씨鄭氏		증증 정경부인貞敬夫人
외조外祖	송국택宋國澤	참의參議	증증 좌찬성左贊成
증조曾祖	김흥록金興祿		증증 좌찬성左贊成
고조高祖	김비金棐	군자감판관軍資監判官	증증 좌찬성左贊成

숙종

인경왕후仁敬王后: 광산光山 김씨金氏

자子	無

녀女	2녀

관계	성명	관직	추증
부父	김만기金萬基	보사공신保社功臣 영돈녕부사領敦寧府事 광성부원군光成府院君	
모母	청주淸州 한씨韓氏	서원부부인西原府夫人	

관계	성명	관직	추증
조祖	김익겸金益兼	성균생원成均生員	증증 영의정領議政 광원부원군光源府院君
조모祖母	해평海平 윤씨尹氏	정경부인貞敬夫人	
외조外祖	한유량韓有良	옥천군수沃川郡守	
증조曾祖	김반金槃	이조참판吏曹參判	증증 영의정領議政 광녕부원군光寧府院君
고조高祖	김장생金長生	형조판서刑曹判書	증증 영의정領議政 시諡 문원공文元公

인현왕후仁顯王后: 여흥驪興 민씨閔氏

자子	無
녀女	無

관계	성명	관직	추증
부父	민유중閔維重	영돈녕부사領敦寧府事 여양부원군驪陽府院君	증증 영의정領議政 시諡 문정공文貞公
모母	은진恩津 송씨宋氏	은성부부인恩城府夫人	
조祖	민광훈閔光勳	수강원도관찰사守江原道觀察使	증증 영의정領議政
조모祖母	연안延安 이씨李氏		증증 정경부인貞敬夫人
외조外祖	송준길宋浚吉	좌찬성左贊成	
증조曾祖	민기閔機	수경주부윤守慶州府尹	증증 영의정領議政
고조高祖	민여건閔汝健	장흥고령長興庫令	증증 이조판서吏曹判書

인원왕후仁元王后: 경주慶州 김씨金氏

자子	無
녀女	無

관계	성명	관직	추증
부父	김주신金柱臣	영돈녕부사領敦寧府事 경은부원군慶恩府院君	증증 영의정領議政 효간공孝簡公
모母	임천林川 조씨趙氏	가림부부인嘉林府夫人	
조祖	김일진金一振	성균생원成均生員	증증 영의정領議政
조모祖母	풍양豊壤 조씨趙氏		증증 정경부인貞敬夫人
외조外祖	조경창趙景昌	현령縣令	
증조曾祖	김남중金南重	예조판서禮曹判書	증증 좌찬성左贊成 정효공貞孝公
고조高祖	김수렴金守廉	첨지중추부사僉知中樞府事	증증 영의정領議政 오원군鼇原君

경종

단의왕후端懿王后: 청송靑松 심씨沈氏

자子	無
녀女	無

관계	성명	관직	추증
부父	심호沈浩	사옹원첨정司饔院僉正	증증 영의정領議政 청은부원군靑恩府院君

모母	고령高靈 박씨朴氏	영원부부인靈原府夫人	
조祖	심봉서沈鳳瑞	금부도사禁府都事	증贈 영의정領議政
조모祖母	전주全州 이씨李氏		증贈 정경부인貞敬夫人
외조外祖	박빈朴鑌	군수郡守	
증조曾祖	심권沈權	전라감사全羅監司	증贈 좌찬성左贊成
고조高祖	심희세沈熙世	홍문교리弘文校理	증贈 이조참판吏曹參判

선의왕후宣懿王后: 함종咸從 어씨魚氏

자子	無

녀女	無

관계	성명	관직	추증
부父	어유구魚有龜	영돈녕부사領敦寧府事 함원부원군咸原府院君	증贈 영의정領議政
모母	전주全州 이씨李氏		증贈 완양부부인完陽府夫人
조祖	어사형魚史衡	한성부우윤漢城府右尹	증贈 영의정領議政
조모祖母	전주全州 유씨柳氏	정경부인貞敬夫人	
외조外祖	이하번李夏蕃	현감縣監	
증조曾祖	어진익魚震翼	강원도관찰사江原道觀察使	증贈 좌찬성左贊成
고조高祖	어한명魚漢明	수운판관水運判官	증贈 좌참찬左參贊

영조

정성왕후貞聖王后: 달성達城 서씨徐氏

자子	無

녀女	無

관계	성명	관직	추증
부父	서종제徐宗悌	신천군수信川郡守	증贈 영의정領議政 달성부원군達城府院君
모母	우봉牛峰 이씨李氏	잠성부부인岑城府夫人	
조祖	서문도徐文道	사평司評	증贈 영의정領議政
조모祖母	안동安東 김씨金氏		증贈 정경부인貞敬夫人
외조外祖	이사창李師昌	통덕랑通德郎	
증조曾祖	서형이徐亨履	사재감첨정司宰監僉正	증贈 좌찬성左贊成
고조高祖	서경수徐景需	전첨典籤	증贈 이조판서吏曹判書

정순왕후貞純王后: 경주慶州 김씨金氏

자子	無

녀女	無

관계	성명	관직	추증
부父	김한구金漢耉	영돈녕부사 領敦寧府事 오흥부원군鼇興府院君	증贈 영의정領議政 충헌공忠憲公
모母	원주原州 원씨元氏	원풍부부인原豊府夫人	
조祖	김선경金選慶	호조참의戶曹參議	증贈 영의정領議政
조모祖母	남양南陽 홍씨洪氏		증贈 정경부인貞敬夫人
외조外祖	원명직元命稷	진천현감鎭川縣監	증贈 이조판서吏曹判書
증조曾祖	김두광金斗光		증贈 좌찬성左贊成
고조高祖	김계진金季珍	황간현감黃澗縣監	증贈 이조판서吏曹判書

추존 진종

효순왕후孝純王后: 풍양豊壤 조씨趙氏

자子	無		
녀女	無		

관계	성명	관직	추증
부父	조문명趙文命	양무공신揚武功臣 좌의정左議政 풍릉부원군豊陵府院君	증贈 영의정領議政 시諡 문충공文忠公
모母	전주全州 이씨李氏		증贈 완흥부부인完興府夫人
조祖	조인수趙仁壽	도사都事	증贈 영의정領議政 풍흥부원군豊興府院君
조모祖母	광산光山 김씨金氏		증贈 정경부인貞敬夫人
외조外祖	이상백李相伯		증贈 이조판서吏曹判書
증조曾祖	조상정趙相鼎		증贈 좌찬성左贊成
고조高祖	조민趙珉		증贈 이조판서吏曹判書

추존 장조

경의왕후敬懿王后: 풍산豊山 홍씨洪氏(혜경궁 홍씨)

자子	의소세손懿昭世孫, 정조		
녀女	청연공주淸衍公主, 청선공주淸璿公主		

관계	성명	관직	추증
부父	홍봉한洪鳳漢	영의정領議政	
모母			
조祖	홍현보洪鉉輔	우참찬右參贊	
조모祖母			
외조外祖			
증조曾祖	홍중기洪重箕		
고조高祖	홍만용洪萬容	이조판서吏曹判書	

정조

효의왕후孝懿王后: 청풍淸風 김씨金氏

자子	無

녀女	無

관계	성명	관직	추증
부父	김시묵金時默	숭정대부崇政大夫 좌참찬左參贊	증증贈 영의정領議政 청원부원군淸原府院君 정익공靖翼公
모母	남양南陽 홍씨洪氏	당성부부인唐城府夫人	
조祖	김성집金聖集		증증贈 영의정領議政
조모祖母	완산完山 이씨李氏		증증贈 정경부인貞敬夫人
외조外祖	홍상언洪尙彦	현령縣令	
증조曾祖	김도제金道濟	군수郡守	증증贈 좌찬성左贊成
고조高祖	김만주金萬冑		증증贈 이조판서吏曹判書

순조

순원왕후純元王后: 안동安東 김씨金氏

자子	효명세자孝明世子(익종)

녀女	명온공주明溫公主, 복온공주福溫公主, 덕온공주德溫公主

관계	성명	관직	추증
부父	김조순金祖淳	영돈녕부사領敦寧府事	증증贈 영의정領議政 영안부원군永安府院君
모母	청송靑松 심씨沈氏	청양부부인靑陽府夫人	
조祖	김이중金履中	부사府使	증증贈 영의정領議政
조모祖母	평산平山 신씨申氏		증증贈 정경부인貞敬夫人
외조外祖	심성건沈成健	정랑正郎	증증贈 좌찬성左贊成
증조曾祖	김달행金達行	학생學生	증증贈 좌찬성左贊成
고조高祖	김제겸金濟謙	승지承旨	증증贈 좌찬성左贊成

추존 익종

신정왕후神貞王后: 풍양豊壤 조씨趙氏

자子	헌종

녀女	無

관계	성명	관직	추증
부父	조만영趙萬永	영돈녕부사領敦寧府事	증증贈 영의정領議政 풍은부원군豊恩府院君 시호諡 문경공文敬公
모母	은진恩津 송씨宋氏		증증贈 덕안부부인德安府夫人
조祖	조진관趙鎭寬	판돈녕부사判敦寧府事	증증贈 영의정領議政 시호諡 효문孝文
조모祖母	남양南陽 홍씨洪氏		증증贈 정경부인貞敬夫人

관계	성명	관직	추증
외조外祖	송시연宋時淵	목사牧使	증증 좌찬성左贊成
증조曾祖	조엄趙曮	이조판서吏曹判書	증증 좌찬성左贊成 시호 문익文翼
고조高祖	조상경趙尙絅	행이조판서行吏曹判書	증증 좌찬성左贊成 시호 경헌景獻

헌종

효현왕후孝顯王后: 안동安東 김씨金氏

자子 無

녀女 無

관계	성명	관직	추증
부父	김조근金祖根	영돈녕부사領敦寧府事	증증 영의정領議政 영흥부원군永興府院君 시호 효간공孝簡公
모母	한산韓山 이씨李氏	한성부부인韓城府夫人	
조祖	김지순金芝淳	목사牧使	증증 영의정領議政
조모祖母	여흥驪興 민씨閔氏	정경부인貞敬夫人	
외조外祖	이희선李羲先		증증 영의정領議政
증조曾祖	김이소金履素	좌의정左議政	시호 익헌翼獻
고조高祖	김탄행金坦行	부사府使	증증 영의정領議政

효정왕후孝定王后: 남양南陽 홍씨洪氏

자子 無

녀女 無

관계	성명	관직	추증
부父	홍재룡洪在龍	영돈녕부사領敦寧府事	증증 영의정領議政 익풍부원군益豊府院君 시호 익헌공翼獻公
모母	죽산竹山 안씨安氏	연창부부인延昌府夫人	
조祖	홍기섭洪耆燮	판서判書	
조모祖母	덕수德水 장씨張氏		증증 정경부인貞敬夫人
외조外祖	안광직安光直	판서判書	
증조曾祖	홍병채洪秉寀	현감縣監	증증 좌찬성左贊成
고조高祖	홍주영洪疇泳	주부主簿	증증 이조판서吏曹判書

철종

철인왕후哲仁王后: 안동安東 김씨金氏

자子 1남

녀女 無

관계	성명	관직	추증
부父	김문근金汶根	영돈녕부사領敦寧府事	증증 영의정領議政 영은부원군永恩府院君 시호 충순공忠純公
모母	여흥驪興 민씨閔氏	흥양부부인興陽府夫人	
조祖	김이순金頤淳		증증 영의정領議政

조모祖母	전주全州 이씨李氏		증贈 정경부인貞敬夫人
외조外祖	민무현閔懋鉉	학생學生	
증조曾祖	김이장金履長	정正	증贈 좌찬성左贊成
고조高祖	김성행金省行		증贈 영의정領議政

고종

명성황후明成皇后: 여흥驪興 민씨閔氏

자子	순종(1남, 3남, 4남은 일찍 죽음)

녀女	1녀

관계	성명	관직	추증
부父	민치록閔致祿	장악원첨정掌樂院僉正	증贈 영의정領議政 여성부원군驪城府院君 시諡 순간공純簡公
모母	한산韓山 이씨李氏	한창부부인韓昌府夫人	
조祖	민기현閔耆顯	이조참판 부제학吏曹參判 副提學	증贈 영의정領議政
조모祖母	함안咸安 조씨趙氏		증贈 정경부인貞敬夫人
외조外祖	이규년李奎年		
증조曾祖	민백구閔百舊	동지돈녕부사同知敦寧府事	증贈 좌찬성左贊成
고조高祖	민익수閔翼洙	일장령逸掌令	증贈 이조판서吏曹判書

순종

순명효황후純明孝皇后: 여흥驪興 민씨閔氏

자子	無

녀女	無

관계	성명	관직	추증
부父	민태호閔台鎬	좌찬성左贊成	증贈 영의정領議政
모母	진천鎭川 송씨宋氏		
조祖	민치삼閔致三		증贈 영의정領議政
조모祖母	풍산豊山 홍씨洪氏		
외조外祖	송재화宋在華	목사牧使	증贈 내부협판內部協辦
증조曾祖	민홍섭閔弘燮	이조참판吏曹參判	증贈 좌찬성左贊成
고조高祖	민백상閔百祥	우의정右議政	

순정효황후純貞孝皇后: 해평海平 윤씨尹氏

자子	無

녀女	無

관계	성명	관직	추증
부父	윤택영尹澤榮		

모母	기계杞溪 유씨兪氏	경홍부부인慶興府夫	
조祖	윤철구尹徹求		증贈 영돈녕부사領敦寧府事
조모祖母	풍산豊山 홍씨洪氏		증贈 정경부인貞敬夫人
외조外祖	유진학兪鎭學	참판參判	
증조曾祖	윤용선尹容善	의정대신議政大臣	
고조高祖	윤치희尹致羲	이조참판吏曹參判	

* 본 자료는 『열성왕비세보』(장서각K2-1696)에 근거하였고, 폐비 윤씨(성종비)는 지두환, 『성종대왕과 친인척』(역사문화, 2007)을, 폐비 유씨(광해군비)는 지두환, 『광
해군과 친인척』(역사문화, 2002)를, 경의왕후(장조비)는 지두환, 『영조대왕과 친인척』(역사문화, 2009)를, 순명효황후·순정효황후(순종비)는 지두환, 『순종황제와 친
인척』(역사문화, 2009)를 각각 참조하였다. (편집자 주)

왕비를 배출한 가문

* 조선시대 왕비를 세 명 이상 배출한 가문이다. 가문의 순서는 왕비를 많이 배출한 순서이며, 동일할 때에는 성씨의 가나다순으로 배치하였다.
인물의 관직은 생존 시 받은 최고 실직이며, 이 자료는 『열성왕비세보(장서각 k2-1696)』에 근거하였다.
각 가문에 관련한 글은 『한국역대인물종합정보시스템』(http://people.aks.ac.kr/index.aks)과 『열성왕비세보』를 참조하였다.(편집자 주)

1. 청주 한씨

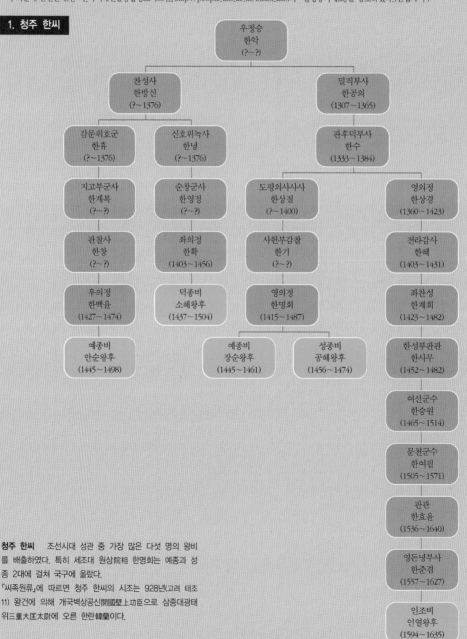

청주 한씨　조선시대 성관 중 가장 많은 다섯 명의 왕비
를 배출하였다. 특히 세조대 원상院相 한명회는 예종과 성
종 2대에 걸쳐 국구에 올랐다.
『씨족원류』에 따르면 청주 한씨의 시조는 928년(고려 태조
11) 왕건에 의해 개국벽상공신開國壁上功臣으로 삼중대광태
위三重大匡太尉에 오른 한란韓蘭이다.

2. 파평 윤씨

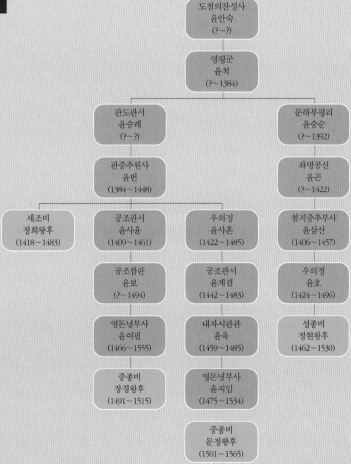

파평 윤씨 　조선 전기에만 네 명의 왕비를 배출하였다.
세조비 정희왕후의 형제인 윤사윤과 윤사흔의 자손이 각각
중종비 장경왕후와 문정왕후를 배출하였다.
파평 윤씨의 시조는 고려 태조를 도와 후삼국을 통일한 공
으로 개국통합삼한벽상익찬공신開國統合三韓壁上翊贊功臣
2등에 책록되었고, 관직은 삼중대광태사三重大匡太師에 이
른 윤신달尹莘達이다.

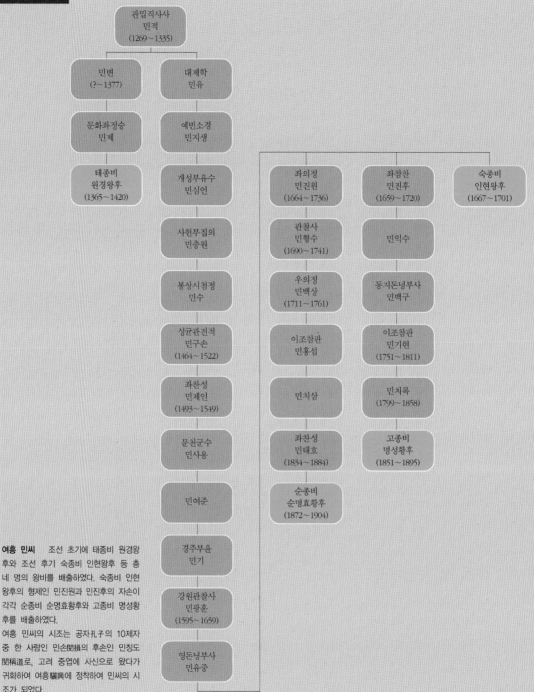

관밀직사사
민적
(1269~1335)

민변
(?~1377)

대제학
민유

문화좌정승
민제

예빈소경
민지생

태종비
원경왕후
(1365~1420)

개성부유수
민심언

좌의정
민진원
(1664~1736)

좌참찬
민진후
(1659~1720)

숙종비
인현왕후
(1667~1701)

사헌부집의
민충원

관찰사
민형수
(1690~1741)

민익수

봉상시첨정
민수

우의정
민백상
(1711~1761)

동지돈녕부사
민백구

성균관전적
민구손
(1464~1522)

이조참판
민홍섭

이조참판
민기현
(1751~1811)

좌찬성
민제인
(1493~1549)

민치삼

민치록
(1799~1858)

문천군수
민사용

좌찬성
민태호
(1834~1884)

고종비
명성황후
(1851~1895)

민여준

순종비
순명효황후
(1872~1904)

경주부윤
민기

강원관찰사
민광훈
(1595~1659)

영돈녕부사
민유중

여흥 민씨　조선 초기에 태종비 원경왕후와 조선 후기 숙종비 인현왕후 등 총 네 명의 왕비를 배출하였다. 숙종비 인현왕후의 형제인 민진원과 민진후의 자손이 각각 순종비 순명효황후와 고종비 명성황후를 배출하였다.
여흥 민씨의 시조는 공자孔子의 10제자 중 한 사람인 민손閔損의 후손인 민칭도閔稱道로, 고려 중엽에 사신으로 왔다가 귀화하여 여흥驪興에 정착하여 민씨의 시조가 되었다.

좌의정
김상헌
(1570~1652)

김광찬
(1597~1668)

영의정
김수항
(1629~1689)

영의정
김창집
(1648~1722)

승지
김제겸
(1680~1722)

김달행
(1706~1778)

부사
김탄행
(1714~1774)

김성행
(1696~1722)

부사
김이중
(1736~1793)

좌의정
김이소
(1735~1798)

정
김이장
(1718~1774)

영돈녕부사
김조순
(1765~1832)

목사
김지순
(1772~1827)

김이순
(1761~1802)

순조비
순원왕후
(1789~1857)

영돈녕부사
김조근
(1793~1844)

영돈녕부사
김문근
(1801~1863)

헌종비
효현왕후
(1828~1843)

철종비
철인왕후
(1837~1878)

안동 김씨   조선 후기 영의정 김창집의 아들인 김제겸의
후손이 순조비 순정효황후, 헌종비 효현왕후, 철종비 철인
왕후 등 총 세 명의 왕비를 연이어 배출하였다.
안동 김씨의 시조는 대보공大輔公 김일지金閼智의 후손으
로 신라 말 고창군高昌郡(안동) 성주城主로서 930년(태조
13)에 왕건을 도와 삼한벽상공신三韓壁上功臣에 책록된 김
선평金宣平이다.

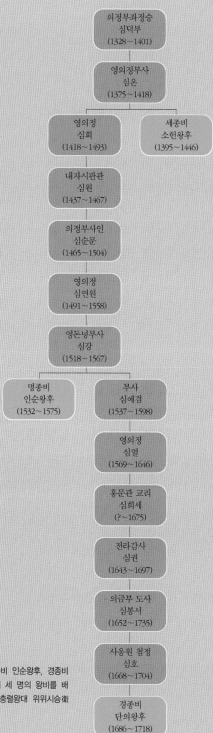

의정부좌정승
심덕부
(1328~1401)

영의정부사
심온
(1375~1418)

영의정
심회
(1418~1493)

세종비
소헌왕후
(1395~1446)

내자시판관
심원
(1437~1467)

의정부사인
심순문
(1465~1504)

영의정
심연원
(1491~1558)

영돈녕부사
심강
(1518~1567)

명종비
인순왕후
(1532~1575)

부사
심예겸
(1537~1598)

영의정
심열
(1569~1646)

홍문관 교리
심희세
(?~1675)

전라감사
심권
(1643~1697)

의금부 도사
심봉서
(1652~1735)

사옹원 첨정
심호
(1668~1704)

경종비
단의왕후
(1686~1718)

청송 심씨 세종비 소헌왕후와 명종비 인순왕후, 경종비 단의왕후 등 조선 전·중·후기에 걸쳐 세 명의 왕비를 배출하였다. 청송 심씨의 시조는 고려 충렬왕대 위위시승衛尉寺丞을 역임한 심홍부沈洪孚이다.

왕을 낳은 곳, 낳은 날

구분	왕의 어머니	태어난 왕	낳은 곳	낳은 날
1	의비 최씨(懿妃崔氏)	태조	화령부(和寧府, 곧 영흥부永興府) 사제(私第)	1335. 10. 11
2	신의왕후 한씨(神懿王后韓氏)	정종	함흥부(咸興府) 귀주(歸州) 사제	1357. 7. 1
3	신의왕후 한씨(神懿王后韓氏)	태종	함흥부 귀주 사제	1367. 5. 16
4	원경왕후 민씨(元敬王后閔氏)	세종	한양 준수방 잠저(潛邸)	1397. 4. 10
5	소헌왕후 심씨(昭憲王后沈氏)	문종	한양 연경방 본궁	1414. 10. 3
6	현덕왕후 권씨(顯德王后權氏)	단종	경복궁 자선당	1441. 7. 23
7	소헌왕후 심씨(昭憲王后沈氏)	세조	한양 연경방 본궁	1417. 9. 29
8	정희왕후 윤씨(貞熹王后尹氏)	덕종	–	1438. 9. 15
9	정희왕후 윤씨(貞熹王后尹氏)	예종	수양대군 사저	1450. 1. 1
10	소혜왕후 한씨(昭惠王后韓氏)	성종	경복궁 자선당	1457. 7. 30
11	폐비 윤씨	연산군	창덕궁	1476. 11. 7
12	정현왕후 윤씨(貞顯王后尹氏)	중종	–	1488. 3. 5
13	장경왕후 윤씨(章敬王后尹氏)	인종	경복궁 교태전	1515. 2. 25
14	문정왕후 윤씨(文定王后尹氏)	명종	–	1534. 5. 22
15	하동부대부인 정씨(河東府大夫人鄭氏)	선조	인달방(仁達坊) 사제	1552. 11. 11
16	공빈 김씨(恭嬪金氏)	광해군	–	1574. 4
17	인빈 김씨(仁嬪金氏)	원종	경복궁 별전	1580. 6. 22
18	인헌왕후 구씨(仁獻王后具氏)	인조	황해도 해주	1595. 11. 7
19	인열왕후 한씨(仁烈王后韓氏)	효종	향교동 잠저 / 경행방 본궁	1619. 5. 22
20	인선왕후 장씨(仁宣王后張氏)	현종	심양 관소(館所)	1641. 2. 4
21	명성왕후 김씨(明聖王后金氏)	숙종	경덕궁 회상전	1661. 8. 15
22	희빈 장씨(禧嬪張氏)	경종	–	1688. 10. 28
23	숙빈 최씨(淑嬪崔氏)	영조	창덕궁 보경당	1694. 9. 13
24	정빈 이씨(靖嬪李氏)	진종	–	1719. 2. 15
25	영빈 이씨(暎嬪李氏)	장조	창경궁 집복헌	1735. 1. 21
26	혜경궁 홍씨(惠慶宮洪氏)	정조	창경궁 경춘전	1752. 9. 22
27	효의왕후 김씨(孝懿王后金氏)	순조	창경궁 집복헌	1790. 6. 18
28	순원왕후 김씨(純元王后金氏)	익종	–	1809. 8. 9
29	신정왕후 조씨(神貞王后趙氏)	헌종	창경궁 경춘전	1827. 7. 18
30	용성부대부인 염씨(龍城府大夫人廉氏)	철종	경행방 사제	1831. 6. 17
31	여흥부대부인 민씨(驪興府大夫人閔氏)	고종	한양 정선방	1852. 7. 25
32	명성황후 민씨(明成皇后閔氏)	순종	창덕궁 관물헌	1874. 2. 8

* 왕이 태어난 곳은 『조선왕조실록』 및 『연려실기술』에 근거하고, 태어난 날은 '성조탄생연표』(장서각본)를 참조하였다. (편집자 주)

한경전도 필사본, 1777년경, 31.2×43.0cm, 국립중앙도서관 소장.

● 한양의 기타 장소: 5 7 9

참고문헌_

1. 원사료(가나다 순)

『고려사』高麗史

『조선왕조실록』朝鮮王朝實錄

『승정원일기』承政院日記

『일성록』日省錄

『선원계보기략』璿源系譜記略

『돈녕보첩』敦寧譜牒

『경국대전』經國大典

『육전조례』六典條例

『국조오례의』國朝五禮儀

『국혼정례』國婚定例

『주자가례』朱子家禮

『삼봉집』三峰集

『한중록』閑中錄

『연려실기술』燃藜室記述

『증보산림경제』增補山林經濟

『임산예지법』臨産豫智法

『계축일기』癸丑日記

『열녀전』列女傳

『규합총서』閨閣叢書

『동의보감』東醫寶鑑

『임하필기』林下筆記

『후감』后鑑

『열성후비지문』列聖后妃誌文

『최숙원방 호산청일기』崔淑媛房 護産廳日記

『인열왕후 국휼등록』仁烈王后 國恤謄錄

『왕비가례등록』王妃嘉禮謄錄

『영조정순왕후가례도감의궤』

『현종효현후가례도감의궤』

『소현세자가례도감의궤』

『정미가례시일기』丁未嘉禮時日記

『열성지장통기』列聖誌狀通紀

『어제내훈』御製內訓

「동궐도」東闕圖

「북궐도형」北闕圖形

『약천집』藥泉集

2. 단행본

김복래, 『프랑스 왕과 왕비, 왕의 총비들의 불꽃같은 생애』, 북코리아(선학사), 2006.

김상보, 『조선왕조 혼례연향 음식문화』, 신광출판사, 2003.

김영곤, 『왕비열전』, 고려출판사, 1978.

김용숙, 『조선조 궁중풍속 연구』, 일지사, 1987

김종성, 『왕의 여자』, 역사의 아침, 2011.

박영규, 『조선의 왕실과 외척』, 김영사, 2003.

_____, 『한권으로 읽는 조선왕실계보』, 웅진지식하우스, 2008.

변원림, 『조선의 왕후』, 일지사, 2006.

샹관핑 지음·한정민 옮김, 『후비』, 달과소, 2008.

신명호, 『조선왕비실록: 숨겨진 절반의 역사』, 역사의 아침, 2007.

_____, 『조선왕실의 자녀교육법』, 시공사, 2005.

신병주, 『66세의 영조 15세 신부를 맞이하다』, 효형출판, 2001.

심재우 외, 『조선의 왕으로 살아가기』, 돌베개, 2011

윤정란, 『조선왕비 오백년사―왕비를 알면 조선의 역사가 보인다』, 이가출판사, 2008.

_____, 『조선의 왕비: 왕비의 삶을 통해 본 조선의 歷史』, 차림, 1999.

이기대 편저, 『명성황후 편지글』, 도서출판 다운샘, 2007.

이덕일, 『이덕일의 여인열전』, 김영사, 2003.

이성미, 『가례도감의궤와 미술사―왕실 혼례의 기록』, 소와당, 2008.

정병설, 『권력과 인간: 사도세자의 죽음과 조선 왕실』, 문학동네, 2012.

정용숙, 『고려시대의 후비』, 민음사, 1992.

주희 지음·임민혁 옮김, 『주자가례』, 예문서원, 1999.

최선경, 『왕을 낳은 후궁들』, 김영사, 2007.

최홍식, 『왕비까지 죽인 왜놈들』, 조선출판물수출입사, 2004.

캐서린 래스키 지음·이나경 옮김, 『마리 앙투아네트 왕비: 베르사유의 황태자비』, 문학사상, 2005.

한영우, 『명성황후, 제국을 일으키다』, 효형출판, 2006.

한춘순, 『명종대 훈척정치 연구』, 혜안, 2006.

한형주, 『조선초기 국가제례 연구』, 일조각, 2002.

홍기원, 『인목대비의 서궁일기』, 민속원, 2004.

한국학중앙연구원, 『장서각의 역사와 자료적 특성』, 1996.

3. 논문

권순형, 「고려 목종대 헌애왕태후의 섭정에 대한 고찰」, 『사학연구』 89, 2008.

권오영, 「영조와 숙빈 최씨」, 『숙빈 최씨 자료집』 1, 한국학중앙연구원 장서각, 2009.

권행가, 「고종 황제의 초상: 근대 시각매체의 유입과 어진의 변용 과정」, 홍익대학교 대학원 박사학위 논문, 2006.

김만중, 「강릉 모전리 정복태실비와 성종의 자녀에 대하여」, 『박물관지』 7, 강원대학교박물관, 2001.

김선곤, 「조선초기 비빈고」, 『역사학보』 96, 1982.

김수경, 「17세기 후반 종친의 정치적 활동과 위상」, 『이대사원』 30, 1997.

김우기, 「조선 명종대 군신관계의 추이와 성격」, 『국사관논총』 80, 1998.

_____, 「16세기 중엽 인순왕후의 정치참여와 수렴청정」, 『역사교육』 88, 2003.

김영숙, 「조선조 말기 궁중복식고찰; 동경국립박물관 소장 영친왕가의 복식을 중심으로」, 『문화재』 17호, 1984.

김인숙, 「인조의 계비 장렬왕후 별궁 유폐고」, 『한국인물사연구』 5, 2006.

김지연, 「조선시대 여성 예관에 관한 연구」, 이화여대 대학원 박사학위 논문, 2008.

_____, 「조선후기 국왕 행차에 대한 연구: 의궤반차도와 거동기록을 중심으로」, 서울대학교 박사학위 논문, 2005.

김지영, 「조선시대 왕실여성의 출산력: 시기별 변화추이와 사회문화적 함의」, 『정신문화연구』 124, 2011.

_____, 「조선 왕실의 출산문화 연구-역사인류학적 접근-」, 한국학중앙연구원 한국학대학원 박사학위 논문, 2010.

김진세, 「왕실 여인들의 독서문화」, 장서각 특별전 도록 『조선왕실의 여성』, 한국학중앙연구원, 2005.

김혜원, 「여원왕실통혼麗元王室通婚의 성립과 특징: 원공주 출신왕비의 가계를 중심으로」, 『리대사원』 24·25, 1990.

박경, 「조선초기 왕실 가족질서 정비의 특징」, 『여성과 역사』 창간호, 2004.

_____, 「15세기 왕자녀·권세가자녀 입양의 성격」, 『조선시대사학보』 38, 2006.

박성실, 「翟衣制度의 變遷 硏究」, 『服飾』 9, 1985.

박은순, 「순조조 「왕세자탄강·병」에 대한 도상적 고찰」, 『고고미술』 174, 1987.

_____, 「조선시대 왕세자책례의궤 반차도 연구」, 『한국문화』 14, 1993.

박지연, 「조선시대 침구에 관한 연구」, 이화여대 대학원 석사학위 논문, 2005.

박진, 「조선초기 돈녕부의 성립」, 『한국사연구』 18, 2004.

박혜진, 「조선시대 후기 궁중패물 연구: 『궁중발기』의 내용을 중심으로」, 단국대학교 대학원 석사학위 논문, 2006.

박혁남, 「조선 후기 왕실 봉서의 서풍 연구」, 대전대학교 석사학위 논문, 2005.

송방송, 「기축년 『진찬의궤』의 공연사료적 성격: 음악자료와 정재자료를 중심으로」, 『한국문화』 16, 1995.

심현용, 「성주 세종대왕자태실 연구」, 『박물관연보』 2, 강릉대학교 박물관, 2005.

오종록, 「조선시대의 왕」, 『역사비평』 54, 2001.

옥영정, 「조선시대 왕세자교육기관의 전적보존과 장서인의 사용」, 『고전적』 1, 2005.

육수화, 「여훈서를 통해 본 조선왕실의 여성교육」, 『한국교육철학회』 34, 2008.

_____, 「조선후기 大君과 王子君 그리고 王孫의 교육연구」,

『장서각』 15, 2006.

이미선, 「조선 초기의 후궁: 태조~성종조 후궁의 신분적 지
위를 중심으로」, 『사학연구』 96, 2009.

_____, 「조선시대 후궁 연구」, 한국학중앙연구원 한국학대
학원 박사학위 논문, 2012.

이상은, 「조선왕조후기 활옷의 연구: 복온공주의 활옷을 중
심으로」, 『복식』 7, 1983.

이순구, 「조선초기 종법의 수용과 여성지위의 변화」, 한국학
중앙연구원 한국학대학원 박사학위 논문, 1995.

이영숙, 「조선초기 내명부에 대하여」, 『역사학보』 96, 1982

이영춘, 「『무오점차일기』戊午苫次日記의 의의」, 『숙빈최씨자
료집1』, 한국학중앙연구원, 2009.

이영훈, 「고문서를 통해 본 조선 전기 노비의 경제적 성격」,
『한국사학』 9, 1987.

이왕무, 「조선후기 국왕의 능행 연구」, 한국학중앙연구원 한
국학대학원 박사학위 논문, 2008.

이욱, 「조선후기 후궁 가례의 절차와 변천」, 『장서각』 19,
2008.

이현진, 「영·정조대 육상궁의 조성과 운영」, 『진단학보』 107,
2009.

임민혁, 「조선 초기 요하의와 군신질서」, 『조선 왕실의 가례
2』, 한국학중앙연구원, 2010.

임형택, 「17세기 규방소설의 성립과 『창선감의록』」, 『동방학
지』 57집, 연세대 국학연구원, 1988.

임혜련, 「19세기 수렴청정 연구」, 숙명여자대학교 박사학위
논문, 2008.

_____, 「19세기 수렴청정의 특징―제도적 측면을 중심으
로」, 『조선시대사학보』 48, 2009.

_____, 「명종 전반기 재이론과 수렴청정 인식」, 『한국사상
과 문화』 53, 2010.

장혜자, 「조선조 왕비의 한글 어찰 서체미 연구」, 대전대 대
학원 석사학위 논문, 2009.

정병설, 「『한중록』신고찰」, 『고전문학연구』 34, 2008.

정용숙, 「공주의 혼인관계를 통해 본 고려왕실혼의 일단면」,
『고려사의 제문제』, 1986.

정은임, 「조선조 궁중문학의 특질」, 『문명연지』 4, 2003.

정재훈, 「세종의 왕자 교육」, 『한국사상과 문화』 31, 2005.

_____, 「조선초기 왕실혼과 왕실세력의 형성」, 『한국사연
구』 95, 1996.

_____, 「조선초기 왕실혼과 왕실후예 연구: 〈선원록〉을 중
심으로」, 서강대학교 대학원 박사학위 논문, 1995.

조영준, 「19세기 왕실재정의 운영실태와 변화양상」, 서울대
학교 박사학위 논문, 2008.

한영우, 「대한제국 성립과정과 〈대례의궤〉」, 『한국사론』 45,
2001.

한지희, 「숙종초 紅袖의 변과 명성왕후 김씨의 역할」, 『한국
사학보』 31, 2008.

한희숙, 「조선초기 소혜왕후의 생애와 『내훈』」, 『한국사상과
문화』 27, 2005.

_____, 「조선 초기 성종비 윤씨 폐비·폐출 논의 과정」, 『한
국인물사연구』 4, 2005.

_____, 「조선시대 여성인물사연구의 현황과 과제」, 『한국인
물사연구』 1, 2004.

홍순민, 「19세기 왕위의 승계과정과 정통성」, 『국사관논총』
40, 1992.

_____, 「조선시대 여성 의례와 궁녀」, 『역사비평』 70, 2005.

황선엽, 「동몽선습과 왕세자의 학습」, 『문헌과 해석』 5,
1998.

도판목록_

서장 조선시대의 왕비

도1_ 『선원계보기략』, 1책, 35.5×24.3cm, 한국학중앙연구원 장
서각 소장.

도2_ 『경국대전』 내명부 조문, 한국학중앙연구원 장서각 소장.

도3_ 명성황후 어보, 1897년, 도금, 10.7×10.6×9.2cm, 국립고
궁박물관 소장.

도4_ 경빈 김씨의 글, 경빈 김씨, 19세기 전반, 글 23.5×12.0cm,
숙명여자대학교 박물관 소장.

도5_ 영빈이씨지묘 탁본, 1764년(영조 40), 족자, 나무축두, 전체
191.1×79cm, 화면 147.3×58cm, 국립문화재연구소 소장.

도6_ 소령원도, 18세기 후반, 115.7×87.4cm, 한국학중앙연구원
장서각 소장.

도7_ 경복궁 강녕전, ⓒ박상준

도8_ 경복궁 교태전, ⓒ박상준

도9_ 창덕궁 희정당, ⓒ박상준

도10_ 창덕궁 대조전, ⓒ박상준

도11_ 명성황후 편지글, 민영소 후손가 소장.

도12_ 흥선대원군, 1882년, 26.6×21.4cm, 서울역사박물관 소장
운현궁 유물.

도13_ 연산군묘, ⓒ박상준

도14, 15, 16, 17, 18, 19_ 칠궁 가운데 여섯 궁(저경궁, 대빈궁, 연
호궁, 선희궁, 경우궁, 덕안궁) ⓒ박상준

도20_ 육상궁 ⓒ박상준

도21_ 영조 어진, 조석진·채용신 필, 1900년 이모, 비단에 수묵채
색, 203×83cm, 국립고궁박물관 소장.

도22_ 『무신진찬의궤』, 1848년(헌종 14), 3권 4책, 정리자·목활자
본, 36.7×24cm, 한국학중앙연구원 장서각 소장.

도23_ 순정효황후

제1부 왕비의 간택과 책봉

도1_ 『국조오례의』, 한국학중앙연구원 장서각 소장.

도2_ 『주자가례』, 한국학중앙연구원 장서각 소장.

도3_ 『한중록』, 서울대학교 규장각 소장.

도4_ 간택단자, 한국학중앙연구원 장서각 소장.

도5_ 간택단자, 한국학중앙연구원 장서각 소장.

도6_ 초간택 품목단자, 한국학중앙연구원 장서각 소장.

도7_ 『상방정례』, 한국학중앙연구원 장서각 소장.

도8_ 율곡 이이, 강릉 오죽헌 소장.

도9_ 우암 송시열, 한국학중앙연구원 장서각 소장.

도10_ 어의동본궁

도11_ 운현궁 전경 ⓒ박상준

도12_ 『가례도감의궤』, 한국학중앙연구원 장서각 소장.

도13_ 임오가례 택일기, 한국학중앙연구원 장서각 소장.

도14_ 창경궁 명정전 ⓒ박상준

도15_ 『영조정순후가례도감의궤』 반차도의 부분, 서울대학교 규장
각 소장.

도16, 17_ 헌종비 효현왕후 왕비 책봉 교명축 그림과 실물, 국립고
궁박물관 소장.

도18_ 태조 옥책, 국립고궁박물관 소장.

도19_ 고종왕비어보

도20_ 중국 송나라 인종의 비 적의

도21_ 『영조정순후가례도감의궤』 반차도 중 왕과 왕비의 행차, 서
울대학교 규장각 소장.

도22_ 영친왕비 적의, 국립고궁박물관 소장.

도23_ 대대 후수, 국립고궁박물관 소장.

도24_ 옥대, 국립고궁박물관 소장.

도25_ 패옥과 패옥함, 국립고궁박물관 소장.

도26_ 청말, 국립고궁박물관 소장.

도27_ 폐슬, 국립고궁박물관 소장.

도28_ 하피, 국립고궁박물관 소장.

도29_ 황후 청석, 국립고궁박물관 소장.

도30_ 촉燭을 들고 가는 모습, 「영조정순후가례도감」 반차도의 부
분, 서울대학교 규장각 소장.

도31_ 봉거, 「영조정순후가례도감」 반차도의 부분, 서울대학교 규
장각 소장.

도32_ 동뢰연도

도33_ 영친왕비의 조현례 직후

도34_ 헌종가례진하계병憲宗嘉禮陳賀契屛, 비단, 각 폭 115.7×
  51.5cm(8폭 병풍), 보물 제733호, 동아대학교 박물관 소장.

제2부 아이를 낳고 기르다

도1_ 풍산 홍씨 족보, 한국학중앙연구원 장서각 소장.

도2_ 『임산예지법』, 19세기 중엽 이후, 1첩(18면), 필사 26.4×
  10.2cm, 한국학중앙연구원 장서각 소장.

도3_ 창덕궁 약방 ⓒ박상준

도4_ 『소학』, 필자 미상, 1책(135장), 필사, 42×27.5cm, 한국학중
  앙연구원 장서각 소장.

도5_ 『규합총서』, 서울대학교 규장각 소장.

도6_ 『동의보감』, 한국학중앙연구원 장서각 소장.

도7_ 혜경궁 홍씨 애책문, 한국학중앙연구원 장서각 소장.

도8_ 『육전조례』예전 내의원 관련 조항, 한국학중앙연구원 장서각
  소장.

도9_ 최생부

도10_ 『최숙원방 호산청일기』, 숙종 19~25년(1693~1699), 3책,
  필사, 40×28cm, 한국학중앙연구원 장서각 소장.

도11_ 세종대왕 왕자들의 태실 ⓒ김성철

도12_ 백자 태항아리, 국립고궁박물관 소장.

도13_ 『인열왕후국휼등록』, 한국학중앙연구원 장서각 소장.

도14_ 순조태봉도, 한국학중앙연구원 장서각 소장.

도15_ 〈동궐도〉의 궐내각사, 동아대학교 박물관 소장.

도16_ 『성종실록』권6, 성종 1년 7월 24일 기사 원문.

도17_ 덕수궁 중화전 ⓒ박상준

도18_ 효창원(문효세자묘) ⓒ박상준

제3부 왕실 여인의 권력 참여, 수렴청정

도1_ 흥선대원군의 초상화, 이한철·유숙 합작, 1869년, 비단에 채
  색, 131.9×67.7cm, 보물 제1499호, 서울역사박물관 소장.

도2_ 『국조오례의』 흉례에 보이는 왕의 상복, 한국학중앙연구원

장서각 소장.

도3_ 경복궁 강녕전 ⓒ박상준

도4_ 대비의 교서

도5_ 경희궁 전경 ⓒ박상준

도6_ 압구정, 정선, 조선, 18세기, 비단에 수묵담채, 31×20cm,
  간송미술관 소장.

도7_ 경국대전 문서식, 한국학중앙연구원 장서각 소장.

도8_ 종묘 정전 ⓒ박상준

도9_ 종묘 신실 ⓒ돌베개

도10_ 정업원 옛터 ⓒ박상준

도11, 12_ 경복궁 사정전과 창덕궁 선정전 ⓒ박상준

도13_ 어좌 ⓒ박상준

도14_ 『국조오례서례』권2「배반도」중 근정전정지탄일조하지도
  勤政殿正至誕日朝賀之圖

도15_ 북궐도형의 경복궁 배치도

도16_ 수렴청정절목

도17_ 정희왕후릉 ⓒ박상준

도18_ 『국조오례의』성빈, 한국학중앙연구원 장서각 소장.

도19_ 『연려실기술』권10 명종조 고사본말明宗朝故事本末 을사사
  화乙巳士禍, 한국학중앙연구원 장서각 소장.

도20_ 봉은사 ⓒ돌베개

도21_ 문정왕후릉 ⓒ박상준

도22_ 『연려실기술』고사본말 대비수렴大妃垂簾, 한국학중앙연구
  원 장서각 소장.

도23_ 정순왕후릉 ⓒ박상준

도24_ 서장대야조도, 《화성능행도》의 부분, 김득신, 조선, 18세기,
  비단에 채색, 149.8×64.5cm, 삼성미술관 리움 소장.

제4부 왕실 여성의 독서와 글쓰기

도1_ 간택단자, 한국학중앙연구원 장서각 소장.

도2_ 『정미가례시일기』, 한국학중앙연구원 장서각 소장.

도3_ 『어제내훈』, 조선시대 소혜왕후 편찬, 1737년(영조 13) 간행,
  3권 3책, 무신자본, 31.5×20.7cm, 한국학중앙연구원 장서각
  소장.

도4_ 『선보집략언해』, 한국학중앙연구원 장서각 소장.

도5_ 『후감』, 한국학중앙연구원 장서각 소장.

도6_ 『열성후비지문』(한글본), 권근 등 찬, 사년미상, 필사본(진흘림체), 2권 2책, 30.3×19.5cm, 한국학중앙연구원 장서각 소장.

도7_ 『열성지장통기』(한글본), 한국학중앙연구원 장서각 소장.

도8_ 『완월회맹연』, 한국학중앙연구원 장서각 소장.

도9_ 낙선재 ⓒ박상준

도10_ 영빈방과 춘궁, 한국학중앙연구원 장서각 소장.

도11_ 『고문진보』(한글본), 한국학중앙연구원 장서각 소장.

도12_ 『고문백선』, 한국학중앙연구원 장서각 소장.

도13_ 순명효황후 한글 편지, 한국학중앙연구원 장서각 소장(경주 김씨 기탁 자료).

도14_ 인목왕후의 한시, 안성 칠장사 소장.

도15_ 정명공주의 화정華政, 간송미술관 소장.

제5부 왕비와 왕실의 외척

도1_ 종친부사연도宗親府賜宴圖에 그려진 종친부, 함세위·노시빈, 1744년, 비단에 채색, 134.5×64cm, 서울대학교박물관 소장.

도2_ 종친부 ⓒ유남해

도3_ 『돈녕보첩』, 線裝, 1책(23장): 좌우단변, 반곽 36.9×30cm, 주사란, 半葉字數不定9段(族譜): 47.3×35.4cm, 한국학중앙연구원 장서각 소장.

도4_ 신덕왕후 정릉비 ⓒ이왕무

도5_ 원경왕후인장, 고려대학교 박물관 소장

도6_ 명성왕후인장, 고려대학교 박물관 소장.

도7_ 은언군 묘비 ⓒ이왕무

도8_ 정순왕후 생가 ⓒ이왕무

도9_ 정순왕후릉 ⓒ박상준

도10_ 장렬왕후릉 ⓒ박상준

제6부 왕비와 궁중 여성들

도1_ 숙신공주증직교지淑愼公主贈職教旨, 1675년(숙종 1), 필사, 118.4×96.3cm, 한국학중앙연구원 장서각 소장.

도2_ 인평대군방전도麟坪大君房全圖, 조선시대, 작자 미상, 종이에

채색, 서울대학교 규장각 소장.

도3_ 혜경궁옥인전문惠慶宮玉印篆文, 조선시대, 1795년(정조 9), 印面, 9.5×9.5cm, 한국학중앙연구원 장서각 소장.

도4_ 윤참판댁답서尹參判宅答書, 조선시대, 연대 미상, 필사, 22.6×38.3cm(皮封 22.7×5.65cm), 한국학중앙연구원 장서각 소장.

도5_ 신묘년상감마마사순탄일시상하내인상격발기辛卯年上監媽媽四旬誕日時上下內人賞格件記, 한국학중앙연구원 장서각 소장.

도6_ 『가례도감의궤』 반차도 중 기행내인騎行內人과 보행내인步行內人, 1681년(숙종 7), 1책(347장), 필사, 44.5×34.5cm, 한국학중앙연구원 장서각 소장.

도7_ 경빈 김씨간빈책봉교명慶嬪金氏揀嬪册封敎命, 1847년(헌종 13), 軸裝緞本墨書, 36.8×295cm, 한국학중앙연구원 장서각 소장.

도8_ 순비책봉의궤淳妃册封儀軌, 대한제국, 1901년(광무 5), 필사, 43.3×31.7cm, 한국학중앙연구원 장서각 소장.

도9_ 숙빈 최씨소령묘비淑嬪崔氏昭寧墓碑, 조선시대, 이요李橈 씀, 1744년(영조 20) 軸裝拓印前面 189.7×68.7cm, 籠石 114.7×101.1cm, 한국학중앙연구원 장서각 소장.

도10_ 육상궁 ⓒ박상준

찾아보기_

ㄱ_

가례도감嘉禮都監 64, 76
『가례도감』嘉禮都監 32, 84, 276
가례색 28, 285~290
가순궁嘉順宮 30
간택단자 64, 65, 195, 291, 292
간택후궁 26, 28, 29, 284, 286~290
갑술환국 295
강녕전康寧殿(경복궁) 32, 34, 35, 156, 157, 172
강윤성康允成 235
강희맹 143
건원릉健元陵 29
『경국대전』經國大典 19, 22, 26, 27, 60, 98, 165, 278, 283,
    284
경모궁 102
경복궁 32, 34, 35, 74, 156~158, 169~171, 173, 183, 241
경빈 김씨(헌종 후궁) 28, 196, 197, 207, 208, 290
경빈 박씨(중종 후궁) 290, 293, 294
경우궁景祐宮(칠궁) 41, 42, 44, 102
계운궁啓運宮 30
계유정난 155, 162, 237
『계축일기』 47, 117, 219, 266
고기告期 75, 77~79, 81
『고문백선』古文百選 208, 209
『고문진보』 208, 209
공뢰共牢 96
공빈 김씨(선조 후궁) 216
공혜왕후恭惠王后 73, 230, 231, 237, 239

교배례 95, 96
교태전交泰殿(경복궁) 32, 34, 35, 172
구룡사봉관九龍四鳳冠 87
『국조속오례의보』 87
『국조오례의』國朝五禮儀 52, 53, 57, 80, 153, 154, 184
『국혼정례』 67, 87
궁귀탕芎歸湯 131, 132
궁방전宮房田 44
궁중발기宮中撥記 45
권근權近 203, 279
권람 241
권유權裕 190, 191
권홍 285, 286
『규합총서』 118, 119
금혼령禁婚令 28, 59, 61, 62, 64, 195, 254, 286, 290
김개시 288
김관주金觀柱 191
김구덕 286
김귀주金龜柱 225, 246
김상덕金商悳 212, 213
김상로 188
김석주金錫冑 209
김수항 71, 245
김약노 147
김우명 242~245
김원호 278, 279, 285
김재청金在淸 196, 280
김점 286
김제남 215, 216
김조근金祖根 84, 207
김조순 191
김춘택 294
김한구 188, 189
김한로金漢老 56
김효원金孝元 253

ㄴ_

나경언 188
나숙담 291
낙선재 47, 48, 206~208
남구만南九萬 218
남귀여가혼男歸女家婚 54~56
납길納吉 75
납징納徵 75~81
납채納采 75, 77~81
납폐納幣 75, 78, 81
『내경』 119
내명부內命婦 19, 21, 22, 26, 27, 35, 52, 86, 227, 278, 283, 284
『내훈』內訓 118, 199, 200, 250, 253
노공필 144, 145
노귀산 286

ㄷ_

단경왕후端敬王后 38, 39, 229, 230, 290
단의왕후端懿王后 74, 230
『당의통략』黨議通略 240
『대명회전』大明會典 86, 102
대빈궁大嬪宮(칠궁) 41, 42
대왕대비 윤씨 33, 268~270
　　　→정희왕후
대윤大尹 184, 185, 226
『대전후속록』 96
대조전大造殿(창덕궁) 32, 34, 35
『대한예전』 87
덕안궁德安宮(칠궁) 41, 42
돈녕부敦寧府 233, 234
동뢰연同牢宴 73, 75, 79, 80, 87, 95, 96
『동의보감』東醫寶鑑 118~120, 124, 209

두대豆大 181, 182

ㅁ_

맹만택 71
명성왕후明聖王后 74, 125, 128, 132, 214, 230, 242~245, 250
명성황후明成皇后 17, 23, 33, 36, 37, 39, 47, 74, 124, 213, 214, 225, 230, 250, 265
명정전(창경궁) 77
묘현례廟見禮 97, 99, 102
『무목왕정충록』 208
문정왕후文定王后 17, 23, 40, 67, 68, 92, 158, 160, 162, 163, 171, 176, 179, 183~187, 225~227, 229, 250, 252, 253
문효세자文孝世子 146, 147, 149
민영소閔泳韶 33, 36
민유중 71
민제 235, 237
민진원 113, 114
민진후 296
민태호閔台鎬 196, 211

ㅂ_

박수림 291~293
박숭질朴崇質 168, 169
박승종 215
박원종 290~293
박재원 112, 115
박헌 245
배길기裵吉基 216
범조우范祖禹 68
벽파僻派 163, 189~191, 225, 249

변계량卞季良 203

보우普雨 183, 185, 186

복성군 293

본방나인 271~277, 279

봉단령捧單令 195

봉림대군 74, 129, 131

봉보부인奉保夫人 139, 140

「불씨잡변」佛氏雜辨 55

ㅅ_

사도세자 24, 29, 41, 123, 142, 188, 189, 208, 219, 220,
　　　225, 246, 250, 265, 271

사릉思陵 30

사마씨 거가잡의 263, 265, 266, 271

산실청 106, 107, 123~130, 136

산후증 130~132, 134, 136

삼복형제 242~245

『삼봉집』三峰集 55

『상방정례』 67

『서경』 79, 258

서경우徐景雨 107, 108

서류부가제壻留婦家制 54, 55

『선보집략언해』璿譜輯略諺解 200, 201

『선원계보기략』璿源系譜紀略 20, 21, 47

『선원록』 47

선인태후 68, 176

선희궁宣禧宮(칠궁) 41, 42, 44, 264, 265

성석린 286

소령원昭寧園 30, 31, 43

소윤小尹 184~186, 226

『소학』小學 118, 199

소헌왕후昭憲王后 72, 228, 230

소현세자 129

소혜왕후 33, 118, 167, 199, 200, 237~239, 268

『손방연의』 208

송근수宋近洙 196

송시열 69, 70, 113, 114, 218, 242, 243, 245

송준길 113, 114

수경원綏慶園 29

수렴청정절목垂簾聽政節目 175~177, 188

수빈 박씨(정조 후궁) 28, 40, 41, 188, 251

숙빈 최씨(숙종 후궁) 29~31, 40, 41, 43~45, 126, 288,
　　　289, 294~298

순명효황후純明孝皇后 47, 211~214, 230

순빈 엄씨(고종 후궁, 순헌황귀비) 41, 45, 288

순원왕후純元王后 23, 40, 46, 47, 159, 160, 178, 179, 190,
　　　207, 214, 230

순정효황후純貞孝皇后 48, 98, 207, 208, 211, 230

순화방順化坊 43, 297, 298

순회세자 253

습의習儀 76, 77, 99

승은후궁 26, 28, 29, 284, 286, 287, 294

시파時派 163, 189~191, 249

신덕왕후神德王后 72, 228, 230, 235, 278

신수근愼守勤 39

신숙주 157, 165, 181, 241

신유사옥 163, 188, 189

신의왕후神懿王后 72, 203~205, 228, 230, 234, 235

신정왕후 23, 40, 47, 160, 179, 207, 214, 225, 265

심강沈鋼 252, 253

심연원沈連源 253

심의겸沈義謙 252, 253

ㅇ_

안순왕후安順王后 73, 230, 237, 238

안팽명安彭命 167

양녕대군 56

양재역 벽서사건 185

어의동본궁於義洞本宮 72~74, 76

『어제내훈』御製內訓 200

『여범』女範 208

『여사서』女四書 200

연경당演慶堂 206, 207, 209

『연려실기술』燃藜室記述 67, 185~187, 293

연호궁延祜宮(칠궁) 41, 42

『열녀전』列女傳 198, 199

『열성왕비세보』列聖王妃世譜 47

『열성지장통기』列聖誌狀通紀 47, 202, 204

『열성후비지문』列聖后妃誌文 199, 202~204

영녕전(종묘) 102

영빈 김씨(숙종 후궁) 28

영빈 이씨(영조 후궁) 29, 41, 116, 208, 209

영안공주永安公主 217

영응대군永膺大君 142, 143

영창대군 215~218, 231

영친왕英親王 41, 45, 99, 227, 288

『예기』 75, 98, 258, 259

『완월회맹연』玩月會盟宴 206

왕대비 한씨 268~270

왕자의 난 225, 229, 235, 236

외명부外命婦 22, 86

외선온外宣醞 80

용성대군 129

원경왕후元敬王后 228~230, 235~237, 276, 277, 279, 280, 285, 286

원빈 홍씨(정조 후궁) 28

원상 278

원종元宗 41

월산대군(월산군) 144, 145, 156, 180, 241, 292

유관 185

유근 99

『유씨삼대록』 220

유영경 215

유인숙 185

유자신 117

유준 278

육상궁毓祥宮(칠궁) 30, 41, 43, 44, 298

『육전조례』六典條例 124, 125

윤금손 67

윤여필 291~293

윤원형尹元衡 40, 185, 252

윤인 215

윤인경尹仁鏡 184

윤임 67, 185

윤지임 67

윤호 73

윤효손 144

윤휴 245

은신군恩信君 246

은언군恩彦君 190, 246~250

을미사변 211, 213

을사사화 163, 183, 185, 187, 227, 252

의경세자懿敬世子 156, 161, 166, 167, 179, 180, 241

『의례』 96

의소태자懿昭太子 246

의인왕후懿仁王后 73, 86, 230

이속李續 59, 60

이숙번 235, 285

이승훈 190

이시수李時秀 163, 191

이시애李施愛 180, 237

『이아』爾雅 81

이이 69

이이첨 215

이현궁梨峴宮 289, 297, 298

이홍일 71

인경왕후仁敬王后 74, 230, 294

인목왕후仁穆王后 33, 47, 68, 73, 108, 117, 130, 131, 214 ~218, 228, 230, 231, 266, 289

인빈 김씨(선조 후궁) 41

인선왕후仁宣王后 47, 74, 214, 230, 234, 260

인성왕후仁聖王后 184, 188, 230

인수대비 33, 167, 200, 268

　　　　→왕대비 한씨

　　　　→소혜왕후

인순왕후仁順王后 23, 40, 160, 173, 174, 178, 179, 188,
　　　　230, 252, 253

인열왕후仁烈王后 70, 129~131, 230, 253

인원왕후仁元王后 43, 61, 71, 102, 230, 265, 297

인조반정 70, 215, 217, 218, 225, 289

인평대군 129, 242~244, 261

인현왕후仁顯王后 17, 39, 47, 71, 77, 92, 93, 204, 214,
　　　　230, 251, 265, 273, 274, 276, 294~297

『인현왕후전』 47, 204, 219, 265

임오가례 65, 76

임오화변 225, 250

『임하필기』林下筆記 217

ㅈ_

작서사건灼鼠事件 293

장경왕후章敬王后 67, 68, 184, 185, 230, 293

장녹수 288

장렬왕후莊烈王后 47, 62, 74~76, 92, 214, 230, 253~255

장순왕후章順王后 73, 230, 231, 237, 238

장유張維 56, 203

저경궁儲慶宮(칠궁) 41, 42

전안례 79

정도전 55, 56, 235, 279

정명공주 108, 117, 130, 215, 217, 218

『정미가례시일기』丁未嘉禮時日記 196, 197

정빈 이씨(영조 후궁) 41

정성왕후貞聖王后 30, 74, 203, 230, 249, 265

정순왕후定順王后(단종비) 23, 24, 30, 38, 40, 47, 70, 74,
　　　　158, 160, 163, 173~176, 179, 188~191, 203, 214,

　　　　225, 230, 246~252

정약용 190

정약전 190

정약종 190

정업원淨業院 168, 169

정인지鄭麟趾 203

정인홍 215

정현왕후貞顯王后 73, 204, 205, 230, 290~293

정희왕후貞熹王后 23, 33, 40, 153, 154, 156~158, 160~
　　　　162, 165, 167~169, 171, 176, 179~183, 225, 230,
　　　　234, 241, 242, 268

제안대군 180, 241

『조선왕조실록』 45

조영무 286

조준 279

조창원趙昌遠 76, 254

조현례朝見禮 75, 97, 98

『주례』周禮 52, 87

『주자가례』 55, 258, 263

중종반정 38, 225, 290, 292

진하례 99

ㅊ_

창경궁 46, 77, 94, 244

창덕궁 32~35, 94, 116, 147, 169, 170, 206, 207, 226,
　　　　245, 246, 249, 255, 295

책봉례 82, 85

책비册妃 60, 76, 77, 79, 82, 85, 87, 91

처녀단자 60~65, 67, 254

철인왕후哲仁王后 47, 214, 230

청기請期 75

최개지崔蓋地 161

최창현 190

최항 157

최효원崔孝元 294
충순당忠順堂 171
친영親迎 54~58, 75, 76, 79, 82, 87, 92~93, 95, 102
친영례 56~58, 92
칠궁七宮 41~43, 289, 298
칠점생 278

ㅌ_

『태교신기』 118
태평관 58, 73, 92, 93, 95

ㅍ_

폐백 80, 81, 97, 98
폐비 신씨(연산군비) 230
폐비 유씨(광해군비) 230
폐비 윤씨(성종비, 제헌왕후) 33, 39, 73, 230, 251, 268~
        270, 279
폐빈 봉씨 200

ㅎ_

하륜 235, 279, 285, 286
한경 234
한명회 144, 162, 165, 180, 181, 231, 237, 238, 241, 242
한백윤 237, 238
한악韓渥 237
『한중록』閑中錄 23, 47, 61, 62, 108, 110, 219, 220, 221
한치례韓致禮 237~239
한치의韓致義 237~239
한치인韓致仁 237~239
한확韓確 237~239

합근례合巹禮 55, 95
허준許浚 118, 120, 209
현덕왕후顯德王后 73, 230
혜경궁 홍씨 23, 47, 61, 62, 65, 108~110, 121~123, 188,
        220, 251, 252, 264, 265, 271, 273
혜빈 홍씨 220
        →혜경궁 홍씨
호산청護産廳 45, 126, 127
『호산청일기』 45
홍경주 291
홍계희 188
홍릉弘陵 30, 249
홍만회洪萬恢 218
홍봉한洪鳳漢 109, 110, 147
홍수영 220
홍우원 245
홍주원洪柱元 108, 217
화빈 박씨(정조 후궁) 28
화완옹주和緩翁主 251
회례會禮 97
효경전孝敬殿 86
효명세자 206, 207
효빈 김씨(태종 후궁) 276, 277, 285
효의왕후孝懿王后 74, 115, 125, 188, 250~253
효자황후 87
효장세자 41
효정왕후孝定王后 60, 100, 207, 230
효현왕후孝顯王后 84, 207, 230
『후감』后鑑 202, 203
흥선대원군(이하응) 36, 37, 74, 152, 153, 179, 225, 245
희빈 장씨(장희빈) 17, 39~41, 128, 134, 243, 251, 265,
        273, 288, 294~296
희정당(창덕궁) 32, 34, 35, 116